Manfred Büttner / Christine Lehmann

Von Arsen bis Zielfahndung

»Ein hochinteressantes Werk!
Ich kann die Autorin und den Verlag nur dazu beglückwünschen. Insbesondere habe ich mich natürlich mit den Themen zur Rechtsmedizin befasst und darf sagen, dass hier erstklassig recherchiert und wiedergegeben wurde. Ich wünsche dem Handbuch eine große Verbreitung unter der schreibenden Zunft. Man kann den Krimiautorinnen nur raten, dieses Buch zur Hand zu nehmen.«

Prof. Dr. med. M. Tsokos
Direktor des Instituts für Rechtsmedizin
der Charité Berlin

Ariadne[Leit]Faden

Keineswegs fordern wir, dass Autorinnen sich stets von der Wahrscheinlichkeit des Realistischen gängeln lassen und jegliche Fantastik im menschlichen Verhalten aus unseren Krimis verbannt sein muss. Wir denken nur: Die dichterische Freiheit endet dort, wo der Rechtsstaat beginnt, vor allem dann, wenn wir über Unrecht schreiben. Und es gehört eben zu den Grundsätzen, dass kein Mensch von der Polizei befragt wird, ohne zu ahnen, ob er nun verdächtig ist oder Zeuge, und dass kein Staatsanwalt Haftbefehle ausstellt, sondern Zwangsmaßnahmen immer vom Richter angeordnet werden. Alles andere – die Giftkunde, die 12 Schritte der Ermittlung, die Leichenöffnung, die Fallanalyse oder die Rolle der Staatsanwaltschaft – sind Zutaten. Wir dachten, sie könnten Hinweise geben, wenn es darum geht, raffinierte neue Kriminalfälle zu konstruieren, welche die Leserinnen und Zuschauerinnen in ihren Bann schlagen.

Christine Lehmann und Manfred Büttner

Autor und Autorin

Manfred Büttner, Jahrgang 1956, lebt in Stuttgart, ist Diplom-Finanzwirt (FH) und seit vielen Jahren als Steuerfahnder tätig. Neben seiner Arbeit als Ermittler in Wirtschaftsstrafsachen ist er Dozent an den Hochschulen der Polizei und der Steuerverwaltung des Landes Baden-Württemberg.

Christine Lehmann, 1958 in Genf geboren, wohnhaft in Stuttgart und Wangen im Allgäu, hat Germanistik und Kunstgeschichte studiert und in Literaturwissenschaft promoviert. Sie arbeitete 26 Jahre als Politikredakteurin beim SWR, schreibt Krimis, Jugendromane und anderes, betreibt einen Blog übers Radfahren und ist Stadträtin für Bündnis 90/DIE GRÜNEN in Stuttgart. Sie ist die Erfinderin der toughen Ermittlerin Lisa Nerz – gendermäßig oszillierend, politisch, unkorrekt. Bei Ariadne erschienen sämtliche Lisa-Nerz-Krimis. https://christine-lehmann.blogspot.com/

Manfred Büttner / Christine Lehmann

Von Arsen bis Zielfahndung

Das aktuelle Handbuch für Krimiautorinnen und Neugierige

ARGUMENT / ARIADNE

Deutsche Originalausgabe

Glashüttenstraße 28 · 20357 Hamburg
Telefon 040/4018000 · Fax 040/40180020
verlag@argument.de · www.argument.de
Lektorat: Else Laudan und Iris Konopik
Satz: Iris Konopik
Umschlag: Martin Grundmann, herstellungsbuero-hamburg.de
Druck: docupoint, Magdeburg
Gedruckt auf säure- und chlorfreiem Papier
ISBN 978-3-88619-720-0
Achte Auflage 2025

Inhalt

Vorworte

Als ich Anfang der Neunziger mit dem Krimischreiben begann und über die Habeas-Corpus-Akte nachdachte, fiel mir auf, dass meine Begriffe von Polizeiarbeit und Rechtssystem aus dem angelsächsischen Krimi stammen. Ich kannte Chefinspektoren, hatte aber keine Ahnung von deutschen Polizeidienstgraden. Und wie sie arbeiten ... tja! Also habe ich mir eine Strafprozessordnung besorgt und sie mit vielen Anstreichungen versehen. Aber die Praxis, wie geht die? Ein Polizist hat mir mal gezeigt, wie man einen Mann fixiert und abtastet und wie Handschellen tatsächlich funktionieren. Ich bin eine Nacht mit der Innenstadt-Streife mitgefahren, habe mir den Polizeigewahrsam angeschaut und gerochen, wie es da riecht, war mit bei der Ärztin, die im Präsidium in einem kleinen Raum mit Minirock und Thermosflasche saß und dem Fahrerflüchtigen Blut abnahm, und war mit meinen Streifenbeamten im Puff, um einen zahlungsunwilligen Freier zur Raison zu bringen. Um herauszufinden, wie ein bestimmtes Gift wirkt, habe ich einen Arzt gefragt. Doch der hatte seinen hippokratischen Eid geschworen und Hemmungen, mir zu erklären, wie man Menschen umbringt. Und als ich vom ADAC wissen wollte, wie man die Bremsen eines Fahrzeugs manipuliert, fehlte nicht viel, und der Mann am Telefon hätte mir die Polizei auf den Hals gehetzt. Bis heute lasse ich deshalb übrigens bei Manipulationen an technischen Geräten oder Giftcocktails, die tödlich wirken sollen, ein kleines, aber wichtiges Detail weg. Das Internet erleichtert inzwischen die Recherche von Arsen bis Zielfahndung, aber wie Polizisten drauf sind, wie sie miteinander reden, wie es bei einer Leichenöffnung riecht oder wer als Erster am Tatort ist, wissen wir Krimiautorinnen oft trotzdem nicht.

Wir haben allerdings einen Begriff von Verbrechen, Polizei und Leichen. Doch der stammt meist nicht aus dem Studium von Polizeiakten und Gerichtsprotokollen, sondern aus Kriminalromanen und TV-Serien wie *Tatort*, *Soko 5113* oder *Pfarrer Braun*. Die führen uns eine Realität von Polizeiarbeit vor, die es nicht gibt. Es fällt uns nur nicht auf, so mächtig ist die Realität des Fiktiven geworden. Wir ziehen gar nicht in Zweifel, ob die Rechtsmedizinerin am Leichenfundort erscheint und eine erste Einschätzung abgibt. Es erscheint uns sogar besonders wirklichkeitsnah.

Viele Irrtümer sind lässlich, weil ohne Einfluss auf den Plot. Wenn wir im TV-Krimi einen richterlichen Durchsuchungsbeschluss mit einem Polizeisiegel im Briefkopf sehen, ist es letztlich egal, denn das entscheidet die Geschichte nicht. Aber wenn der Plot nur zustande kommt, weil wir unsere Ermittler einen Rechtsbruch nach dem anderen begehen lassen und so tun, als gäbe es weder genetische Fingerabdrücke noch überhaupt eine Kriminaltechnik, dann erzählen wir Märchen. Und die märchenhafteste Gestalt ist derzeit in unseren Krimis der Profiler. Deshalb bin ich ausführlicher der Frage nachgegangen, was in deutscher Wirklichkeit eigentlich Profiling bedeutet (➶ Die Fallanalyse).

Den meisten Krimiautorinnen, Drehbuchschreibern und Regisseuren ist durchaus bewusst, dass ihre Geschichten die Wirklichkeit und das Recht beugen. Und viele Konsumenten sagen, es sei ihnen egal. Aber will ich wirklich in meinem Krimi von Deutschland das Bild eines Polizeistaats zeichnen, in dem Polizisten zuschlagen oder auf Flüchtende schießen, in dem sie nach Gutdünken verhaften, in Wohnungen einbrechen und ohne richterlichen Beschluss in Schubladen wühlen, in denen Zeugen plötzlich zu Beschuldigten werden, ohne jegliche Rechtsbelehrung? Und brauche ich wirklich immer das ertrickste oder mit Drohungen erpresste Geständnis eines Täters, um meinen Fall zu beschließen? Vielleicht wären die vielfältigen kriminalistischen Methoden, mit denen man Verbrechen aufklären und den Täter überführen kann, ja auch mal ganz interessant. Und vielleicht steckt in der Wirklichkeit des Zusammenspiels von Polizei, Staatsanwaltschaft und Rechtsmedizin ja sogar die eine oder andere nagelneue Krimigeschichte.

Also habe ich meinen langjährigen Freund Manfred Büttner, den ich immer frage, wenn ich Polizeijargon, Strafprozessordnung und Wirtschaftsdelikte brauche, gefragt, ob er mit mir zusammen dieses Buch schreibt. Und er hat Ja gesagt.

Christine Lehmann

»Sind in Polizeiautos eigentlich Ringe angebracht, an denen Handschellen von Verhafteten während der Fahrt festgemacht werden?« In meiner Erinnerung war das die erste Fachfrage, die mir Christine Lehmann gestellt hat. Das ist lange her. Seitdem habe ich versucht, viele solcher Fragen zu beantworten und bei manch einem Plot, den meine Freundin in ihren Krimis entwickelt hat, hilfreich zur Seite zu stehen. Und habe dabei auch selbst gelernt. Zwar habe ich langjährige Erfahrungen als Ermittler in Steuerstrafsachen und bilde unter anderem Polizeibeamte im Bereich Wirtschaftskriminalität aus, zwischen einer Betrugs- und einer Mordermittlung besteht dann aber doch schon ein spürbarer Unterschied.

Kommt die Gerichtsmedizin eigentlich zu jedem Leichenfund? Und wie sieht es mit der Staatsanwaltschaft aus? Ich habe mich bei solchen Fragen bemüht, der Versuchung zu widerstehen, die allgegenwärtige Juristenantwort zu gehen: »Das kommt darauf an.« Passt zwar immer, hilft aber nicht wirklich weiter. Und deshalb habe ich nachgefragt bei Kolleginnen und Kollegen der Fachdezernate, bei Staatsanwaltschaft und Gericht. Und weiß jetzt: Gerichtsmedizinerin und Staatsanwältin sind nicht immer am Leichenfundort, sondern nur manchmal. Wann genau, wird in diesem Buch beantwortet, so wie vieles andere auch zum Ablauf der Ermittlungshandlungen, dem Alltag von Ermittlern und den Strafgesetzen.

Um eines vorwegzunehmen: Es stört mich keineswegs, wenn in Krimihandlungen die Gerichtsmedizinerin immer am Fundort erscheint, wenn sie gar Anweisungen von Polizeibeamten entgegennimmt oder sie ihnen Rechenschaft ablegen muss, weil sie einen Termin nicht einhalten kann. Sogar der Pistolen oder Handschellen schwingende Staatsanwalt oder der Schutzpolizist als Dienstbote des Kriminalpolizisten bringt mich inzwischen nicht mehr ernstlich aus der Ruhe, auch wenn keines der Bilder der Realität entspricht. Solche Fantasie-Ermittlungsabläufe sind zwar falsch, aber für mich nicht wirklich schlimm.

Vielfach gilt das auch für die krimigemäße Erläuterung von Rechtsfolgen. Stünde etwa in der Klausur einer Jurastudentin, ein Totschläger müsse anders als ein Mörder »nur« eine Freiheitsstrafe zwischen fünf und fünfzehn Jahren befürchten, könnte das Punktabzug bedeuten. Die Aussage stimmt zwar in den meisten Fällen, in besonders schweren Fällen lautet aber auch bei Totschlag das Urteil auf lebenslänglich, und in minderschweren Fällen beträgt die Mindeststrafe nur ein Jahr. Folglich würde die Studentin in der Klausur vermutlich eines der sprachlichen Hintertürchen der Juristerei verwenden und vor ihre Aussage »in der Regel«, »grundsätzlich« oder »insoweit« packen. Das habe ich bei meinen juristischen Ausführungen in diesem Buch auch getan und habe prompt von meiner Krimiautorin Punktabzug bekommen – beim sprachlichen Ausdruck. Also habe ich mich zusammengenommen und den juristischen Fachjargon so weit wie möglich vermieden.

Ich habe mich aber nach bestem Wissen und Gewissen bemüht, alle Aussagen so zu machen, dass sie denkbare Lebenssachverhalte zu nahezu hundert Prozent treffen, und dann zur Sicherheit bei allen relevanten Rechtsnormen auch noch die jeweiligen Paragraphen zum Nachlesen angeführt. Sollten dennoch rechtliche Unschärfen verblieben sein, bitte ich vielmals um Entschuldigung.

Außerdem habe ich sehr viel Wert darauf gelegt, rechtsstaatliche Verfahrensabläufe verständlich, aber genau zu schildern. Sind nämlich von Ermittlungshandlungen bürgerliche Grundrechte tangiert, empfinde ich grobe Schnitzer, wie sie leider auch in der Krimilandschaft vorkommen, als fatal. Denn sie berühren in vielen Fällen das Selbstverständnis des Rechtsstaats, in dem wir leben. Und in diesem Staat stellen Polizisten nun eben mal keine Durchsuchungsbefehle aus, sie brechen nicht auf der Suche nach belastendem Beweismaterial so ganz nebenbei in Wohnungen oder Büros ein, sie verweigern Beschuldigten nicht regelmäßig den anwaltlichen Beistand und so weiter. Andererseits lassen sich Geldtransfers auf dem Girokonto des Betroffenen durch Bankermittlungen herausbekommen, auch wenn man als Ermittler keine Bankmitarbeiterin persönlich kennt und sich von ihr unter der Hand Daten zuspielen lässt. Dazu braucht es in Realität, mit oder ohne Bankbekanntschaft, eine richterliche Anordnung. Und die beantragt auch nicht die Polizei, sondern die Staatsanwaltschaft (➶ Das Bankgeheimnis).

Hoffentlich finden Sie auf Ihre Fragen im Folgenden auch die passenden Antworten. Nur auf eine ganz sicher nicht, deshalb gleich vorweg: In Streifenwagen gibt es keine Ringe, an denen Handschellen festgemacht werden. Der Gefangene wird an der Flucht gehindert, indem er hinten geschlossen und ins Fahrzeug gesetzt wird (➶ Der Weg in die Untersuchungshaft).

Manfred Büttner

Unser detektivischer Sinn

Für Konsumentinnen von Krimis ist es ganz einfach, den Mörder zu entlarven. Wir brauchen dazu keine kriminalistischen Methoden, wir müssen keine Alibis abgleichen oder Puzzleteile zusammenfügen. Es genügt, wenn wir wissen – und das wissen wir auch intuitiv –, wie Krimis aufgebaut sind.

Wenn im *Tatort Mauerblümchen* (MDR, 8.3.2009) ein Leipziger Bauunternehmer ermordet wird, dann ist der Täter nicht der Bauunternehmer, der sich am Vorabend mit ihm traf, und auch nicht die Ehefrau, die als Erste in Verdacht gerät. Als erfahrene Krimiguckerinnen wissen wir es, sobald er auftritt: Es ist der Mann, der von Helmut Zierl gespielt wird, dem prominentesten Schauspieler in einer Nebenrolle. Im Buch ist der Täter (oder die Täterin) fast immer die Figur, die der Ermittlerin auf den ersten Seiten begegnet und die am Verbrechen unbeteiligt erscheint. Das muss so sein, denn als Krimiautorinnen sind wir gehalten, unseren Täter oder unsere Täterin nicht erst im letzten Drittel einzuführen. Er oder sie muss von Anfang an als starke Figur präsent sein.

Im Fernsehkrimi ist die Dramaturgie noch standardisierter. Man kann die Uhr danach stellen. Wenn er um 20:15 Uhr anfängt und anderthalb Stunden dauert, wissen wir beispielsweise, dass alle, denen die Polizei bis 21:30 Uhr hinterherjagt, nicht die Täter sind. Wir behalten derweil die prominente Nebenrolle oder die scheinbar am Verbrechen unbeteiligte Frau im Auge. Um 21:30 Uhr enden alle Nebenhandlungen und Verwirrungen, und wer nun in den Fokus gerät, der ist es, eben die prominente Nebenrolle oder die Frau, die niemand in Verdacht hatte.

Die Polizei, deren Tun wir in Krimis beobachten, muss dagegen durchaus kriminalistisch handeln. Sie muss einen Täter identifizieren und überführen. Seit Jahrzehnten wird die Ermittlungsarbeit im deutschen Fernsehkrimi von einem Kommissar und seinem Assistenten erledigt. Manchmal hat er mehrere Assistenten, manchmal ist der Kommissar auch eine Frau und hat einen jüngeren Ermittlungspartner. Sie haben ein Büro, zuweilen taucht eine Sekretärin auf oder auch mal ein Chef, der zur Eile mahnt. Neuerdings wird das Ensemble durch eine Gerichtsmedizinerin ergänzt, und gelegentlich lässt sich jetzt auch schon eine Staatsanwältin blicken. Seit Ende der siebziger Jahre kennen wir auch Sokos (ZDF). Der Polizeibegriff war damals ziemlich unbekannt und sollte für Teamarbeit stehen. In Fernseh-Sokos ermitteln meistens fünf Personen. Fiktion muss die handelnden Personen reduzieren, deshalb kann sie nie eine zwanzigköpfige Soko abbilden. Zu viel Lebenswirklichkeit lenkt ab. Und ein Kommissar, der den Fall im Büro am Schreibtisch beim Aktenstudium löst, erfordert höchstes erzählerisches Talent, um den Fall und die handelnden – oder eben nicht handelnden – Personen doch irgendwie spannend zu machen.

Dass Krimis eins zu eins Realität sein sollen, wäre eine unsinnige Erwartung. Aber es gibt auch Untergrenzen. Bei mir war Schluss mit lustig, als bei einer Lesung eine meiner Mitstreiterinnen einen Kurzkrimi vorlas, der im Prinzip* folgendermaßen ablief:

> Fanny Fuchs hat eine Mordswut auf ihren Mann. Im Streit schubst sie ihn gegen die Eichenschrankwand. Aus dem obersten Fach fällt eine Bronzeplastik auf seinen Schädel. Er ist tot!, stellt Fanny fest. So ganz unrecht ist es ihr nicht. Aber wer wird ihr glauben, dass sie ihn nicht ermordet hat? Die Mordkommission ermittelt. Kommissar Kalle Holbein jagt sie. Fanny taucht unter, doch er trifft sie zufällig in der Sauna, verhaftet sie und triumphiert: »Für den Mord an Ihrem Mann kommen Sie für den Rest Ihres Lebens ins Gefängnis.« Wie soll sie ihm beweisen, dass sie nicht zugeschlagen hat? Sie ergreift sein Handtuch und erdrosselt ihn.

Das Drama einer Frau, die ihren nicht geliebten Mann durch einen Zufall loswird, sich als Gejagte sieht und in ihrer Angst, für den Rest ihres Lebens für einen Mord büßen zu müssen, den sie nicht begangen hat, zur Mörderin wird, mag psychologisch interessant sein, doch würde es sich ums Verrecken in unserer Wirklichkeit nicht zutragen können.

Aus der Tatortanalyse der Kriminaltechniker, aus Auffindesituation, Lage der Leiche, Verletzungen und Spuren ergibt sich nämlich ziemlich genau, was vorgefallen ist. Man würde vermuten, dass die Ehefrau ihren Mann gestoßen hat. Von einem Mordvorwurf sind wir da noch weit entfernt. Fanny stünde höchstens unter dem Verdacht des Totschlags oder der gefährlichen Körperverletzung mit Todesfolge. Darauf steht nicht unbedingt lebenslänglich. Da kann Kommissar Holbein noch so drohend, geifernd oder einschüchternd auftreten, ihr heimtückischen Mord unterstellen, letztlich entscheidet die Richterin. Und nicht Fanny muss beweisen, dass sie ihren Mann nicht getötet hat, sondern die Staatsanwältin muss die Beweise vorlegen, dass Fanny ihren Mann töten wollte oder seinen Tod billigend in Kauf genommen hat. Wenn sie das nicht kann,

* Geschichte von mir geändert, damit die Autorin nicht identifizierbar ist.

wird die Richterin Fanny am Ende freisprechen, zumindest in diesem Punkt.

Sollte sich nämlich bei den Ermittlungen herausstellen, dass Fanny ihren Mann in der Wohnung zurückgelassen hat, wissend, dass er noch nicht tot war, muss sie sich wegen strafbarer Aussetzung verantworten. Allerdings hätte ihr Mann ihr da auch leicht selbst einen Strich durch die Rechnung machen können. Denn nach einiger Zeit wäre er vielleicht mit brummendem Schädel aus seiner Bewusstlosigkeit erwacht, hätte die blutige Wunde ertastet und selbst den Arzt rufen können. Schädelverletzungen sind nicht immer sofort tödlich. Sie entfalten ihre tödliche Wirkung oft im Laufe von Stunden, manchmal sogar Tagen, wenn sie nicht medizinisch versorgt werden (➚ Hirnverletzungen).

Den Mord in der Sauna hätte Fanny sich jedenfalls sparen können. Was Kommissar Holbein über sie denkt, ist irrelevant. Und verhaften kann er Fanny auch nicht, denn dazu bräuchte er einen vom Richter unterschriebenen Haftbefehl. Er kann Fanny bestenfalls vorläufig festnehmen (➚ Festnehmen und verhaften).

Aber nehmen wir an, Fanny kennt sich mit den juristischen Feinheiten nicht aus und glaubt sich verloren. Nehmen wir an, ihr kommt auch der Gedanke nicht, dass hinter Holbein ein ganzes Dezernat, ja ein riesiger Polizeiapparat steckt, der nicht ruhen wird, bis er eine Polizistenmörderin gefasst hat, dann sollte sie wenigstens nicht Holbeins Saunahandtuch nehmen, um ihn zu erdrosseln, sondern eine Kordel, ein Stahlseil oder die Kette, die er trägt.

Erdrosseln mit einem Handtuch ist ein Kraftakt, der zwischen fünf und zehn Minuten dauert. In den ersten Minuten ist die Gegenwehr überdies heftig. Hört Fanny auf, sobald Holbein ohnmächtig ist, erholt er sich wieder und kann ihren Anschlag bezeugen. Fanny kann ihn nur dann rasch handlungsunfähig machen, wenn sie ihn mit seiner eigenen Goldkette stranguliert (falls die Kette hält), ihm also die Hirnvenen abdrückt (➚ Der gewaltsame Tod). Auch das dürfte in der schweißglitschigen Atmosphäre der Sauna nicht so einfach sein. Keinesfalls sollte sie glauben, ihr Werk sei getan, wenn sich Holbeins Blase entleert und er sich nicht mehr regt. Lässt sie zu früh los, überlebt er.

Krimi ohne Kriminologie

Populäre deutsche Krimis neigen dazu, die Kriminalistik brachliegen zu lassen. Wir schreiben Gesellschaftsstücke, die einer erzählerischen oder filmischen Dramaturgie folgen, welche die Spannung aus den zwischenmenschlichen Konflikten und individuellen Aktionen bezieht. Im Krimi werden Verbrechen hauptsächlich auf kommunikativer Ebene gelöst: Befragungen, Besuche, Alibi-Überprüfung, raffinierte Vernehmungen, Schlauheit des Ermittlers und Zufälle. Tatsächlich aber ist die Untersuchung eines Tötungsdelikts institutionalisiert und unter zahlreichen Akteuren und Abteilungen aufgeteilt, findet in Laboren, an Konferenztischen und in Akten statt und wird von zahllosen, dem individuellen Handeln der Ermittler übergeordneten Regeln begleitet.

> Die *Soko Wismar*, die in einer hübschen Polizeidienststelle untergebracht ist und aus Chef, zwei zivilen Ermittlern und zwei bis drei uniformierten Beamten besteht, wird zu einem Toten gerufen, der im Stroh eines entlegenen Bauernhofs liegt (ZDF, 10.12.2008). Der Gerichtsmedizinerin fällt auf, dass sein Gesicht nach Benzin riecht, den Kommissaren, dass sein Anzug zu groß ist. Die Kriminaltechnik stellt fest, dass der Anzug gereinigt wurde und lange in einem Schrank lag. Zugleich ist der Gast des Bauernhofs, eine Frau, verschwunden. Im Zimmer der Frau finden sich Männerkleider. Die Ermittler finden nach und nach Hinweise, dass der Mann ein Transsexueller war, der seine Umwandlung zur Frau betrieb. Er/Sie wurde vom Bauern umgebracht, als er entdeckte, dass die Frau, in die er sich verliebt hat, biologisch noch ein Mann ist. Der Bauer hat sein Opfer mit bloßen Händen erwürgt und ihm dabei den Kehlkopf eingedrückt. Dann hat er dem Opfer mit Benzin die Schminke aus dem Gesicht entfernt, ihm die Frauenkleider ausgezogen, Männerkleider (seinen eigenen alten Anzug) angezogen und ihn anderntags von seiner Schwester in der Scheune finden lassen.

Eine ungewöhnlich originelle Geschichte, das muss man sagen. Da denken wir auch nicht weiter darüber nach, ob man immer tumbe Bauern vom Land entlarven muss oder warum ein Transsexueller sein Coming-out als Frau an einem Bauern in Mecklenburg ausprobiert statt in Berlin. Allerdings hätten in Wirklichkeit Kriminaltechnik und Gerichtsmedizin den Ermittlungen sogleich die Zielrichtung vorgegeben, welche die Ermittler hier mühsam aus Zeugenbefragungen und illegalen Wohnungsdurchsuchungen extrahieren und wofür sie zum Schluss das Geständnis des Täters brauchen. Der Fall wäre ohne eine einzige Zeugenbefragung aufgeklärt worden.

Man muss sich nur vorstellen, wie der Bauer die Leiche auszieht und wieder anzieht. Das ist anstrengend und langwierig. Der Transsexuelle dürfte von der Perücke bis zum Slip vollständig weibliche Wäsche getragen haben. Und von der Unterhose bis zum Anzug müsste der Täter ihn neu eingekleidet haben. Und dabei sollte er wirklich keinerlei Spuren hinterlassen haben, keinen Strohhalm zwischen Unterhemd und Haut, was kein Lebender ertragen hätte, keinen Kratzer seiner Fingernägel auf der Haut des Toten, kein Haar von seinem Kopf? Die Gerichtsmedizinerin hätte am Körper des Toten unbedingt fremdes Genmaterial gefunden, Haare und Hautschuppen. Außerdem hätte sie Spuren des postmortalen Kleiderwechsels entdeckt. Auch dass der Tote zu Lebzeiten diese Kleidung nicht getragen hat, hätte sie gesehen, allein schon deshalb, weil ein Mensch, der erwürgt wird, sich in die Hosen macht.

Aber selbst wenn die Gerichtsmedizinerin und ihr gesamtes Institut gerade einen schlechten Tag gehabt hätten, wäre der Täter auf den ersten Blick an den Kratzern im Gesicht und auf seinen Armen erkennbar gewesen. Ein Opfer, dem der Kehlkopf eingedrückt wird, wartet nicht wehrlos, bis es tot ist. Die Kampfspuren in der Scheune hätten ein Übriges dazu beigetragen, dass man den Bauern zeitnah zur Vernehmung mitgenommen und die Staatsanwältin einen Gentest anberaumt hätte und der Beschuldigte noch am selben Tag dem Ermittlungsrichter vorgeführt worden wäre. Der Bauer wäre besser beraten gewesen, wenn er die Leiche nackt in einem einsamen Gewässer entsorgt hätte. Natürlich hätte die Kriminaltechnik letztlich in seinem Auto oder auf dem Hof genidentische Spuren gesichert, aber nur, wenn sie die Leiche auch gefunden hätte.

Ein schöner Plot, der an der irrealen Polizeiarbeit krankt. In unseren Krimis tun wir fast immer so, als ob die Kripo so naiv wäre wie wir selbst und heute noch mit den Methoden des Privatdetektivs Sherlock Holmes aus dem 19. Jahrhundert (vor dem Fingerabdruck) ermitteln würde. Das tatsächliche Drama, das in dieser *Soko*-Folge steckt, ist die schier unlösbare Frage, wie man eine Leiche manipuliert, ohne dass die Forensik sofort draufkommt und binnen weniger Stunden eine Verbindung zwischen Leiche und Täter herstellt. Dabei ist es genau das, worauf die Kriminologie und ihre Instrumente ausgerichtet und worin sie sehr erfolgreich sind.

Wenn wir den massenhaften Output kommerzieller und serieller Krimischreiber/innen betrachten, stoßen wir immer wieder auf drei Grundfragen. Und genau damit wollen wir uns jetzt genauer befassen.

1. Ist das vorgeführte Motiv wirklich ein Grund zu töten?
2. Geht das mit der Leiche wirklich so?
3. Ist die Polizei wirklich so unbedarft?

Teil 1 Das Mordmotiv

Die Motivierung eines Mordes ist die Domäne des Krimis. Rache, Hass, Angst oder Wahnvorstellungen wollen psychologisch nachvollziehbar erklärt werden. Kein Lektor lässt einen Krimi passieren, in dem nicht begründet wird, warum die fiktiven Figuren so handeln, wie sie handeln, und der am Schluss nicht offenlegt, aus welchen zwingenden Gründen der Täter getötet hat. In Realität aber werden viele Tötungsdelikte vor Gericht verhandelt und Angeklagte verurteilt, ohne dass je klar wird, warum sie die Tat begangen haben.

Für uns aber ist das Motiv entscheidend. Denn wir wollen uns schreckliche Ereignisse erklären. Gewaltsame Todesfälle gehören für die Hinterbliebenen zu den fürchterlichsten Schicksalsschlägen überhaupt. Die Frage »Warum?« ist die quälendste Frage, die sich Angehörige stellen. Sie führt bis ins Religiöse und endet oft in der eigenen Schuldfrage: »Was habe ich getan, dass ich das verdiene? Warum musste mir das zustoßen?« Für den Tod eines Angehörigen brauchen wir nicht nur unbedingt einen Schuldigen, also den Täter, sondern wir möchten von ihm auch wissen, warum er die Tat begangen hat, deren Folgen uns aus der Bahn werfen.

Der Krimi ist vermutlich so beliebt, weil er die Schreckensvision dessen, was uns persönlich zustoßen kann, kunstvoll bannt. Deshalb akzeptiert er es auch als seine Aufgabe zu erklären, warum Menschen unvorstellbare Verbrechen begehen.

Rache

Psychologen sagen, jeder Mensch habe in seinem Leben schon mindestens einmal gewünscht, eine Person umzubringen. Aber die wenigsten tun es. Im Allgemeinen vermutet man, es hänge damit zusammen, dass wir die Folgen fürchten, also Ausgrenzung und Strafe. Andere meinen, Menschen hätten wie die meisten Tiere eine natürliche Hemmung, Mitglieder ihrer eigenen Art zu töten. Das trifft allerdings schon im Tierreich nicht zu. Die sozialen und moralischen Sperren in einer Zivilgesellschaft sind jedoch ziemlich hoch. Und komplex. Damit ein Mensch sich entschließt zu töten, muss vieles zusammenkommen.

Von allen Hassgefühlen verstehen wir keines so gut wie das Gefühl: Dem zahle ich es heim.

> Der Investmentvertreter Harry Brenner hat hundert Anleger um ihr Erspartes betrogen, indem er ihnen wertlose Ostimmobilien als Geldanlage fürs Alter empfahl. Er suggerierte Renditen von über 100 Prozent. Die Immobilien erweisen sich als leerstehende Bauruinen. Die Betrogenen zeigen Harry Brenner wegen Betrugs an. Er nimmt sich einen guten Rechtsanwalt, der vor Gericht darlegen kann, dass das Kleingedruckte Hinweise enthielt, dass die Rendite sehr viel niedriger liegen kann. Einer der Kläger, der Rentner Müller, verliert schon im Gerichtssaal die Nerven und wird rausgeschickt. Der Richter befindet, allein der gesunde Menschenverstand und die Lebenserfahrung hätten Müller sagen müssen, dass Renditen von über 100 Prozent nicht vorkommen können, und spricht den Angeklagten vom Vorwurf des Betrugs frei.
>
> Auf der Treppe vor dem Amtsgericht wartet Rentner Müller auf den siegreichen Angeklagten, zieht eine Pistole und schießt ihn nieder.

Versuchen wir uns zu erinnern, wann wir zuletzt in den Medien von so einem Mord gehört haben. Wann ist ein zynischer Banker, ein Betrüger, ein Pädokrimineller, ein Vergewaltiger oder ein mobbender Chef ermordet worden? Im Ernst: Solche Morde geschehen in Realität fast nie. Und das, obgleich es uns überhaupt nicht schwerfällt, Wut und Rache, das Bedürfnis nach Gerechtigkeit als überzeugendes Motiv zu akzeptieren. Es gibt zahllose Filme und Romane, die ihren Handlungsimpuls aus dem Rachefeldzug ihres Protagonisten beziehen. Und wir wünschen dem Täter Erfolg und Freispruch.

Tatsächlich aber lohnt es sich nicht, einen Betrüger oder Vergewaltiger zu ermorden. Der Gewinn wiegt den hohen Einsatz nicht auf. Rentner Müller bekommt sein Geld nicht wieder, wenn er den Betrüger erschießt, und während Harry Brenner nun tot und seine Sorgen los ist, kommt er selbst als Schütze lebenslänglich ins Gefängnis und hat jede Menge Ärger. Auch eine vergewaltigte und ermordete Tochter wird nicht wieder lebendig, wenn ich den Täter töte. Aber bestimmt komme ich dafür lange hinter Gitter.

Wenn es doch passiert, haben solche Taten einen erschreckend pubertären Charakter. Sie passen eher in die Phase der menschlichen Entwicklung, in der wir zu überdimensionalen und absoluten Gefühlsreaktionen neigen und in unserem Bewertungssystem noch nicht das Wichtige von Unwichtigem zu trennen gelernt haben. Da wird eine banale Kränkung zur tödlichen und unsere Reaktion auch.

> Des Nachts im November 2007 nimmt eine 15-Jährige die Pistole ihres Vaters aus dem Tresor und setzt das Magazin ein. Mit der Waffe geht sie in das Zimmer ihres Bruders und macht Licht. Der zehn Jahre ältere Bruder wacht auf. Sie drückt zwei Mal ab. Aber es löst sich kein Schuss, denn sie hat vergessen, die Waffe durchzuladen. Die Mutter vertraut die Geschichte einem Lehrer an, und der verständigt die Polizei. Das Gericht verurteilt das Mädchen ein Jahr später zu zwei Jahren auf Bewährung. Als Motiv erkennt das Gericht an, dass der Bruder das Mädchen am Tag der Tat schwer sexuell beleidigt, gedemütigt und verletzt hatte. Mehr wird aus der Verhandlung nicht bekannt. (*dpa*, Dezember 2008)

Wenn Jugendliche einen Rentner zusammenschlagen, der sie in der U-Bahn auffordert, nicht zu rauchen, tun sie im Grunde genau das, was wir eigentlich gut verstehen: Sie strafen den ab, der ihnen dumm und frech kommt. Nur in diesem Fall schütteln wir die Köpfe, weil in unseren Augen das Ausmaß von Gewalt dem Anlass nicht angemessen ist. Aber das ist es genauso wenig bei Schüssen auf einen betrügerischen Investmentvertreter, der uns um die Ersparnisse fürs Alter gebracht hat.

Die naheliegende Idee, dass eine Frau langjährige Misshandlungen durch ihren Ehemann mit einem feinen Mord beendet, entspricht auch nicht dem, was in Realität passiert. Denn die Gefühle, die ein Opfer (von Gewalt, Mobbing oder Ungerechtigkeit) durchlebt und in sich ansammelt – Wut, Angst, Ohnmacht, Hass –, taugen kaum als Antrieb für eine große Tat. Opfer fühlen sich ohnmächtig.

Tötet ein Opfer oder aber – eher möglich – der Elternteil eines Opfers doch, so sind seine Gefühle so gut nachvollziehbar, dass sogar die Gerichte mildernde Umstände berücksichtigen. Wir neigen dazu, Rachetaten und Selbstjustiz zu entschuldigen. Einem Bösen etwas Böses antun, ihn also strafen, entspricht unseren primitiven kriegerischen Gefühlsstrukturen, auch wenn in westlich-bürgerlich geprägten Gesellschaften wie Deutschland gerade diese Gefühle wirkungsvoll in Schach gehalten werden.

> Am 6. März 1981 erschießt Marianne Bachmeier im Gerichtssaal in Lübeck den noch nicht verurteilten Mörder ihrer Tochter, Klaus Grabowski. Einen solchen Fall von Selbstjustiz hat es bis dahin in Deutschland nicht gegeben. Nach eigener Darstellung hat Bachmeier vor allem auf die Behauptungen Grabowskis reagiert, ihre kleine Tochter Anna habe ihre Misshandlung provoziert, sei selber schuld und habe ihm sogar gedroht, Lügen über ihn zu erzählen. Sie habe gewollt, dass der Mann aufhört, ihre Tochter zu diffamieren. Sie schießt am dritten Verhandlungstag dem Angeklagten in den Rücken. Sie drückt acht Mal ab, sechs Schüsse treffen. Grabowski ist sofort tot. Bachmeier wird 1982 jedoch nicht wegen Mordes verurteilt, obgleich die Tat, juristisch gesehen, Merkmale wie Planung und Heimtücke aufweist, sondern wegen Totschlags, und zwar zu sechs Jahren Haft. Bachmeier stirbt 1996, wieder in Freiheit, im Alter von 46 Jahren an Krebs.

Dass Bachmeier sich eine Waffe besorgte und tatsächlich schoss, hat vermutlich auch mit ihrer Biographie zu tun. Sie ist auffällig unbürgerlich, gebrochen und von Gewalterfahrungen geprägt (➶ Frauenquote).

Herrschsucht

Gedemütigte suchen Anlässe, die sie aus der Depression holen. Dafür müssen sie das neuronale Belohnungssystem in Gang setzen. Es basiert auf dem Neurotransmitter Dopamin, auch als Glückshormon bekannt. Die Dopamin-Ausschüttung im Hirn als Belohnung für eine Anstrengung, die mit hohem Risiko verbunden sein kann, ist das stärkste Stimulans für Hochleistungen und Wiederholungstaten. Es ist das, was Kinderpornovertreiber und -nutzer im Internet blind macht für das Risiko, erwischt zu werden, was Betrüger, Erpresser und Diebe immer weiter treibt, obgleich der Untergang schon absehbar ist, was Serienmörder bezwingt (➶ Serienmörder).

Wer mordet, sucht und erlebt ein Gefühl von Macht. Er sucht Kontrolle über sein Leben und die Bedingungen, die es bestimmen, er gewinnt Handlungsmacht. Das gilt für einen Amokläufer genauso wie für einen Vater, der seine Familie auslöscht. Sie sehen sich als Opfer, sind aber faktisch Täter.

Strafe

Darunter fallen Mafia-Morde, die auch in Deutschland nicht so selten sind. Sie dienen der Warnung. Die Bestrafung eines Abtrünnigen soll anderen Angst machen, die mit dem Gedanken spielen, sich nicht mehr den Regeln der Mafia zu unterwerfen. Auch bei der Blutrache handelt es sich um ein innerhalb des sozialen Zusammenhangs anerkanntes Mittel der Strafe. So demonstriert eine Gruppe ihre Macht. Unter Umständen tut das auch ein Staat, der die Todesstrafe verhängt, ebenfalls mit dem Argument der Abschreckung, die aber, wie wir wissen, nicht wirkt. Denn es gibt auch Individuen, die ihre Angst, getötet zu werden, überwinden, entweder weil sie glauben, davonzukommen oder berühmt zu werden, weil sie verliebt sind oder weil sie nichts mehr zu verlieren haben.

Der sogenannte Ehrenmord fällt noch eindeutiger in die Kategorie patriarchalischer Herrschaftsmorde. Er wird mitleidlos geplant und begangen, einzig und allein, um eine junge Frau zu töten, weil sie die Spielregeln nicht beachtet und Eigenmächtigkeiten entfaltet hat, die sie letztlich aus dem Machtgefüge emanzipieren würden. Die Frau wird ermordet, um ein Herrschaftssystem des Schreckens aufrechtzuerhalten. Die von uns so beschönigend bezeichneten Ehrenmorde erfüllen alle Kriterien des Mordes: Sie werden geplant, sie sind heimtückisch (der Täter ist bewaffnet und überrascht das wehrlose Opfer) und sie geschehen aus niederen Beweggründen, nämlich aus Herrschsucht. Zudem stehen sie im Grundsatz einer terroristischen Tat nahe. Es wird sogar eine terroristische Vereinigung gegründet: Der Familienclan – Vater und Brüder des Opfers – legt fest, dass die Tochter/Schwester sterben muss, und bestimmt, dass der Jüngste, der noch unter Jugendstrafrecht fällt, die Tat ausführt.

Familiendrama

Die meisten Tötungsdelikte werden in der Familie begangen. Für einen Krimi erscheinen sie uns zu banal, zu eindeutig, im Grunde unverständlich und zugleich bestens bekannt, ja stereotyp.

Ein Mann tötet seine Kinder, seine Frau und dann sich selbst. Er sticht die Frau ab, die sich von ihm getrennt hat, oder er ermordet die Kinder, damit die Frau sie nicht bekommt. Ein Sohn erschlägt seine Eltern. Eine Mutter tötet ihre Kinder. Gerade diese Taten, die vergleichsweise häufig sind, entziehen sich unserem Verständnis am meisten. Sie machen deutlich, dass Menschen, die töten, sich in einer emotionalen Extremsituation befinden, die für Außenstehende kaum verständlich ist.

In dem in den Medien so beliebten Wort »Familiendrama« steckt übrigens die ganze gesellschaftliche Ratlosigkeit angesichts solcher Taten. Insgeheim nehmen wir an, dass die Frau, die im Ehestreit erstochen wird, ihren Teil zum Drama beigetragen, also provoziert hat. »Zum Streiten gehören immer zwei«, wie es so schön heißt. Tatsächlich aber findet das Drama im Kopf des Mannes statt und hat sich über einen längeren Zeitraum aufgebaut. Sein Leben gerät ihm außer Kontrolle, seine Frau unterwirft sich seinen Konzepten nicht. Nur wenn er sie tötet, gewinnt er die Kontrolle zurück. Nur tot gehört ihm die Frau ganz. Da mischen sich Verlustangst – mit der Geliebten verliert der Verlassene den sozialen Halt, die Lebensperspektive und sein Ich – und Herrschsucht: »Wenn ich dich nicht kriege, kriegt dich keiner.« Oder: »Wenn ich die Kinder nicht kriege, bekommst du sie auch nicht.«

Der Gewinn ist zwar paradox, aber hoch. Der Verlassene gewinnt nur dann Kontrolle über die Person, die ihn verlässt, wenn er sie tötet. Dann kann sie sich nämlich überhaupt nicht mehr bewegen. Erst nach der Tat mag dem Täter aufgehen, dass er sich den Gewinn befriedigender vorgestellt hat, als er ist. Er wird sich und anderen nie wirklich erklären können, wieso ihn diese Gefühle von Wut, Eifersucht und/oder Kränkung so haben beherrschen können, dass er zugestochen, zugeschlagen, gewürgt oder geschossen hat. Gekränkte männliche Ehre, gekränkte Männlichkeit oder frustrierte männliche Herrschsucht sind, wie die Wirklichkeit zeigt, äußerst starke Tatmotive.

Erweiterter Selbstmord

Oft beschließt der Täter, nicht nur mit dem Leben seiner Freundin, seiner Frau und seiner Kinder, sondern auch mit seinem eigenen Leben Schluss zu machen. Psychologen und Juristen nennen das einen erweiterten Selbstmord (Unwort des Jahres 2006 in der Schweiz). Auch das ist eine Tat, die typischerweise Männer begehen. Häufig sind es banale und an sich lösbare wirtschaftliche Schwierigkeiten, die Männer dazu bringen, ihre Frau und ihre Kinder zu töten, weil sie glauben, diese würden mit den Problemen genauso wenig fertig wie sie selbst. Er befindet sich in einem Seelenzustand von Angst, Sorge, Verzweiflung, Stress und Depression, in dem er keinerlei vernünftigen Ausweg mehr sieht.

So ein Mann kann sich nicht vorstellen, dass andere Menschen, seine Frau oder seine Kinder, für ihr eigenes Leben verantwortlich sind und sein wollen. Er glaubt, seine Frau lebe nur für ihn und durch ihn. Dass sie nicht sterben will und vor allem die Kinder leben wollen, kann er nicht denken. Und zuweilen fällt es auch uns schwer, das zu denken. Als der Ex-General und Grünen-Politiker Gert Bastian im Jahr 1992 seine Lebensgefährtin, die Grünen-Politikerin Petra Kelly, im Schlaf erschoss und anschließend sich selbst, dauerte es eine Weile, bis die Medien darauf kamen, dass man in diesem Fall nicht einfach von Doppel-Selbstmord sprechen konnte, sondern dass es sich hier vermutlich um einen Mord mit anschließendem Suizid handelte.

Der Begriff Familiendrama verfälscht und verharmlost auch hier die Situation. Er verschweigt nämlich, wer der Täter ist, und impliziert, dass Frau und Kinder in irgendeiner Form aktiver Teil der Handlung waren. Tatsächlich aber hat hier ein Mann schweigend eine einsame Entscheidung getroffen, Frau und Kinder ermordet (geplant, heimtückisch und aus niederen Beweggründen) und sich dann selbst das Leben genommen.

Es gibt übrigens auch Frauen, die einen sogenannten erweiterten Selbstmord begehen, sie töten dabei aber nicht ihre Männer oder Lebensgefährten, sondern ihre von ihnen abhängigen Kinder. Abgesehen von den unerkannten Fällen, wo eine Frau sich und ihren Mann vergiftet hat, vielleicht weil sich beide in hohem Alter befanden, der Umzug ins Heim anstand oder sie ihn nicht alleine zurücklassen wollte.

Ohnmacht des Opfers

Während uns die subjektiven Opfer, ihre narzisstische Kränkung und ihre grausamen Taten fremd bleiben und als Krimifiguren nur taugen, wenn wir uns auf ein paranoides inneres Drama einlassen wollen, erscheinen uns alle Taten klar, die von echten Opfern begangen werden. Sie taugen bestens für handlungsorientierte und plausibel erscheinende Geschichten.

Erpressung

Erpressung gehört zu den zutiefst verletzenden Opfererfahrungen. Es ist deshalb für jeden nachvollziehbar, wenn das Opfer seinen Peiniger tötet. In der deutschen Realität passiert das aber höchstens alle zehn Jahre mal.

> Fanny Fuchs verdient sich ein Taschengeld, von dem ihr Mann nichts wissen soll, in einer Boutique. Sie wird von einer Kollegin dabei erwischt, wie sie Modeschmuck im Wert von 7 € in die Handtasche steckt und nicht bezahlt. Die Kollegin zeigt sich dann aber bereit, den Diebstahl nicht anzuzeigen – Fanny wäre dann vorbestraft und niemand würde sie mehr anstellen –, wenn Fanny ihr künftig monatlich einen Teil des Verdienstes bis zu einem Betrag von insgesamt 2000 € zahlt. Fanny lässt sich darauf ein, zahlt im Lauf von einem halben Jahr 2000 €. Danach meldet die Kollegin den Diebstahl der Chefin, und Fanny wird gekündigt.

Fanny wäre besser zur Staatsanwaltschaft gegangen und hätte die Erpressung angezeigt. Die Staatsanwaltschaft hätte von der Verfolgung des Diebstahls abgesehen, selbst wenn sie mehr gestohlen hätte.

> § 154c Strafprozessordnung:
> (1) Ist eine Nötigung oder Erpressung (§§ 240, 253 des Strafgesetzbuches) durch die Drohung begangen worden, eine Straftat zu offenbaren, so kann die Staatsanwaltschaft von der Verfolgung der Tat, deren Offenbarung angedroht worden ist, absehen, wenn nicht wegen der Schwere der Tat eine Sühne unerlässlich ist.
> (2) Zeigt das Opfer einer Nötigung oder Erpressung (§§ 240, 253 des Strafgesetzbuches) diese an (§ 158) und wird hierdurch bedingt ein vom Opfer begangenes Vergehen bekannt, so kann die Staatsanwaltschaft von der Verfolgung des Vergehens absehen, wenn nicht wegen der Schwere der Tat eine Sühne unerlässlich ist.

Die Kollegin hingegen wäre wegen Erpressung angeklagt worden (Höchststrafe 5 Jahre) und hätte das erpresste Geld an Fanny zurückgeben und womöglich sogar noch Schadensersatz leisten müssen. Außerdem wäre sie daraufhin entlassen worden. Fanny Fuchs allerdings auch. Denn wer klaut, wird entlassen. »Zeig deine Kollegin wegen Erpressung an!«, sagt sich daher leicht. Die Frage ist, wie viel Fanny ihr Arbeitsplatz wert ist.

Dass nach einem geringfügigen Diebstahl der Verlust des Arbeitsplatzes droht, könnte eine erpresste Mitarbeiterin objektiv in eine so gravierende Zwangslage bringen, dass sie den Gang zur Staatsanwaltschaft oder Polizei scheut. Vermutlich wäre es dann Fannys Liebhaber, Hans-Jürgen, der sich überlegt, wie er die Kollegin umbringt, um seine Freundin vom Erpressungsdruck zu befreien. Im Krimi kommt der Folgemord am Erpresser immer wieder vor. Und tatsächlich bleibt nicht jeder Erpresste straffrei.

Fanny Fuchs hat sich von ihrem Mann Dieter getrennt. Jetzt will sie die Möbel holen. Sie bringt Hans-Jürgen mit. Der brüstet sich Dieter gegenüber, er sei schon lange Fannys Liebhaber. Fanny stichelt außerdem, Hans-Jürgen sei auch viel besser im Bett. Im nachfolgenden Handgemenge der beiden Männer würgt Dieter den Liebhaber, Fanny hat Angst um Hans-Jürgen und sticht mit einem mauretanischen Krummdolch von hinten auf Dieter ein.

Sie flüchten aus der Wohnung, ohne sich um Dieter zu kümmern.

Anders als erwartet, ist Hans-Jürgen jedoch nicht dankbar, sondern fühlt sich in seiner männlichen Ehre gekränkt. Er sei nie in Gefahr gewesen, er habe Dieter gerade überwältigen wollen. Und, was Fanny nicht weiß, Dieter hat die Attacke überlebt. Hans-Jürgen macht mit Fanny Schluss und fängt an, sie zu erpressen. Als nach ein paar Wochen ihr Erspartes aufgebraucht ist, verabredet sie sich mit Hans-Jürgen im Wald. Sie bringt ein Küchenmesser mit, um ihn umzubringen.

Völlig unnötig! Nehmen wir an, Fanny wäre im Glauben, niemand würde ihr die Notwehr abnehmen, und denkt, sie habe sich des Totschlags an Dieter schuldig gemacht. Dann bliebe Fanny wirklich nicht straffrei, auch wenn sie die Erpressung durch Hans-Jürgen bei der Polizei anzeigen würde. Sie müsste dann nämlich in einem minderschweren Fall des Totschlags mit einer Strafe zwischen einem und zehn Jahren rechnen. Und eine Einstellung des Verfahrens nach § 154c StPO kommt nur in Betracht, wenn die Nötigung oder Erpressung strafwürdiger ist als die Tat des Erpressten. Sie hätte also schon einiges zu verlieren. Einen Mord an Hans-Jürgen ist die Sache aber auf keinen Fall wert. Für die geplante Tötung zur Verdeckung einer anderen Straftat bekäme Fanny in jedem Fall lebenslang.

Das Stockholm-Syndrom

Opfer töten nicht, oder nur dann, wenn sie sich nicht mehr als Opfer erleben. Die Erfahrung von Stress, Ohnmacht und Verzweiflung vernichtet unseren Glauben an unsere Kraft und Handlungsmacht. Das gilt auch und vor allem für Opfer andauernder Misshandlung. Sie investieren ihre emotionale Kraft darein, den Täter freundlich zu stimmen. Es ist ihre einzige Chance, die für sie nachteilige Beziehung zu beeinflussen. Und selbst wenn sie sich über all die Zeit ausmalen, was sie ihrem Peiniger antun würden oder könnten, so hemmt sie die Angst vor seiner Strafe bei Misslingen eines Befreiungsschlags. Ihr Gehirn ist auf Depression und Ohnmacht gestellt. Es sucht nach Erleichterung unter unerträglichen Bedingungen.

Die Beziehung, die eine Geisel zu ihrem Geiselnehmer entwickelt, nennt man Stockholm-Syndrom. Sie kann so weit gehen, dass die Geisel sich in ihren Geiselnehmer verliebt und ihm hilft.

Das Phänomen wurde erstmals beleuchtet nach einer fünftägigen Geiselnahme in einer Stockholmer Bank 1973. Die vier Angestellten, die als Geiseln genommen wurden, entwickelten eine größere Angst vor der Polizei und einem Polizeizugriff als vor ihren Geiselnehmern. Nach Beendigung der Geiselnahme empfanden sie keinen Hass auf ihre Geiselnehmer, sie waren ihnen dankbar, freigelassen worden zu sein, und baten um Gnade für die Täter.

Die Frauenquote

Wenn wir einen Krimi schreiben, stellt sich stets die Frage: Wer soll den Mord begangen haben? Eine Überraschung hätten wir schon gern, etwas völlig Unerwartetes. Zu Zeiten von Agatha Christie galten Pfarrer noch als tabu, aber inzwischen haben wir jede Berufsgruppe als Mörder durch. Also kommen wir zurück aufs Grundsätzliche. Einen Mord kann immer nur entweder ein Mann oder eine Frau begangen haben (auch als Kind nur ein Junge oder ein Mädchen). Damit es doch eine kleine Überraschung gibt, wird in schätzungsweise der Hälfte aller Krimis nach Ermittlungen in männlich dominierten Zusammenhängen eine Frau aus bürgerlichem Milieu entlarvt, übrigens meist mit einem Totschlagsdelikt und der Beteuerung: »Das habe ich nicht gewollt.«

Das funktioniert nur deshalb, weil wir im Grunde alle wissen, dass Verbrechen in der überwiegenden Mehrzahl von Männern begangen werden.

Die Frauenquote liegt in Deutschland bei etwa 8 Prozent. Das gilt auch für Gewalt gegen andere Menschen. Nur etwa 10 Prozent der Tötungsdelikte werden von Frauen begangen, bei körperlicher Gewalt gegen andere, auch Mord- und Totschlagsversuchen, liegt die Frauenquote sogar bei nur 3 Prozent.

Ende 2008 saßen in deutschen Gefängnissen 73 203 Menschen ein; nur 5 Prozent, also 3916, von ihnen waren Frauen. Die deutsche Strafverfolgungsstatistik des Statistischen Bundesamts von 2006 weist 400 Männer aus, gegen die wegen eines Tötungsdelikts ermittelt wurde, aber nur 41 Frauen. Bei den Körperverletzungen waren es 1993 Männer, aber nur 66 Frauen. Eine Studie aus den siebziger Jahren zeigt außerdem, dass damals keine einzige (!) Frau aus der bürgerlichen Schicht wegen eines Tötungsdelikts im Gefängnis saß[1], auch wenn damals im Fernsehkrimi wie *Derrick* oder *Der Kommissar* ständig bürgerliche Frauen als Mörderinnen aus Habgier und sonstigen niederen Beweggründen ermittelt wurden.

Frauen sind nicht die besseren Menschen, Gewalt passt nur nicht zum weiblichen Selbstbild. Die Protagonistin des Films *Eine Frau sieht Rot* würde mit stark männlichen Zügen und sportlichem Anstrich dargestellt werden, nicht als mollige Hausmutti. Frauen suchen für Konflikte andere Lösungen, bei denen sie ihre sozialen und kommunikativen Kompetenzen nutzen können. Tatsächlich sind es vor allem junge, ledige Männer am unteren Rand der Gesellschaft, die Gewaltverbrechen begehen. Ein Männerüberschuss in bestimmten Gegenden, Stadtvierteln und Ländern lässt die Gewaltstatistik zuverlässig steigen, so in China und Indien, wo weibliche Feten abgetrieben und Mädchen durch Vernachlässigung umgebracht werden und ein gewaltiger Männerüberschuss entsteht. Während die Männer aus den Oberschichten Frauen aus der Unterschicht heiraten können, gehen die Unterschichtmänner zunehmend leer aus. Sie können keinen ehelichen Sex haben, keine Familie gründen und sehen sich an den Rand der Gesellschaft gedrängt. Wozu sich dann noch sozial verhalten?

Wir behandeln also einen Sonderfall, wenn wir in unserem Krimi eine Frau zur Mörderin oder Totschlägerin machen. Und wenn wir es tun, dann bedienen wir auch ein latent frauenfeindliches Gruselklischee, das da lautet: Eigentlich sind die Frauen im Hintergrund die wirklich Bösen (➶ Der Giftmord). In Realität haben Frauen, die töten, noch häufiger als männliche Täter eine gebrochene, nicht-bürgerlich orientierte Biographie (➶ Täterprofil). Sie stammen aus Familien mit unsteten Bezugspersonen, haben Gewalt erfahren und erfolgreich selbst zugeschlagen. Sie sind unstet im Job und haben wechselnde Lebenspartner. Juristisch ist der Totschlag vielleicht die harmlosere Tat, doch er ist die Tat, zu der Frauen am wenigsten neigen. Zumindest statistisch gesehen und wenn wir nicht annehmen wollen, dass Frauen von den Gerichten immer noch zu Unrecht öfter wegen Mordes verurteilt werden als wegen Totschlags.

Mordende Mütter

Es täuscht, wenn wir meinen, Kindstötungen hätten zugenommen. Es hängt davon ab, wie wir Statistiken lesen. Die Polizeiliche Kriminalitätsstatistik in Deutschland (PKS) weist für das Jahr 2006 aus, dass 202 Kinder getötet wurden, sechs Jahre zuvor waren es noch 293 Kinder gewesen. In 37 Fällen wurden Kinder ermordet, in 55 Fällen handelte es sich um Totschlag, in 12 Fällen um Körperverletzung mit Todesfolge. Beim Rest handelte es sich um Unglücksfälle. Für das Jahr 2007 zählt der Bund Deutscher Kriminalbeamter 173 Kinder, die gewaltsam gestorben sind, darunter auch solche, die beispielsweise von der Schaukel gefallen sind, weil die Eltern nicht aufgepasst haben. Nach Aussagen des Kriminologischen Instituts Niedersachsen, dessen Chef der bekannte Kriminologe Christian Pfeiffer ist, liegt die Zahl der Kindstötungen über Jahre hinweg bei durchschnittlich 90 im Jahr. Pfeiffer nimmt an, dass im Osten Deutschlands mehr Kinder getötet werden, und vermutet als Gründe Armut und Überforderung der Mütter in ihrer Mutterrolle. Andere Untersuchungen widersprechen dem.

Schreikinder können Mütter schon in den Wahnsinn treiben, Babys, die schlecht essen, können bei perfektionistisch veranlagten Frauen heftige Schuldgefühle erzeugen. Doch erst der soziale und psychologische Hintergrund einer zumindest gebrochenen bürgerlichen Biographie macht aus einer genervten Mutter eine Mörderin. Depressiv strukturierte Mütter wollen es besonders gut machen und setzen sich bis zur Erschöpfung unter Druck. Das Gefühl, es nicht zu schaffen und schuld zu sein, kann sich zur Psychose auswachsen.

> Am Spätnachmittag des 12. Dezembers 2008 hebt eine 33-jährige Frau ihre vier Jahre alte Tochter über das 1,30 m hohe Geländer einer Neckarbrücke in Stuttgart-Untertürkheim und lässt sie sechs Meter tief ins kalte Wasser fallen. Die Obduktion ergibt, dass das Kind ertrunken ist. Die Mutter stellt sich Stunden später der Polizei und erzählt, sie habe sich selbst umbringen wollen, sie sei mit dem Kind überfordert gewesen.
>
> Am Vormittag hat sie für ihren Mann auf einen Zettel geschrie-

ben: »Lebewohl, du Riesenidiot. Suche nicht nach uns, denn uns gibt es nicht mehr. Du kannst in Ruhe fernsehen, dich wird niemand mehr stören.« Am Spätnachmittag weigert sich ihr Mann, sie mit dem Auto bei ihrer Mutter und ihrem Bruder abzuholen. Außerdem gibt es Streit mit ihrer Mutter über Erziehungsfragen. Sie verlässt das Haus und geht an der Neckarbrücke auf und ab. Das Kind fragt – so erzählt sie vor Gericht –, warum sie immer ins Wasser starre. Da nimmt sie ihre Tochter, hebt sie übers Geländer und lässt sie fallen.

Ihre Familie zeigt sich von der Tat überrascht. Die Frau hat mehrmals beim Jugendamt um Hilfe gebeten und ist wegen Depressionen in Behandlung gewesen. Vor Gericht erklärt sie, sie habe ihr Kind eigentlich nach der Geburt in Pflege geben wollen. Sie habe sich alleingelassen gefühlt.

Die Frau wird wegen Mordes angeklagt. Der Richter nimmt ihr nicht ab, dass sie ernsthafte Selbstmordabsichten gehabt hat, kann eine akute Überlastungssituation nicht feststellen, hält es für denkbar, dass sie mit dem Mord an ihrem Kind ihren Mann und ihre Familie habe anklagen wollen, weil sie ihnen die Schuld für ihre subjektiv ausweglose Situation gebe, hält sie für voll schuldfähig und verurteilt sie am 27. Mai 2009 wegen heimtückischen Mordes zu lebenslänglich.

Männer ermorden Kinder tatsächlich eher deshalb, weil sie sie der Frau, die sich von ihnen getrennt hat, nicht gönnen. Sie wollen sie treffen, abstrafen. Vielleicht hat der Richter deshalb so geurteilt.

In sozial benachteiligten Familien sterben Kinder auch an Vernachlässigung. Meist sind beide Partner daran beteiligt. Sie sind auf unvorstellbare Weise gefühlsflach, haben nie eine Gefühlskultur gelernt, sind überfordert, genervt, hilflos und verunsichert.

Das Münchhausen-Stellvertreter-Syndrom

Außerdem gibt es bei Frauen einen seltenen psychischen Defekt, für den die Psychologen den Lügenbaron Münchhausen bemühen. Beim Münchhausen-Syndrom täuschen Menschen Krankheiten vor, um die Aufmerksamkeit der Familie und der Ärzte zu erringen. Beim Münchhausen-Stellvertreter-Syndrom nehmen Sorgeberechtigte, meist Mütter, ihre Kinder dafür. Sie vergiften sie mit Medikamenten, brechen ihnen die Knochen, behaupten, sie hätten epileptische Anfälle, schleppen sie zu Ärzten und sorgen dafür, dass sie ins Krankenhaus kommen. Im Krankenhaus kümmern sie sich rührend. Doch wenn niemand hinschaut, drücken sie dem Kind den Hals zu oder ein Kissen aufs Gesicht und alarmieren Krankenschwestern und Ärzte. Ein gewisser, nicht genau bekannter Prozentsatz der Kinder (zwischen 5 und 35 Prozent) stirbt an den Misshandlungen.

Nach derzeit geltender Auffassung gehören diese Frauen zu den intelligenteren, haben sich früher selbst verletzt (Borderline), sind oft Krankenschwestern gewesen und suchen jetzt dringend Aufmerksamkeit. Sie finden sie bei Ärzten und Krankenschwestern. Sie erscheinen als aufopferungsvolle und perfekte Mütter.

Das Krankheitsbild gehört zu den gruseligsten und darum reizvollsten Misstrauenserklärungen gegen unsere Mütter. Erfunden hat das Syndrom ein britischer Kindermediziner in den siebziger Jahren. Als Gerichtsgutachter vermutete er in den folgenden Jahrzehnten praktisch hinter jedem plötzlichen Kindstod eine mordende Mutter. Über 300 Mütter wurden verurteilt, bis ein Fehler in der Wahrscheinlichkeitsrechnung des Mediziners die britische Justiz zur Neuauflage der Prozesse zwang und etliche Mütter wieder freigelassen werden mussten. Der Arzt ist zwar inzwischen rehabilitiert und geadelt, aber noch immer hat die Diagnose Münchhausen-Stellvertreter-Syndrom etwas von Verfolgungswahn. In Deutschland ist sie derzeit bei Jugendämtern eine relativ beliebte und unverhältnismäßig oft vorkommende Begründung, um Müttern Kinder wegzunehmen und bei Pflegefamilien in Obhut zu stecken.

Die Erkrankung ist aber eigentlich sehr selten. Nur schätzungsweise ein Kind von einer Million dürfte betroffen sein. Es ist allerdings schwierig, einer solchen Mutter in dem Labyrinth von Lügen auf die Spur zu kommen. In deutschen Krankenhäusern kann man nicht einfach die Krankenzimmer von Kindern mit ihren aufopferungsvollen Müttern mit Kameras überwachen. Es gibt auch bereits erste Krimis, die das Phänomen behandeln, zum Beispiel *Spur ins Nichts* aus der Serie *Hautnah. Die Methode Hill* (ZDF, 1.3.2009, original GB).

Das Münchhausen-Stellvertreter-Syndrom wird auch bei Krankenschwestern diagnostiziert, die Kinder töten. Sie werden von der Umgebung als besonders engagiert, zuverlässig und aufopferungsvoll in ihrem unermüdlichen Einsatz für die Kinder erlebt.

> 1984 wird in Texas eine Krankenschwester zu 25 Jahren Haft verurteilt, die vermutlich mehr als 30 Kinder mit Suxamethonium, dem künstlichen Kurare, umgebracht hat. Sie war derartig fasziniert davon, Babys nach einem plötzlichen Herzstillstand wiederzubeleben, dass sie begann, ihnen dieses Mittel zu injizieren, um das

Glück zu erleben, sie zu retten. Bei ihr wird das Münchhausen-Stellvertreter-Syndrom diagnostiziert. Ob zu Recht oder zu Unrecht, bleibt dahingestellt.

Neonatizid

Wenn Mütter soeben geborene Kinder töten oder sterben lassen und in Blumentöpfen auf dem Balkon vergraben oder in Mülleimern entsorgen, reagieren wir mit besonderem Unverständnis. Denn heutzutage werden Mütter nichtehelicher Kinder gesellschaftlich nicht angeprangert, nicht einmal geächtet. Es gibt keinen äußeren Grund, ein Neugeborenes zu töten. In China oder Indien dagegen ist das Töten weiblicher Feten oder Neugeborener eine Art Geburtenkontrolle.

Die emotionale Ausstattung von Frauen, die so etwas tun, ist dürftig. Sie sind sozial ausgegrenzt, intellektuell minderbemittelt oder schwerst psychisch krank. Ihnen sind die Organe, Behörden und offiziellen Einrichtungen des Staates, einschließlich der Gesundheitssysteme, fremd. Sie sind unfähig, Probleme zu erkennen, anzunehmen und zu lösen, und sie haben wirkungsvolle Strategien, die Realität zu verdrängen und ihr auszuweichen. Meistens sind sie suchtkrank. Eine wirklich vernünftige Erklärung gibt es in der deutschen Gesellschaft für Kindsmord nicht.

Unbemerkte Schwangerschaft

Besonderes Kopfschütteln löst es bei uns aus, wenn solche Frauen erklären, sie hätten ihre Schwangerschaft nicht bemerkt. Das hingegen passiert – zumindest in den ersten Schwangerschaftsmonaten – häufiger, als man denkt. Manche Frauen haben durchaus noch Blutungen, nehmen zunächst auch kaum zu und entwickeln, wenn sie zunehmen, nicht den typischen Babybauch. Um eine Schwangerschaft bis zum Augenblick der Geburt nicht zu bemerken, muss frau nicht unbedingt eine große Verdrängungskünstlerin sein. Wenn sie übergewichtig ist, unregelmäßige Blutungen hatte und der Mutterkuchen im Bauch so liegt, dass sie die Kindsbewegungen nicht oder erst sehr spät spüren kann, dann werden Kindsbewegungen eben als Blähungen gedeutet. Und wenn eine Dicke über Monate einige Kilos zunimmt, wundert sich auch niemand. Die Blutungen, die während dieser Schwangerschaft auftreten, sind dann übrigens keine Regelblutungen mehr, sondern Blutungen infolge der Lage des Mutterkuchens oder Entzündungen.

Triebtäter

Wiederum brauchen wir uns gar nicht um die Motivierung einer Tat zu kümmern, wenn wir eine krankhafte Lust am Töten annehmen. Aber auch Triebtäter sind weder Mordbuben ohne Hemmungen oder Gewissensbisse, noch sind sie die Intelligenzbestien, als die wir sie aus dem *Schweigen der Lämmer* (Film 1991) kennen. Triebtäter fühlen sich getrieben, sie stehen subjektiv unter Zwang.

Doch auch hier gibt es rational nachvollziehbare Motive. Die Frage ist ja immer: Warum macht einer so was? Wissenschaftler sehen Serienmörder in der Nähe von Spielsüchtigen. Sie sind süchtig nach Mord. Man nennt das auch eine nicht stoffgebundene Abhängigkeit[2]. Demnach sind es Aktivitäten wie Spielen, Fantasieren oder eben Töten, die den Herzschlag beschleunigen und eine angenehme Erregung schaffen. Krankhafte Spieler oder Serienmörder sind abhängig von diesem Erregungszustand, der mit bestimmten Neurotransmitterausschüttungen im Gehirn einhergeht (➶ Herrschsucht) und sich auf die Stimmung auswirkt. Das Suchtverhalten entsteht, weil der Süchtige aktiv immer wieder Gefühle von Macht und Kontrolle herstellen will. Er entkommt damit seinen Alltagsgefühlen von Einsamkeit, Ohnmacht und Frustration.

Im Allgemeinen geht man davon aus, dass die Triebtäter aus gestörten Familien kommen: Der Vater fehlte oder war Alkoholiker, die Mutter war gefühlskalt oder bigott, sie wuchsen in einer feindselig-freudlosen Atmosphäre auf und so weiter. Allerdings Vorsicht: Wie viele Menschen sind unter belastenden, freudlosen, feindseligen und sonst wie problematischen Verhältnissen aufgewachsen und doch keine Serienmörder geworden? Und welche Fama baut so ein Täter auf, wenn er merkt, dass die Psychologen, die ihn befragen, zufrieden sind, wenn sie hören, wie sehr er unter Vater und Mutter gelitten hat?

Momentan geht die Tendenz dahin, biologisch-genetische Gründe anzunehmen, gegen die weder Gesellschaft noch Individuum etwas ausrichten könnten. Verschiedene Forscher belegen eifrig, dass Sadisten und Sexualmörder überdurchschnittlich oft Anomalien im Gehirn aufweisen, und zwar im rechten Frontallappen (der ist für Werte, Ich-Identifikation und Vorlieben zuständig). Man führt sie auf pränatale oder frühkindliche Schädigungen zurück. Fast 80 Prozent der späteren Sexualmörder haben sich von Kindheit an gegen Sozialkontakte abgeschottet. Vermutlich ging der Rückzug in den Kokon der Empfindlichkeit, Ablehnung und Lustlosigkeit anderen Menschen gegenüber mit negativen Erfahrungen einher, die sie seit der Kindheit angehäuft haben: Als Kinder waren sie durchsetzungsschwach und unfähig, Konflikte auszutragen. Sie neigten und neigen zu abwartendem und leidendem Verhalten und sind leicht gekränkt. Das normale Zusammenleben macht ihnen keine Freude, es stört, ängstigt oder ärgert sie nur.

Aber weder Anomalien im Hirn noch kaltherzige Mütter machen aus einem unglücklichen und durchsetzungsschwachen Kind einen Serienkiller. Es muss auch noch prägende Zufälle geben. Triebtäter berichten oft von einem Schlüsselerlebnis in ihrer Kindheit, das bei ihnen eine angenehm überraschende, sexuell berührende und starke körperliche Reaktion ausgelöst hat: Kribbeln, Erregung, Herzrasen, Schwitzen, Lust. Beispielsweise als sie sahen, wie ein Huhn oder Schwein geschlachtet wurde. Unserer Phantasie als Krimiautorinnen sind da keine Grenzen gesetzt. Es muss sich nur um eine vorsexuelle Erfahrung handeln, die sexuell erlebt wurde und im Lauf des Älterwerdens das Töten, also die Herrschaft über Leben und Tod, mit sexueller Erregung in Verbindung bringt.

Ein Triebtäter entfaltet zwar durchaus Täterintelligenz, um seine Opfer in seine Gewalt zu bringen, aber was ihm an Mitgefühl für seine Opfer fehlt, bringt er auch nicht für andere Personen aus seiner Umgebung auf. Solche Mörder haben grundlegende emotionale und soziale Defizite, auch wenn sie durchaus kommunikatives Geschick besitzen, um ihre Opfer zu überreden, sich ihnen anzuvertrauen (➶ Täterprofil).

Bevor es zur ersten Tat kommt, hat so ein Mann sich über Jahre im Kopf ein reiches Arsenal von Fantasien und Bildern geschaffen und sich Hunderte von Malen bestimmte Taten ausgemalt. So beschreibt ein Sexualmörder, der in den sechziger Jahren in einem Luftschutzstollen vier Jungs zu Tode folterte, seine Fantasien folgendermaßen (nix für schwache Nerven!):

> »[...] Ich will immer Kerzen mitnehmen, z. B. keine Taschenlampe. Das ist bei mir wie bei manchen Eheleuten, die brauchen rotes Licht, das gibt es. [...] Außerdem sieht jemand, der ausgezogen ist, bei Taschenlampenlicht verhältnismäßig unappetitlicher aus als bei Kerzen. Ich würde das Kind ausziehen, mit Gewalt wieder. [...] Wenn ich es dann geschlagen hätte, würde ich es hinlegen, schon eher hinschmeißen. Es müsste schon schreien. [...] Es wäre mir lieb, wenn das Kind noch nicht so weit entwickelt ist. [...] Ich würde auch mal brutal sein, bis es wimmert. Das gehört dazu. [...] Dann möchte ich, dass das Kind zappelt. Dann würde ich anfangen zu schneiden ...«[3]

Tötungsfantasien haben den Vorteil, dass das Opfer gesichtslos bleibt. Dem Triebtäter geht es nicht um eine Person, sondern um Entmenschlichung. Seine Opfer sind Objekte seiner Allmachtsfantasien. Nicht aus allen Fantasien wird eine Tat. Aber wenn schließlich doch, so ist der Täter plötzlich mit einem Menschen konfrontiert, der sich völlig anders verhält, als er es braucht, und hinterher mit einer Leiche, die stinkt und blutig und eklig ist. Deshalb kann die von ihm als Opfer ausersehene Frau durchaus davonkommen, wenn sie es schafft, Namen und Gesicht zu gewinnen, oder dem Raster widerspricht, bei dem er sich Erfolg erhofft. Auf einen Sexualmord mögen 30 bis 100 Versuche kommen, eine Frau auszutesten und an einen geeigneten Tatort zu locken. Sie kann mit einem Wort, einem Blick die Absicht des Täters zunichtemachen. Sie kann aber genauso gut mit irgendeiner Bewegung ihr Todesurteil besiegeln, falls sie sich dann noch von ihm überreden lässt, die geschützte Kneipe zu verlassen und ihm an einen Ort zu folgen, an dem er mit ihr alleine ist und sich auskennt.

Die Erfolgsrate bei der Aufklärung von Serienmorden liegt bei ungefähr 80 Prozent und ist verglichen mit der anderer Tötungsdelikte (über 90 Prozent) geringer.

Teil 2 Der Mord

Krimis sind ein Spiel mit einem ernsten Thema: dem Tod und dem Töten. Das können wir mahnend, sozialkritisch, aufklärerisch oder aber makaber und komödiantisch abhandeln. Von der Spielart unseres Krimis hängt es ab, welche Todesarten wir wählen und wie realistisch wir das Töten und unsere Leichen beschreiben.

Eine Krimkomödie über zukünftige lustige Witwen fällt weniger blutig aus und lässt die Polizei dümmer aussehen als ein Polizeikrimi. Wenn es um die Psyche des Täters geht, verwenden wir viel Zeit auf die Motivierung des Verhaltens und bauen im Ermittler einen klugen Gegenspieler auf. Wenn wir unsere Detektivin durch einen aktionsreichen Thriller jagen wollen, beschränken wir uns auf blutige Mafiamorde mit Schusswaffen und lassen die Täterpsychologie beiseite. In einem Agententhriller greifen wir zu Gift. Und wenn wir eine Rechtsmedizinerin in den Mittelpunkt stellen, schauen wir uns wiederum unsere Leichen ganz genau an.

Einen Menschen in Realität umzubringen ist schwierig und zugleich fürchterlich leicht. Ein Messerstich, eine Schlinge, im Schlaf einem anderen um den Hals gelegt und zugezogen, reicht. Messer und Strick müssen wir nicht mal beschaffen, wir haben sie in unserem Haushalt. Wir müssen nur – schwierig genug – Gewalt anwenden. Und unser eigentliches Problem ist dann das, wovon jeder Krimi handelt, nämlich hinterher nicht mit der Tat in Verbindung gebracht werden zu können.

Ein beliebtes Gesellschaftsspielrätsel lautet: Vier Männer gehen jeden Freitag in die Sauna. Reiner hat immer seinen mp3-Player dabei, Jan bringt ein kühles Getränk in einer Thermosflasche mit, Florian liest ein Männermagazin, auch wenn es im Dampf Wellen schlägt, und Michael schläft immer gleich ein. Eines Freitags wacht

> Michael nicht mehr auf. Er liegt erstochen auf der Pritsche. Die Polizei kommt, kann aber keine Tatwaffe finden. Doch außer den drei Männern war keiner in der Sauna. Es hat auch keiner das Gebäude verlassen. Wer hat Michael erstochen? Antwort: Jan. Er hat in seiner Thermosflasche einen Eiszapfen mitgebracht und ihn Michael in die Brust gerammt. Der Eiszapfen ist in der Saunahitze geschmolzen, bis die Polizei kam.

Auf den ersten Blick bestechend, aber wenn wir als Krimiautorinnen anfangen, daran herumzudenken, stellen sich uns einige Fragen: Waren die beiden anderen Männer also Zeugen des Mordes? Oder war Jan zwischendurch allein mit Michael in der Sauna? Doch auch das würden die beiden anderen der Polizei erzählen und Jan geriete in Verdacht, weil er die Gelegenheit hatte. Die Kriminaltechnik würde in der Thermosflasche Wasser finden, dasselbe auch in der Wunde. Die Form der Wunde würde die Rechtsmedizinerin auf eine glatte, runde, sehr nasse Stichwaffe schließen lassen. Und ist so ein Eiszapfen überhaupt spitz und hart genug, um sie einem Mann in die Brust zu stoßen, zwischen den Rippen hindurch ins Herz? Andernfalls wäre er ja nicht tot. Wie halte ich außerdem einen glitschigen Eiszapfen fest genug in den Händen, um damit zuzustoßen? Jan wäre in dem Moment entlarvt, da die Rechtsmedizinerin im Schmelzwasser tief drinnen in der Wunde fremde Hautschuppen findet, deren DNS Jan zugeordnet werden kann.

Sehr komplizierte Mordmethoden haben, wenn sie funktionieren, allerdings tatsächlich den Vorteil, dass Polizei und Gerichtsmedizin zunächst auf dem Schlauch stehen. Aber sie verlangen auch von den Tätern und ihren Erfinderinnen ein erhebliches Maß an Planung, handwerklichem und technischem Interesse und Geschick.

> 1989 wird in Hannover die vierte Ehefrau des Elektromechanikers Otto Pillinger tot im Bett gefunden. Für die Polizei ein Routinefall. Allerdings sind Pillinger schon vorher drei Frauen unter seltsamen Umständen verstorben. Die Staatsanwaltschaft ordnet deshalb diesmal die Obduktion der Leiche an. Der Rechtsmediziner findet kleine weißliche kraterförmige Hautveränderungen in den Ellenbeugen und an den Unterschenkeln: Strommarken. Nachdem die Ermittler bereits bei einer anderen unter verdächtigen Umständen verstorbenen Frau von Pillinger Hautveränderungen gefunden hatten, wird jetzt in Richtung Mord ermittelt. Die Frauen waren vermögend. Pillinger hat außerdem ein elektrisches Gerät gebaut, mit dem er den Blutalkoholgehalt messen können wollte. Es ist in

> einer Zigarrenkiste untergebracht und kann genug Strom durch einen Körper jagen, um damit jemanden zu töten. Seine Frauen waren alle betrunken, als sie starben. Pillinger bestreitet diese und alle anderen Taten und wird erst 1998 in der fünften Auflage des Prozesses zu zehn Jahren Haft verurteilt. Er stirbt noch im selben Jahr im Gefängnis.

Bombenanleitungen und Giftrezepte gibt es inzwischen sicher brauchbare im Internet, aber wer sie umsetzen will, braucht Zeit und einen Bastelkeller mit Lötkolben, Bunsenbrenner und Apothekerwaage. Und normalerweise funktioniert nichts auf Anhieb. Man muss testen und üben, womöglich am lebenden Objekt, also an Tieren. Dazu gehört ein starker Grundzug an Mitleidlosigkeit, den nicht viele Menschen haben. Außerdem gibt es in der menschlichen Psyche, vor allem bei Frauen, zuweilen eine tiefsitzende Angst vor Erfolg. In dem Moment, wo er zum Greifen nahe ist, greifen sie daneben. Wenn sich Fanny Fuchs über Jahre von ihrem Mann so hat quälen lassen, dass sie meint, ihn töten zu müssen, um sich von ihm zu befreien, dann dürfte sie nicht zu den kaltblütigen Menschentypen gehören. Doch sobald sie halbherzig agiert, schleichen sich Fehler ein, die sich mit denen summieren, die man aus Stress begeht.

Ein normal mitfühlender und sozial integrierter Mensch wird nie einen Mord begehen, ihn vermutlich nicht einmal ernsthaft planen.

Der perfekte Mord

Normal mitfühlende und sozial integrierte Menschen denken aber durchaus gern über Mord nach, zum Beispiel über den perfekten Mord. Sie lesen ja auch gern Krimis oder schreiben sogar welche.

Die Idee des perfekten Mordes ist eine ziemlich akademische Frage, die wir oft akademisch beantworten zu müssen meinen. Um einen perfekten Mord zu bewerkstelligen, greifen wir deshalb vorzugsweise auf den hochintelligenten Oberschüler mit emotionalen Defiziten, kalter Mutter und übermächtigem Vater zurück. Der Junge will zeigen, dass er ein Crack ist, und beschließt, jemanden zu ermorden, um zu beweisen, dass er den perfekten Mord begehen kann. Nur, wem will er es beweisen? Sobald er an Beweis denkt, denkt er sich ein Gegenüber, das davon Kenntnis erhält. Und sobald er darüber redet, hat er sein Projekt vermasselt, denn es gibt einen Zeugen und Entdeckung ist nicht weit.

Wobei wir bereits bei der Definition von perfektem Mord angelangt sind: Es ist das Tötungsdelikt, das nie entdeckt und für das der Täter nicht bestraft wird. Das hingegen ist ganz einfach, kommt vermutlich ziemlich oft vor und benötigt keinen hochintelligenten, akademisch gestimmten Täter, um es zu begehen.

> So kann der Altenpfleger Olaf Däter 2001 in Bremerhaven fünf perfekte Morde begehen, nämlich solche, von denen nur er selbst weiß. Nachdem er wegen Unterschlagung von einem häuslichen Pflegedienst fristlos entlassen worden ist, besucht er innerhalb von zehn Tagen seine ehemaligen Patientinnen, alle über 80 Jahre alt, erstickt sie mit einem Handtuch und raubt sie aus. Die Beute: gerade mal knapp 2500 Euro. Die später herbeigerufenen Ärzte bescheinigen stets einen natürlichen Tod. Danach aber macht der sogenannte Oma-Mörder einen Fehler. Er besucht die sechste alte Dame. Doch sie überlebt seinen Anschlag. 2001 wird Däter zu lebenslanger Haft verurteilt.

In Deutschland werden etwa 1000 Tötungsdelikte pro Jahr entdeckt oder aufgedeckt. Schätzungsweise 2400 bleiben unentdeckt. Dieser Überzeugung sind zumindest einige Gerichtsmediziner aufgrund von Studien, bei denen Leichen nachuntersucht wurden, die als natürliche Todesfälle durchgingen. Der Chef der Rechtsmedizin der Berliner Charité, Michael Tsokos, ist sogar der Überzeugung, dass nur jeder dritte von fremder Hand verschuldete Todesfall aufgedeckt wird. Das gilt vor allem für Alten- und Pflegeheime. Da gebe man beispielsweise aus Zeitmangel Beruhigungsmittel, und es sei eher Zufall, wenn Tötungsdelikte oder Körperverletzungen mit Todesfolge in Altenheimen entdeckt werden (*Kölner Stadtanzeiger*[4]). Nach Ansicht vieler Rechtsmediziner untersuchen Ärzte Tote oft nicht genau genug und kreuzen auf der Todesbescheinigung zu schnell natürlicher Tod an. Vor allem bei alten und kranken Menschen neigt der Hausarzt dazu, einen natürlichen Tod anzunehmen. Zum andern ordnen Staatsanwälte nur zögerlich teure Obduktionen an, und immer mehr gerichtsmedizinische Institute werden geschlossen.

Selbstmord

> Fanny Fuchs geht ins Bad, dreht den Wasserhahn auf und versucht sich in der Badewanne mit einem Föhn, dann mit einem elektrischen Thermogürtel, dann mit einem Mixer umzubringen. Es funktioniert nicht. Sie trinkt Campari und schluckt Tabletten, muss erbrechen. Mit einem Steakmesser schneidet sie sich in den Arm. Mit einem Plastiksack über dem Kopf versucht sie sich zu ersticken. Nachmittags erscheint sie nicht zu einem Treffen mit einer Freundin, die die Polizei alarmiert. Die Beamten finden sie in der vollen Badewanne mit blutigen Handgelenken. Sie fragt die Polizisten, warum die elektrischen Geräte nicht funktionieren.

Etwa 150 000 Menschen versuchen sich in Deutschland jedes Jahr umzubringen, und zwar ernsthaft; nur knapp jeder Zehnte schafft es, wobei die Erfolgsquote bei Männern höher ist als bei Frauen. Suizide sind sehr viel häufiger als Tötungsdelikte. In Deutschland sterben jährlich etwa 12 000 Menschen durch eigene Hand. Unter Jugendlichen ist der Freitod nach dem Unfalltod die häufigste Todesursache. Über die häufigsten Arten, sich zu töten, gibt es nur für die Schweiz eine Statistik. Der zufolge erhängt sich ein Viertel der Lebensmüden. Ein knappes weiteres Viertel erschießt sich. Vergiftungen sind ebenfalls noch häufig, gefolgt von Stürzen in die Tiefe. Seltener schon versucht jemand zu ertrinken, stürzt sich vor den Zug, vergiftet sich mit Gasen, schneidet sich die Kehle auf oder ersticht sich (Wikipedia). Die Motive sind so vielfältig, wie es Gründe für Verzweiflung gibt. Oft spielen psychische Erkrankungen wie Psychosen oder aber Depressionen eine Rolle, zuweilen befördert durch falsche Medikamente zur Bekämpfung einer Depression. Antidepressiva beseitigen nämlich Depressionen nicht schlagartig, machen den Depressiven aber zunächst aktiv genug, damit die Entschlusskraft für einen Selbstmord reicht.

Wenn der Notfallarzt einen nicht natürlichen Tod festgestellt hat (➶ Die Ermittlungen), wird Kommissar Holbein, wenn er gerufen wird, also mit einer Wahrscheinlichkeit von 12 zu 1 einen Selbstmörder vor sich haben.

Sterbehilfe

Sterbehilfe ist in Deutschland verboten. Man kann Sterbehilfe leisten, indem man jemanden erschießt oder aufhängt oder auch nur Schlaftabletten bereitstellt. Damit aber würde man agieren wie ein Mörder. Der Straftatbestand ist mindestens: Tötung auf Verlangen.

§216 StGB:

(1) Ist jemand durch das ausdrückliche und ernstliche Verlangen des Getöteten zur Tötung bestimmt worden, so ist auf Freiheitsstrafe von sechs Monaten bis zu fünf Jahren zu erkennen.
(2) Der Versuch ist strafbar.

Sicherlich kommt Sterbehilfe im Verschwiegenen und Verborgenen öfter vor, als wir denken. Wer öffentlich als Sterbehelfer auftritt, muss es allerdings strikt vermeiden, selbst zu töten. Der Sterbewillige muss bis zuletzt die Entscheidung selbst in der Hand behalten. Er muss also den Knopf selbst drücken. Und er darf erwarten, dass das Gift nicht wehtut und der Todeskampf kurz ist.

Der gewaltsame Tod

In einem ordentlichen Krimi muss es mindestens einen Toten geben. Wir müssen also schreibend Hand anlegen und jemanden umbringen. Aber wie machen wir das am besten? Erschießen erscheint uns vielleicht am einfachsten. Das geht schnell und auf Distanz. Der Mörder muss sein Opfer nicht berühren. Er drückt auf den Abzug, und am anderen Ende des Raums stirbt jemand. Da muss der Entschluss zu töten nicht einmal besonders stark ausgeprägt sein. Und trotzdem:

> Hundert Mal hat Fanny Fuchs sich vorgestellt, wie sie ihren Mann tötet, und nun endlich zielt sie mit der Pistole auf ihn. Es ist so weit: Wenn sie abdrückt, ist es endgültig aus mit ihm, es ist vorbei, auch für sie. Dann hat sie unwiderruflich ein Menschenleben gekürzt. Hat sie wirklich alle Konsequenzen durchdacht? In ihren Adern explodiert das Adrenalin. Die Pistole wackelt in ihrer Hand. Sie kann nicht schießen.

Wer zum ersten Mal eine Waffe in der Hand hält, ist erstaunt, wie schwer sie ist, und weiß nicht, ob sie geladen, entsichert und durchgeladen ist. Beim Schuss reißt es Hand und Waffe nach oben. Die Kugel trifft zu hoch. Erfahrene Schießstandbetreuer sagen übrigens, dass Frauen besser treffen als Männer, wenn sie auf Schießscheiben feuern. Sie haben mehr Respekt vor der Waffe und hören bei Erklärungen besser zu.

Schusswaffen

Man teilt Schüsse in Fernschuss, Nahschuss und angesetzten Schuss ein. Schon ab einem Meter Entfernung fehlen beim Opfer Pulverschmauch, Pulverversprengungen oder Brandhof. Ansonsten hinterlässt ein Schuss um die Einschusswunde herum kleine schwarze Punkte, je näher desto mehr, entweder in der Haut oder in der Kleidung. Angesetzte Schüsse hinterlassen auf bloßer Haut Stanzmarken durch den Laufmantel oder auch durch Vorholfederführungsstifte oder andere Besonderheiten. Allseits bekannt dürfte die Unterscheidung von Steckschuss und Durchschuss sein. Weniger eindeutig ist die Frage zu beantworten, welches der Löcher das Einschuss- und welches das Ausschussloch ist. Das gelingt eigentlich nur Fachleuten mit Erfahrung. Es ist ein weit verbreiteter Irrtum, dass die Ausschusswunde immer größer ist als die Einschusswunde. Vor allem beim angesetzten Schuss ist es genau umgekehrt, denn durch die Pulvergase platzt die Einschusswunde auf.

Kleiner Hinwies: Fachleute sprechen auch nicht von aufgesetztem, sondern von angesetztem Schuss.

Schussverletzungen können sehr unscheinbar sein, aber auch schrecklich aussehen. Glatte Durchschüsse erzeugen kleine runde Löcher, sogenannte Schusslücken. Dagegen bewirken angesetzte Schüsse am Kopf enorme Zerstörungen. Sie bringen den Schädel zum Platzen, das Gehirn fliegt umher. Wenn ein Selbstmörder einen Schluck Wasser in den Mund nimmt und dann durch den Mund Richtung Gaumen ins Hirn schießt, dann zerplatzt das Wasser zu Tröpfchen und sprengt den gesamten Schädel.

> »Wir schauen dann«, erklärt Rechtsmedizinerin Dr. Mimi Brockdorf, »an der Hand des Selbstmörders nach den zwei kleinen Punkten innen am Zeigefinger. Sie entstehen, wenn man den Finger übers Korn der Waffe legt, und zwar fest, um sie zu fixieren. Wenn die da sind, ist es zweifelsfrei Selbstmord. Wenn sie nicht da sind, heißt das aber nicht, dass er es nicht selbst getan hat. Aber da haben wir dann ja noch die Schmauchspuren.«

Schmauchspuren

In den Zeiten des guten alten britischen Krimis konnte man einem Toten noch den Revolver in die Hand legen und einen Selbstmord vortäuschen. Das einzige Risiko bestand darin, dass man übersehen hatte, dass der Tote Linkshänder gewesen war.

Heute sind Schmauchspuren an Hand und Kleidern das untrügliche Zeichen, wer geschossen hat. Schmauch setzt sich zusammen aus den Rückständen des Anzündsatzes und der Treibladung der Munitionspatrone. Die winzigen Rußpartikel bleiben über Tage an der Hand des Schützen nachweisbar, denn sie dringen in die Haut ein. Man kann sie auch nicht abwaschen. Handschuhe schützen zwar die Hände, aber nicht die Ärmel vor Schmauchspuren.

Waffenscheine

Eine Schusswaffe ist eine Waffe, die sich ein Mörder erst beschaffen muss, wenn er nicht Sportschütze, Jäger oder Polizist ist. Er muss auch mit ihr umgehen können, er sollte Schießen geübt haben.

Jäger dürfen allerdings genauso wenig wie andere Bürger Handfeuerwaffen führen, es sei denn, sie gehören der Gruppe an, die eine persönliche Bedrohungslage geltend machen kann und einen Waffenschein dafür bekommt. Wer einen Waffenschein hat, darf eine Waffe führen, das heißt, in der Öffentlichkeit (außerhalb »befriedeten Besitztums«) bei sich tragen, allerdings nie bei öffentlichen Veranstaltungen. Wer Sportschütze ist, darf seine Waffe nur im Haus oder dem eigenen Garten oder eben im Schützenverein in die Hand nehmen. Wenn er sie transportiert, darf er sie weder geladen noch überhaupt griffbereit bei sich tragen. Sie muss von ihm entfernt in einer Tasche untergebracht sein.

Auch für Schreckschuss- oder Gaspistolen braucht man seit einigen Jahren den kleinen Waffenschein, wenn man damit aus dem Haus gehen will. Man darf sie draußen aber nicht benutzen (!), es sei denn, in Notwehr. Dann dürfte man sie aber auch ohne kleinen Waffenschein benutzen.

Messer

> Also sollte Fanny Fuchs doch lieber das Fleischermesser aus Damaszenerstahl nehmen. Das hat sie schon im Haus. Aber Fanny müsste ihren Mann von vorn attackieren, er würde das Messer abwehren, sie könnte sich selbst verletzen und ihn nicht richtig treffen. Und wo genau befindet sich eigentlich das Herz? Stäche sie hinterrücks zu, würde es noch schwerer, den Punkt zu finden, wo der Stich sofort tödlich wäre, das Herz. Und ihm die Kehle durchschneiden, das würde eine Mordssauerei.

Wer ein Messer nimmt, will Blut sehen, und das will Fanny eigentlich nicht. Auch wegen des Teppichs. Und lachen Sie nicht! Die Blutbeseitigung nach einem Mord mit Klingen ist ein gravierendes Problem, auch wenn einem der Teppich gleichgültig ist. So viel kann man hinterher gar nicht putzen, dass nicht sogar Polizeireporterin Suse mit einfachen Mitteln die kleinsten Mengen Blut noch sichtbar machen könnte, geschweige denn die Polizei (➶ Blut).

Schnittverletzungen

Bei Schnittverletzungen fließt sehr viel Blut. Die Rechtsmedizin sagt: Das Opfer ist nach außen verblutet.

> Polizeireporterin Suse hat eine blutige Leiche gefunden, männlich, nicht mehr jung, aber auch nicht alt. Das meiste Blut ist im Waldboden versickert. Der Tote ist leichenblass, Totenflecken sind kaum welche zu sehen, so ausgeblutet ist er. An der Kehle klafft ein Loch. Mord oder Selbstmord? Das ist hier tatsächlich ernsthaft die Frage.

Je mehr Schnitte zu sehen sind, desto wahrscheinlicher handelt es sich um Selbstmord. Selbstmörder machen oft Probeschnitte, oder sie schaffen es nicht auf Anhieb. Sich die Pulsadern aufzuschneiden ist alles andere als einfach. Man muss der Länge nach schneiden und ziemlich tief. Und man muss die Schlagader gleich treffen. Sobald der Messergriff blutig wird, rutscht er einem aus der Hand. Zuweilen dauert es dem Selbstmörder zu lange, bis er stirbt, und er schneidet eine Reihe von Stellen auf, wo er Schlagadern vermutet. So eine Leiche kann dann regelrecht massakriert aussehen.

> Gerichtsmedizinerin Dr. Mimi Brockdorf überprüft dann regelmäßig, ob die Schnitte sich nur dort befinden, wo man mit eigener Hand hinkommt.

Selbstmord durch Kehlschnitt ist auch nicht so selten, wie man womöglich denkt. Wenn man einen Mann mit aufgeschnittener Kehle im Badezimmer findet, hat er höchstwahrscheinlich den Schnitt mit Sichtkontrolle vor dem Spiegel gesetzt. Ist der Selbstmörder Rechtshänder, läuft der Schnitt an der rechten Halsseite lang aus, bei einem Linkshänder umgekehrt. Wenn der Schnitt nicht tödlich war, vollenden manche Selbstmörder ihre Tat mit dem Strick oder gehen ins Wasser.

Fehlen die Probeschnitte, ist das ein wichtiges Indiz für ein Tötungsdelikt. Weist das Opfer außerdem Schnitte an der Innenseite von Hand und Fingern auf, hat es ein Messer abzuwehren versucht, wurde also angegriffen. Am häufigsten richtet ein Aggressor das Messer übrigens gegen den Hals des anderen. Denn der liegt frei, und jeder weiß, wie empfindlich er ist.

Stichverletzungen

Sticht man mit dem Messer geradewegs zu, dann fließt kaum Blut. Das Opfer verblutet nach innen.

> Fanny hat mit aller Kraft zugestochen. Aber ihr Exgeliebter Hans-Jürgen Haller ist stehen geblieben. Erstaunt schaut er sie an, verblüfft starrt sie zurück. Das muss er doch verstehen, denkt Fanny. Wenn er sie erpresst ... Was soll sie denn tun? Aber wieso fällt er nicht um? Sie sticht noch einmal zu, in den Bauch. Er wehrt sich zwar nicht, aber er fällt auch nicht.

Tatsächlich zeigt das Opfer zunächst kaum eine Reaktion. Deshalb stechen zum Töten entschlossene Täter mehrmals zu, zuweilen so oft, dass es wie eine Tat im Blutrausch aussieht.

> Polizeireporterin Suse hat, bevor die Polizei eintrifft, schon festgestellt, dass der Investmentvertreter, Kreditbetrüger und wichtige Zeuge in einem Wirtschaftsprozess, Harry Brenner, tot auf dem heimischen Sofa liegt. Abgesehen davon, dass er käseweiß ist, sieht er aus, als schliefe er. Seine Brille liegt, ordentlich zusammengeklappt, auf dem Couchtisch.
>
> Suse hat auf der Suche nach äußeren Verletzungen den Pullover hochgeschoben und einige Einstiche im Bauch entdeckt. Probestiche, denkt sie. Aber das Messer fehlt. Auch eine andere Stichwaffe ist nirgendwo zu sehen. Hat es Rentner Müller also doch noch geschafft, den Mann, der ihn ums Vermögen gebracht hat, zu töten? Einmal hat er es ja schon versucht, gleich nach der Gerichtsverhandlung. Und doch deuten die Probestiche und die abgelegte Brille so eindeutig auf Selbstmord hin, dass Suse ins Grübeln kommt.

Fehlt das Messer als Tatwaffe neben dem Toten, ist das in der Tat noch kein Beweis für Mord. Ein Selbstmörder hat nämlich durchaus noch Zeit, das

Messer in die Küchenschublade oder den Schraubenzieher in den Werkzeugkasten zurückzustecken und sich hinzulegen. Dass sich einer selbst ersticht, ist allerdings sehr selten. Denn es ist schwierig, auszuholen und sich mit großer Kraft kontrolliert und gezielt ein Messer beispielsweise ins eigene Herz zu rammen. Man sticht gern daneben und muss es mehrmals versuchen. Mehrere Einstiche rund um die tödliche Einstichstelle sind auch hier ein Indiz für Selbstmord.

Finden Notarzt und Rechtsmedizinerin bei einem Opfer dagegen nur einen einzigen Stich, der tödlich war, weil er ins Herz ging, dann deutet das auf schwere Körperverletzung mit Todesfolge hin, nicht auf einen geplanten Mord. Typischer »Unfall«, wenn Jugendliche vor der Schule mit Messern fuchteln.

Hiebverletzungen

Da gibt es stumpfe und scharfe Hiebe. Die am häufigsten verwendete Hacke erzeugt beides, je nachdem, ob man mit der stumpfen oder mit der scharfen Seite zuschlägt. Hiebe gehen meist auf den Kopf und machen einen Menschen schnell wehrlos. Auf dem Schädel entstehen Riss- und Quetschwunden mit Schürfungssäumen. Scharfe Werkzeuge erzeugen tiefe Verletzungen, die man mit Stichverletzungen verwechseln kann. Sie sehen aber meist wüster aus und zerstören auch den Knochen. Es entsteht der Eindruck, der Täter müsse besonders brutal vorgegangen sein. Aber wenn jemand erst einmal die Hemmschwelle vor dem Zuschlagen überwunden hat, legt ihm die Waffe fast zwangsläufig nahe, mehrmals zuzuschlagen.

Erschlagene weisen die typischen Deckungsverletzungen auf, also Hiebe an den Armen und Händen, die sie schützend über den Kopf erhoben haben.

Grundsätzlich gilt: Wer mit dem Messer oder Beil auf einen anderen losgeht, hat nicht unbedingt einen kalten Mord geplant, aber er will in diesem Augenblick Blut sehen. Entschlossenheit ist schwer abzuwehren. Es muss dem Opfer klar sein, dass es um sein Leben geht, und es muss sich mit äußerster Entschlossenheit wehren, und zwar in einem Kampf von Körper gegen Körper.

Ersticken

Polizeireporterin Suse hat im Schlafzimmer des tot auf dem Sofa liegenden Investmentbankers und Betrügers Harry Brenner eine Frauenleiche gefunden – erhängt. Aber sie baumelt nicht am Lampenhaken, sie sitzt auf dem Bett, dick und massig, halb zur Seite gekippt. Der Strick ist am Knauf des Bettgeländers festgemacht. Die Schlinge liegt der Toten um den Hals und führt hinter dem Kopf schräg nach oben. Die Zunge ist blaurot aus dem Mund hervorgetreten. Die Nase läuft. Und, puh! Der Frau sind Urin und Kot abgegangen.

Suse behält die Nerven und fragt sich: Mord oder Selbstmord? Vielleicht hat Harry Brenner seine Frau erhängen wollen, bevor er sich selbst umbringt, den massigen Körper aber nicht hochziehen können. Zum Glück hat es dann auch so funktioniert.

Erhängen

Die meisten Menschen, die sich umbringen wollen, nehmen sich einen Strick. Es ist ein schneller Tod. In unseren Krimis finden wir sie am Baum im Wald baumelnd, am Balken auf dem Dachboden oder an einem Lampenhaken im Wohnzimmer.

Viel leichter aber ist es, sich im Sitzen oder Liegen zu erhängen. Was dabei passiert, nennt man Ischämie (sprich: Is-chämie). Gemeint ist die Blutleere eines Organs, in diesem Fall des Gehirns. In dem Moment, wo der Hals in der Schlinge hängt, werden Venen und Arterien im Hals abgeklemmt. Das Gehirn bekommt keinen Sauerstoff mehr und kollabiert. Man verliert beinahe augenblicklich das Bewusstsein. Tot ist man zwar noch nicht, aber man ist unter keinen Umständen mehr fähig, sich selbst aus der Schlinge zu befreien.

Dabei genügt ein Druck in der Schlinge auf die empfindlichen Stellen am Hals von nicht mehr als 3,5 Kilogramm (man findet auch höhere Zahlen). Allein der menschliche Kopf wiegt schon zwischen 4 und 5 Kilo. Kein Selbstmörder muss den berühmten Schemel unter den Füßen wegstoßen oder gar in eine Schlinge springen, um zu sterben. Er muss den Strick nur irgendwo oben festmachen, sich die Schlinge um den Hals legen und die Knie beugen, bis er hängt. Der fast augenblickliche Hirnkollaps verhindert, dass man die Beine wieder strecken kann. Man kann sich sogar im Sitzen oder Liegen erhängen, solange man nur einige Kilo Gewicht in die Schlinge am Hals bringt.

Daraus folgt, dass auch kein Mörder die Leiche an einen Baum hängen muss, um einen Selbstmord vorzutäuschen. Eine erfahrene Gerichtsmedizinerin wird erst stutzig, wenn sie am Hals zwei Strangfurchen vorfindet, eine waagrechte vom Strangulieren durch fremde Hand und eine, die nach oben geht, vom Strick, in dem die Leiche hängt. Oder wenn sie Verletzungen findet, die der Tote sich nicht beigebracht haben kann. Kleine Schlagverletzungen auf den Händen oder Fingern sind wiederum keine Zeichen äußerer Gewalt, sie entstehen, wenn bei den Todeskrämpfen die Hände am Baum, an der Wand oder sonst wo anschlagen.

In der Sprache der Gerichtsmedizin gibt es typisches und atypisches Erhängen. Zu den atypischen Formen gehören das Erhängen im Sitzen oder Liegen, aber auch solche Fälle, bei denen der Strick nicht im Nacken aufsteigt, die Schlinge also vorn herum verläuft, sondern der Strick beispielsweise vorn oder seitlich aufsteigt.

> »Es lohnt sich übrigens«, erläutert Gerichtsmedizinerin Dr. Mimi Brockdorf beim Hintergrundgespräch der jungen Polizeireporterin Suse Marquardt, »einen Erhängten sofort abzuhängen, falls er nicht schon steif ist, und die Schlinge zu lockern, wenn man ihn findet. Das Gehirn ist erst nach fünf bis fünfzehn Minuten irreversibel geschädigt. Der Individualtod könnte also noch nicht eingetreten sein, der biologische Tod sowieso nicht. Das Herz kann bei Erhängten noch bis zu einer halben Stunde weiterschlagen. Im Kopf läuft das Leben wie im Zeitraffer ab. Das habe ich als Studentin ausprobiert, im Selbstversuch mit Abhängen. Aber bitte nicht nachmachen!«

Dass man beim Erhängen durch Genickbruch stirbt, gehört ins Reich weit verbreiteter Irrtümer, auch wenn manche behaupten, ein Sprung von über 40 Zentimeter in eine Schlinge reiche für einen Genickbruch aus.

Frauen nehmen übrigens immer ihr langes Haar aus der Schlinge, bevor sie sich erhängen. Steckt es noch drin, dann war es kein Selbstmord. Männer haben nicht selten eine finale Erektion mit Ejakulation. Und dem oder der Erhängten läuft die Nase. Es bildet sich nicht selten ein kleiner Speichelsee unter seinen Füßen.

Erdrosseln

Wird eine Schlinge um den Hals zugezogen, ohne dass man sich hineinhängt, sprechen Gerichtsmediziner und Polizei vom Erdrosseln.

> Damit ist der Fall klar, denkt sich Polizeireporterin Suse. Hier ist es Mord oder zumindest Totschlag. Doch dann schaut sie sich die Lage des Toten genau an. Dr. Herbert Klein sitzt im Ledersessel am Wurzelholzschreibtisch der Vorstandsetage und ist nach hinten gesunken. Der Kaschmirschal ist mit einem eingesteckten Brieföffner zugedreht worden, und dieser Brieföffner wird jetzt von Dr. Kleins Schulter blockiert, so dass sich die Schlinge nicht lösen kann. Könnte Klein das selbst arrangiert haben? Hat er sich umgebracht wie schon der betrügerische Investmentvertreter Harry Brenner? Immerhin ist Klein mal Brenners Chef gewesen. Was läuft da schief im Konzern von diesem Dieter Fuchs?

Es ist sogar ziemlich einfach, sich selbst zu erdrosseln, indem man Schal oder Strick eigenhändig zuzieht. Wieder verhindert der Sauerstoffkollaps des Hirns sehr schnell, dass man sich selbst befreit. Ein raffinierter und in Forensik kundiger Mörder könnte auch versuchen, einen Selbstmord durch Erdrosseln zu inszenieren, doch würde Rechtsmedizinerin Dr. Mimi Brockdorf es an kleinen Ungereimtheiten bemerken, beispielsweise an kleinen Verletzungen, die auf Gegenwehr deuten, oder an fremdem Genmaterial am Schal.

Erwürgen

> Und nun auch noch Rentner Müller, der seinerzeit auf den Investmentvertreter Harry Brenner schoss und dem man den Mord an Brenner nie hat nachweisen können. Da liegt Müller nun in seiner Küche auf dem Boden. Eine Waffe ist nicht sichtbar. Polizeireporterin Suse findet kleine rote Punkte um die Augen, nadelspitze Blutungen, wie sie bei Innendruck durch Erwürgen entstehen. Und sie entdeckt kleine rote Halbmonde in der Haut am Hals: die Abdrücke von Fingernägeln! Hier hat einer voller Zorn zugedrückt. Selbstmord war das definitiv nicht, Mord aber auch nicht, sondern Totschlag im Affekt. Wer hat da solche Wut gekriegt?

Niemand kann sich selbst mit bloßen Händen erwürgen. Doch der Täter hatte keine weitere Waffe dabei, nur seine beiden Hände. Das spricht dafür, dass er, als er sich mit dem Opfer traf, nicht vorgehabt hatte zu töten. Da ist ein Streit eskaliert.

Außerdem war der Täter höchstwahrscheinlich ein Mann. Und sein Opfer war zu fast 100 Prozent eine Frau (oder ein Kind). Denn um jemanden zu erwürgen, bedarf es einiger Kraft und vor allem Ausdauer. Mit bloßen Händen muss man die Stimmritze im Kehlkopf seines Opfers zudrücken. Bis ein erwachsener Mensch daran erstickt, dauert es bis zu zehn Minuten. Und die Gegenwehr ist anfangs heftig. Der Täter hat vermutlich Kratzverletzungen im Gesicht und an den Händen.

Das Opfer macht sich dabei in die Hosen und bekommt schließlich Krämpfe. Und niemals fehlen einem Erwürgten, Erdrosselten oder gewaltsam Erstickten die zahllosen kleinen Blutungen im Gesicht an Wangen, Augenlidern, Stirn und in den Augen. Sie sind meist nicht größer als ein Stecknadelkopf, aber dafür überall. Die Gerichtsmedizinerin findet sie auch im Körper, beispielsweise am Herzen und im Brustinnenraum, und nennt sie Tardieu'sche Flecken oder Petechien.

Aber Vorsicht: Blutungen der Kapillaren unter der Haut kommen auch bei Lebenden mit Blutgerinnungsstörungen vor.

Geschwächte alte Menschen sind wiederum so leicht umzubringen, dass man es gar nicht sagen mag: Es genügt, ihnen ein Kissen aufs Gesicht zu drücken. Unter Umständen bricht dabei allerdings das Nasenbein. Und bei Säuglingen bedarf es eigentlich nur des Zipfels einer Bettdecke oder der Bauchlage, damit sie keine Luft mehr bekommen.

Reflextod

In der Serie *Star Trek* gelingt es dem Halbvulkanier Mr Spock, mit einem Fingerdruck auf zwei Nervenpunkte des Schulterblatts seine Gegner schlagartig bewusstlos zu machen. Es handelt sich um den Vulkanischen Nackengriff oder auch den Mr-Spock-Griff. Blöd, dass man den Griff nur von hinten anwenden kann. Polizeireporterin Suse hat das im Streit mit ihrem Ex-Lover mal versucht, sich dabei aber nur eine Ohrfeige eingefangen.

»Kein Wunder!«, erklärt Rechtsmedizinerin Dr. Mimi Brockdorf ihr beim Hintergrundgespräch in einem japanischen Sushi-Lokal. »Die Nervenpunkte für so einen Griff liegen beim Menschen ganz woanders. Nämlich am Hals. Allerdings ist mir noch nie ein Fall untergekommen, bei dem ein Mensch absichtlich durch einen gezielten Schlag gegen den Hals bei einem anderen den Reflextod ausgelöst hat. Unabsichtlich kann das allerdings schon mal passieren. Da nimmt ein großer Bub einen kleinen in den Schwitzkasten und plötzlich ist der Kleine tot. Überdehnung des Vagusnervs.«

Der Reflextod ist ein Herzstillstand infolge eines Reflexes im vegetativen Nervensystem. Aber eben nur sehr theoretisch kann man einen Menschen töten, wenn man weiß, wo sich die Nervenpunkte befinden, die einen reflektorischen Herzstillstand auslösen. Einer dieser Punkte liegt seitlich am Hals, genau dort, wo sich die Halsschlagader nach oben gabelt, etwa da, wo Polizeireporterin Suse bei einem Toten versuchen würde den Puls zu ertasten. Wo die Gabelung der Arteria carotis liegt, ist wiederum individuell sehr unterschiedlich. Genau dort befindet sich der Sinus carotis, auch der Karotissinus genannt. Das sind druckempfindliche Messpunkte des Vagusnervs, die in der Halsschlagader den Blutdruck messen. Drückt man darauf, meldet der Karotissinus ans Hirn einen zu hohen Blutdruck. Das Hirn startet sofort eine Gegenmaßnahme und senkt den Herzschlag – wenn es dumm läuft, bis zum Stillstand.

> US-Präsident George W. Bush hat das 2006 mit einer Brezel fast geschafft. Offenbar würgte er ein so großes trockenes Stück herunter, dass der Vagusnerv gereizt wurde. Die Folge: Blutdruckabfall und Ohnmacht. (Manche behaupten auch, dass Bush sich verschluckt und die Husterei den Blutdruck im Kopf erhöht habe.)

Die Mediziner nennen das auch den Bolus-Tod. Er tritt typischerweise im Steakhaus auf, wenn ein alkoholisierter Mensch seinen Fleischbrocken nicht schnell genug gekaut kriegt und runterschluckt. Der Brocken reizt dann den Vagusnerv, der zwischen Halsvene und Halsarterie verläuft, also nah an der Speiseröhre. Auch ein Kopfsprung ins kalte Wasser kann den Reflextod auslösen. Das nennt man dann den Badetod.

Es hatte also durchaus Sinn, dass man früher echauffierten alten Damen zur Beruhigung ein Glas kaltes Wasser einflößte. Kälte reizt den Vagusnerv und senkt Puls und Blutdruck.

Ertrinken

Gerät man mit dem Kopf unter Wasser, hält man zunächst etwa 20 bis 30 Sekunden lang die Luft an. Weil man zugleich wie wild zappelt, um an die Oberfläche zu kommen, wird der Zwang, Luft zu holen, schnell unbeherrschbar. Doch schon kleine Mengen Wasser, die in die Lunge dringen, führen zu Husten und einem Stimmritzenkrampf, der verhindert, dass weiteres Wasser in die Lunge kommt. Also fängt man an, das Wasser zu schlucken. Der Magen revoltiert und erbricht es wieder. Der Stimmritzenkrampf löst sich in den meisten Fällen. Der Ertrinkende zieht Wasser und Erbrochenes in die Lunge.

Süßwassertod

In den Atemwegen vermischen sich Wasser und Sekrete, in der Lunge bildet sich Schaum. Der Organismus erstickt (Hypoxie) und übersäuert (Azidose). Der Tod tritt nach 2 bis 5 Minuten ein. Das nennt man das nasse Ertrinken. Übrigens kann dabei bereits innerhalb einer Minute so viel Wasser aus der Lunge in den Blutkreislauf transportiert worden sein, dass sich das Blutvolumen verdoppelt. Das belastet das Herz so sehr, dass es versagt. Löst sich der Stimmritzenkrampf nicht (selten), stirbt man durch Sauerstoffmangel in Organen und Gewebe. Dann spricht man von trockenem Ertrinken.

Gerichtsmedizinerin Dr. Mimi Brockdorf findet anschließend kein Wasser in der Lunge. Auch beim nassen Ertrinken nicht! Denn Süßwasser wird sofort aus den Atemwegen abtransportiert (Osmose), und das sogar noch nach dem Atemstillstand. Die Ertrinkungslunge ist grauweiß und überbläht, also groß und steif. Die Schnittfläche ist trocken und von einem trockenen und steifen Schaum benetzt. Wenn Dr. Brockdorf mit dem Messer eine solche Lunge durchschneidet, knirscht es wie im Winter, wenn man in kalten Schnee tritt.

> »Also wenn Sie den Todeskampf eines Ertrinkenden beobachten«, erklärt Rechtsmedizinerin Dr. Brockdorf beim Hintergrundgespräch im Sushi-Lokal, »und wenn Sie sich entschließen, in den Badesee zu springen, um ihn zu retten, riskieren Sie Ihr eigenes Leben, es sei denn, Sie sind als Rettungsschwimmerin ausgebildet und kennen die Griffe, mit denen man den Klammergriff panischer Ertrinkender löst. Andernfalls besteht Gefahr, dass Sie gleich mit ersäuft werden.« Dr. Brockdorf lacht. »Haben Sie es aber geschafft und den Menschen bewusstlos ans Ufer geschleppt, können Sie sich die Mühe sparen, Wasser aus der Lunge des Bewusstlosen zu schütteln oder zu pressen. Denn da ist kein Wasser. Sie riskieren damit nur, dass sein Magen sich entleert und er Erbrochenes einatmet.«

Salzwassertod

In Salzwasser ertrinkt man langsamer. Da der Salzgehalt von Meerwasser höher ist als der von Blut, dringt per Osmose Wasser aus dem umliegenden Gewebe in die Lunge, was zu einem Lungenödem führt. Daran stirbt man nicht unmittelbar, es belastet das Herz nicht so wie Süßwasser. Auch hier produziert die Lunge Schleim und Schaum, der aus Mund und Nase tritt. Die Salzwasserlunge ist gebläht wie eine gut gefüllte Wärmflasche.

Reanimation

Wiederbelebungsmaßnahmen müssen bei Ertrunkenen augenblicklich eingeleitet werden: Beatmung und Herzmassage. Rettungsdienste intubieren sofort und geben 100 Prozent Sauerstoff. Nur so können Lungen- und Hirnödeme verhindert werden. Auch wenn der Gerettete wieder atmet, ist er keineswegs über den Berg. Erst wenn er 24 Stunden überlebt, ist die akute Gefahr vorbei. Und selbst dann kann er noch an Spätschäden sterben, nicht zuletzt an Lungeninfektionen durch die mit dem Wasser eingedrungenen Bakterien

Die Wasserleiche

Anhand von Kieselalgenarten, die beim Ertrinken aus der Lunge ins Blut transportiert (Süßwassertod) werden, lässt sich bestimmen, wo der Tote ertrunken ist. Kieselalgen gibt es in vielen Formen, die für bestimmte Gewässer und Gewässerabschnitte typisch sind. Der Ort des Ertrinkens ist meist nicht der Ort, wo die Leiche schließlich auftaucht. Denn ein Ertrinkender verschwindet sofort von der Wasseroberfläche in den Strömungen eines Gewässers.

Die Wasserleiche dreht sich dabei in Bauchlage, denn Kopf und Beine wollen nach unten hängen. Sobald die Zersetzung der Leiche anfängt, steigen Leib und Hintern nach oben. Der schwere Kopf schleift auf dem Gewässergrund und weist an Stirn und Nase sogenannte Treibverletzungen auf. Auch Hände und Füße zeigen Abschürfungen und Wunden, die nicht geblutet haben. Fäulnisgase treiben die Leiche schließlich nach vielen Tagen wieder nach oben. Die Haut ist schrumpelig (Waschhaut) und schwarz, es gibt Algenbesatz, die Haare sind locker, das Körperfett wird wächsern, Fische haben geknabbert.

Merke: Keine Wasserleiche dieser Welt treibt in Rückenlage an der Wasseroberfläche.

Außerdem gibt es noch die Fettwachswasserleichen. Sie sind auf natürlichem Weg konserviert und wie Mumien relativ gut erhalten.

> So untersucht gerade (Juni 2009) Prof. Michael Tsokos, Direktor des Rechtsmedizinischen Instituts der Berliner Charité, eine Fettwachswasserleiche, die sich in der Sammlung des Instituts befindet

und etwa 90 Jahre alt ist, auf ihre Identität. Denn es könnte sich um die Leiche der Sozialistin Rosa Luxemburg handeln, die nach ihrer Ermordung 1919 in den Landwehrkanal geworfen wurde. Doch »die Frau«, sagt Tsokos (*Stuttgarter Zeitung*, 4. Juni 2009), »die in der Charité 1919 obduziert wurde, ist niemals im Leben Rosa Luxemburg gewesen.« Luxemburg hatte einen Hüftschaden und ungleich lange Beine, doch der Obduktionsbericht von damals sagt, die Leiche habe keinen Hüftschaden oder ungleich lange Beine. Die Leiche wurde dann aber offenbar zu der Luxemburgs erklärt, damit man sie neben Karl Liebknecht beerdigen konnte. Dazu der Rechtsmediziner: »Sie trägt das Medaillon der Sozialistin. Das ist wirklich Blödsinn. Ich habe Hunderte von Wasserleichen gesehen. Nach einigen Tagen im Wasser haben die nichts mehr an, alles wird abgerissen.«

Die Fettwachsmumie, die in der Charité jetzt untersucht wird, hat weder Hände noch Füße. Aber »die Leiche hat die Körperproportionen und exakt die Körperlänge von Rosa Luxemburg«, so Tsokos. »Das Labor sagt, der Körper könnte aus der Zeit kommen. Der Computertomografie zufolge war die Frau zum Zeitpunkt des Todes zwischen 40 und 50 Jahren alt. Luxemburg starb mit 47 Jahren. Und die Leiche hat einen Hüftschaden. [...] Historiker berichten, Luxemburg sei nach ihrem Tod mit Drahtschlingen um Fuß- und Handgelenke gefesselt und beschwert worden. Bei Wasserleichen gibt es nach einigen Wochen Auftrieb. Das könnte erklären, warum Hände und Füße abgerissen sind.«

Ob es sich bei dieser namen- und nummernlosen Leiche in der Sammlung der Charité wirklich um die von Rosa Luxemburg handelt und im Grab die Falsche liegt, kann jetzt nur noch durch einen Genvergleich geklärt werden. Das DNS-Profil der Leiche ist erstellt. Jetzt braucht das Institut Gegenstände, die Luxemburg benutzt hat, Briefe von ihr, deren Briefmarken sie vielleicht angeleckt hat, oder blutsverwandte Nachfahren.[5]

Sprengstoff

> Fanny hat Pistole, Messer und Strick verworfen, und auf ein Boot hat sie ihren Mann auch nicht bekommen, um ihn beim Törn in den Bodensee zu stoßen. Aber irgendwie muss es doch gehen! Am besten schnell, sauber und anonym. Vielleicht ein Sprengstoffanschlag, eine Bombe im Auto beispielsweise? Dann müsste Fanny ihn nicht attackieren, keinen Abzug drücken. Dieter würde gewissermaßen selbst entscheiden, wann er stirbt, und sie wäre zu diesem Zeitpunkt weit weg. Die gottgleiche Entscheidung über den Moment seines Todes wäre ihr abgenommen.

Allerdings muss man eine Weile basteln, sich mit Autos, Zeitschaltuhren und Kabeln auskennen und von irgendwoher Sprengstoff bekommen. Falls man sich von einem Tschechen Semtex mitbringen lässt, hätte man einen Zeugen der Tat und wäre erpressbar.

Und bevor wir Fanny Fuchs das Auto ihres ungeliebten Mannes in die Luft jagen lassen, sollten wir uns selbst fragen, ob wir uns zutrauen würden, den Bombenzünder an die Zündung des Autos anzuschließen, und ob das bei der Nobelkarosse, die Fanny Fuchs' Ehemann fährt, überhaupt so geht, wie wir das aus alten Filmen vom Kurzschließen von Autos kennen. Und wir sollten uns klarmachen, dass fast alles, was man zum ersten Mal verkabelt und anschließt, nicht funktioniert. Das gilt für den neuen DVD-Player genauso wie für einen Bombenzünder, nur dass der DVD-Player nicht vorzeitig explodiert. Wenn man den Bau von Zündern beherrscht, sind Bomben eine böse Distanzwaffe, die viel Schaden anrichtet, übrigens auch Kollateralschäden. Unbeteiligte können ums Leben kommen, unschuldige Kinder.

Und man hinterlässt jede Menge Spuren. Über die Markierungsstoffe des Sprengstoffs kann die Polizei den Handelsweg zurückverfolgen und den Lieferanten finden. Hunde riechen Plastiksprengstoff, weil er in fast allen Staaten der Welt mit deutlich riechenden Stoffen und – für Metalldetektoren – mit Metallspänen versetzt werden muss. Auf Englisch heißen diese Markierungsstoffe Tagging Agents oder Taggants. Wenn wir in unserem Krimi Plastiksprengstoff einsetzen, wird die Polizei binnen kurzem wissen, wo das Zeug herstammt. Und sie wird, wenn sie eine Person verdächtigt, mit Sprengstoff hantiert zu haben, sofort jede Menge Proben von Kleidern, Tischen, Messern oder Handschuhen nehmen, um Partikel des Sprengstoffs nachzuweisen. Außerdem verraten der Zünder und die Zündungstechnik, die unser Mörder verwendet, jede Menge über ihn. Die Einzelteile muss er irgendwo gekauft haben. Hat er sie übers Internet bestellt und die Bauanleitung auch aus dem Internet, dann hat er im Netz jede Menge Spuren hinterlassen, welche die Polizei, wenn sie einmal Verdacht geschöpft hat, auf seinem PC nachvollziehen kann.

Sprengstoffe und Zünder gibt es in vielen denkbaren und undenkbaren Varianten. Wenn das unser Krimithema wird, werden wir uns ausführlich kundig machen müssen. Grundsätzlich kommt es beim Sprengstoff immer darauf an, dass chemische Elemente miteinander reagieren und dabei blitzschnell sehr viel Hitze freisetzen, weshalb Sprengstoff einen Träger braucht, der dafür Sauerstoff zur Verfügung stellt, einen brennbaren Grundstoff und einen Stabilisator, der hilft, die Explosion zu steuern.

Schwarzpulver

Der erste Sprengstoff, der zum Schießen verwendet wurde, besteht aus 75 Prozent Kaliumnitrat (Salpeter), 15 Prozent Holzkohle und 10 Prozent Schwefel, der säurefrei sein muss. Salpeter ist der Sauerstofflieferant. Das Kohlepulver ist der Brennstoff, der Schwefel hilft, damit das Ganze beim kleinsten Funken zu brennen anfängt. Alle Bestandteile müssen klein zermahlen und gleichmäßig vermischt werden. In Pulvermühlen wird das Gemisch feucht zum Kuchen gepresst, getrocknet, wieder zerstoßen und gekörnt oder als Mehlpulver belassen. Die Größe der Kügelchen entscheidet, wie schnell das Zeug abbrennt. Schwarzpulver hält, luftdicht verpackt, über Jahrhunderte. Es ist allerdings, wenn man es selbst herstellt, ziemlich unberechenbar. Es explodiert auch gern mal vorzeitig.

Dynamit

1866 erfand Alfred Nobel einen starken und kontrollierbaren Sprengstoff. Es besteht aus 75 Prozent Glycerintrinitrat (volkstümlich: Nitroglyzerin) als explosiver Komponente, 24,45 Prozent Kieselgur als Trägermaterial und 0,5 Prozent Natriumcarbonat (Soda) als Stabilisator. Glycerintrinitrat allein explodiert bereits bei leichten Schlägen und Erschütterungen. Wenn man es mit Kieselgur mischt, ist es weniger empfindlich. Das war Nobels Entdeckung. Seine Dynamitstangen brauchten jetzt eine Initialzündung. Die Sprengwirkung von Dynamit ist deutlich stärker als die von Schwarzpulver.

Plastiksprengstoff

Er heißt nicht deshalb Plastiksprengstoff, weil er aus Plastik bestünde, sondern weil er plastisch ist, also verformbar. Semtex besteht zu einem Teil aus Kautschuk. Der wohl bekannteste verformbare Sprengstoff wurde 1966 in Tschechien erfunden und ist nach Semtin benannt, einer Vorstadt von Pardubice in Ostböhmen. Der Erfinder griff auf eine britische Vorerfindung zurück, genannt PE-808 oder auch RDX (Hexogen). Das war ein wasserfestes kittähnliches Zeug, das man in Behälter füllen oder irgendwohin streichen konnte. Es war gelbbraun, seine giftigen Gase rochen nach Marzipan und verursachten Kopfschmerzen. Semtex ist aus RDX (Hexogen), PETN (Pentaerythrittetranitrat, Nitropenta) und Binde- und Knetmitteln gemixt. Im Bergbau wird Plastiksprengstoff kaum verwendet, weil er zu teuer ist, und auch die kommerziellen Gebäudesprenger benutzen geeignetere Sprengstoffe wie Ammongelit (Ammoniumnitrat und Aluminium).

Stromtod

Zufällig ist unser Haushaltsstrom von 230 Volt und 50 Hz besonders gefährlich. Hochfrequente Ströme ab 100 000 Hz hingegen beeinträchtigen unsere Nerven und Muskeln nicht mehr. Entscheidend für die Wirkung von Strom sind Stromstärke, Stromweg, Durchströmungszeit und Konstitution des Opfers. Strom erzeugt eine unwillkürliche Muskelkontraktion. Fasst man eine Stromquelle an, schließt sich die Hand. Die Beuger der Hand sind stärker als die Strecker, deshalb kann man nicht mehr loslassen. Fließt Strom durch das Herz, droht Herzstillstand. Das Gehirn ist dagegen durch den Schädelknochen ziemlich gut vor Strom geschützt.

Je kürzer der Strom durch den Körper fließt, desto weniger gefährlich ist er. Niedrige Spannungen, die lange fließen, lösen Kammerflimmern, Ersticken durch Krampf der Atemmuskulatur und Herzstillstand aus. Gefährlich ist auch die Wärme, die Strom im Körper erzeugt. Muskelsubstanz wird gekocht, der Eiweißabfall, der entsteht, wirkt giftig. Man stirbt später an einer Nierenschädigung.

Bei Hochspannung (über 5000 V) kann die Spannung ohne direkte Berührung des stromführenden Gegenstands überspringen. Es gibt einen Lichtbogen, der schwerste Hautverbrennungen erzeugt. Das Gesicht ist schwarz, und man sieht weiße Aussparungen in den Augenfalten, weil das Opfer die Augen zusammengekniffen hat.

Steckdose

Einen Stromschlag aus einer Steckdose mit 230 Volt überlebt man meistens. Die Hand zuckt wegen der automatischen Muskelkontraktionen so schnell zurück, dass nichts passiert. Gefährlich ist es nur, ein offenes Kabel oder defektes Gerät anzufassen, das man dann nicht mehr loslassen kann.

Blitzschlag
Die schwersten Schädigungen gibt es bei Blitzschlägen. In Deutschland werden pro Jahr 50 bis 100 Menschen vom Blitz getroffen. Ein Drittel stirbt daran. Blitztote haben zerfetzte Kleider, Reißverschlüsse sind geschmolzen, auf der Haut haben sich farnkrautartig verzweigte Blitzfiguren gebildet, und sie haben schwere Verbrennungen.

Strommarken
Wer einen tödlichen Stromschlag erleidet, sieht oft aus wie an einem natürlichen Tod durch Herzstillstand gestorben. Auch bei der Obduktion einer solchen Leiche gibt es meist nichts Auffälliges zu bemerken. Der Gerichtsmediziner sucht dann nach Strommarken. Sie entstehen an den Eintritts- und Austrittsstellen des Stroms. Es handelt sich um warzengroße Krater in der Haut, die von einem porzellanartigen Hautwall umgeben sind. Die Wunde entsteht, weil die Haut heiß wird und sich verkürzt, aufwirft und verdickt. Strommarken an Händen sehen aus wie kleine Warzen, Hautabschürfungen oder Schründe. An den Fußsohlen sollten sich übrigens auch welche befinden.

Tod in der Badewanne

> Also doch einfach den Föhn in die Badewanne werfen, wenn der Mann mit dem Quietscheentchen planscht? Fanny Fuchs kennt das aus alten Schwarzweiß-Filmen: Eine schöne Frau liegt in der Badewanne. Der Ehemann will sie lieber tot sehen und wirft einen laufenden Föhn ins Badewasser. Blitze schlagen, ein Funkengewitter prasselt, die Lichter im Haus flackern, dann gibt es einen Kurzschluss, und die Schöne ist tot.

Einer deutschen Frau in einem modernen Bad würde allerdings der FI-Schalter das Leben retten. Er schaltet den Strom sofort aus, sobald er einen Stromverlust über die Erde bemerkt. Gibt es diesen Schalter nicht, haut es aber keinerlei Sicherung raus, dazu ist die Stromstärke zu gering. Und es blitzt und funkt auch nicht. Der Föhn läuft einfach in der Badewanne weiter.

Der Strom fließt vom Föhn zum metallenen Abfluss der Badewanne. Würde Fanny sich bei ihrem Mordanschlag auf den Wannenrand stützen, würde ihr nichts weiter passieren. Hält sie die Hand ins Wasser, kribbelt es. Sitzt ein Mensch in der Wanne, fließt der Strom natürlich auch durch ihn, aber nur durch die Teile seines Körpers, die unter Wasser sind. Liegt der Herzbereich oberhalb der Wasserlinie, dann ist der Ehemann nicht tot, sondern eher querschnittsgelähmt, und kann als Zeuge gegen seine Frau aussagen.

Radios, Fernseher, Kaffeemaschinen, Rasierer, Telefone und andere an unseren Wechselstrom angeschlossene Geräte haben ähnliche Effekte.

Feuer

> Fanny hat die Lösung: Sie wird sich mit Dieter versöhnen. Darauf werden sie einen trinken. Wenn er betrunken auf dem Sofa eingeschlafen ist, legt sie Feuer. Am besten mit einer Zigarette, die sie so auf den Teppich fallen lässt, als wäre sie Dieter aus den Fingern gefallen. Das ist perfekt. Vorausgesetzt, der Teppich brennt auch wirklich und sie muss keinen Brandbeschleuniger einsetzen, weder Whiskey noch Spiritus oder Benzin, damit er endlich Feuer fängt. Das würden die Brandsachverständigen herausfinden.

Es sind meist Kinder oder alte Menschen, die bei Bränden ums Leben kommen, weil irgendetwas Feuer gefangen hat. Und meist sind es Unfälle. Verbrannte Leichen sind schwarz und verschrumpelt. Die meisten Menschen sterben in brennenden Gebäuden allerdings nicht am Feuer, sondern an der Rauchvergiftung.

Kohlenmonoxid

Am gefährlichsten ist Kohlenmonoxid, weil man es nicht riecht und es meist dann entsteht, wenn man schläft, und zwar bei Verbrennungsprozessen mit zu wenig Sauerstoff, also in defekten Heizungen in Wohnwagen oder Berghütten. Kohlenmonoxid bindet sich über 300-mal stärker ans Hämoglobin im Blut als Sauerstoff. Der Sauerstoff hat dann keine Chance mehr. Man erstickt innerlich. Zwei oder drei Lungenfüllungen reichen, um einen Menschen innerhalb weniger Minuten zu töten.

Die Leiche sieht dann rosig bis kirschrot aus. Auch ihre Leichenflecken sind hellrot. Zur Wiederbelebung reicht eine Mund-zu-Mund-Beatmung nicht mehr aus, man muss intubieren und 100 Prozent Sauerstoff geben. Das kann das Kohlenmonoxid am Hämoglobin verdrängen.

Kohlenmonoxid entzündet sich übrigens sehr schnell, denn es handelt sich um ungenügend verbrannte Abgase. Der Funke in einem Lichtschalter reicht, um es zur Explosion zu bringen. Nicht mehr möglich ist es heutzutage, den Gasofen in einer Wohnung so zu manipulieren, dass er Kohlenmonoxid produziert, denn Erdgas ist so zusammengesetzt, dass kein CO als Abbauprodukt mehr anfällt.

Kohlendioxid
entsteht bei Verbrennungsprozessen mit genug Sauerstoff und wir produzieren es selbst bei unserer Atmung. Enthält unsere Atemluft zu viel Kohlendioxid, wird uns schwindelig, wir bekommen Kopfschmerzen und ersticken allmählich. Die Sättigung unseres Bluts mit Kohlendioxid muss übrigens immer gleich sein. Deshalb kann Hyperventilieren (Hechelatmung) auch tödlich ausgehen. Nicht weil jemand zu wenig Sauerstoff einatmet, sondern weil er zu viel Kohlendioxid ausatmet. Das führt zu Krämpfen und zu der Schwangeren von der Hechelatmung bekannten Pfötchenhaltung der Hände. Wenn eine Person anfängt zu hyperventilieren, hält man ihr am besten eine Plastiktüte vor den Mund, damit sie ihre eigene Atemluft und das darin enthaltene Kohlendioxid zurückatmet. Dann beruhigt sich der Atem auch schnell wieder.

Nitrose Gase
Bei Zellulosebränden werden nitrose Gase frei. Sie entstehen bei der Arbeit mit Salpetersäure. Nitrit gehört zu den Blutgiften. Es macht aus dem Hämoglobin im Blut Methämoglobin. Das heißt, das Eisen im Blut wird dreiwertig und kann keinen Sauerstoff mehr an sich binden und transportieren. Das Blut wird braun, die Haut (auch die Totenflecken) wird fahlgrau-bläulich, etwa so wie bei einem Menschen, der unter künstlichem UV-Licht liegt.

Stürze

Man sieht einem Toten an, ob er sich als Lebender von einer Brücke ins Wasser oder von einem Hochhaus gestürzt hat. Die Haut ist zwar ein zäher und haltbarer Schutz für den Körper, aber die Knochen und das Gewebe leiden unter dem Aufschlag. Bei Wasserleichen erkennt man beispielsweise an den Unterschenkeln die Abdrücke der Röhrenknochen unter der Haut. Es handelt sich um lange weiße Streifen, die von Blutergüssen umrandet sind. Sie entstehen, wenn beim Aufschlag das Blut aus dem Gewebe über dem Knochen weggedrückt wird. Allgemein ist bei einer Fallhöhe aufs Wasser von höher als 60 Metern schon der Aufschlag tödlich.

Diese sogenannten anämischen Aufschlagspuren gibt es auch, wenn der Körper auf eine harte Fläche knallt. Die Knochen drücken sich gewissermaßen von innen ins Gewebe und hinterlassen unter der Haut den weißen Abdruck. Die Haut bleibt dabei nahezu unbeschädigt. Die Kräfte beim Aufschlag erzeugen übrigens auch oft innere Verletzungen, Risse im Darm, Milzrupturen und so weiter. Außerdem sprengt der gewaltige innere Druck oft auch die Aorta.

Wer sich aus dem sechsten Stock oder höher stürzt, trifft meist mit Kopf oder Rumpf auf. Landet er auf den Füßen, brechen zuerst die Fußknochen, dann Beckenknochen, dann Schädelknochen. Die Wirbelsäule wird in die Schädelbasis gestaucht. Dieses Verletzungsmuster ist typisch für einen, der nicht hat fallen wollen und versucht hat, auf den Füßen aufzukommen. Außerdem hat er versucht, sich festzuhalten oder den Sturz mit den Armen abzufangen. Seine Arme sind gebrochen.

Brüche an Handgelenken oder Armen deuten übrigens auch dann auf Abwehr- und Abfangreflexe hin, wenn jemand eine Treppe hinuntergestoßen wurde. Ist er ohnmächtig geworden und eine Treppe hinuntergestürzt, fehlen sie. Ein Rechtsmediziner kann aus Sturzverletzungen also durchaus ersehen, ob ein Selbstmord, ein Unfall oder ein Verbrechen vorliegt.[6]

> Und dann passiert es: Dieter taumelt rückwärts gegen den Bücherschrank. Die Plastik, die ganz oben steht, wackelt, kippt und fällt ihm auf den Kopf. Er lacht noch, doch dann taumelt er und knallt mit dem Kopf erst gegen die Schrankkante, dann gegen den Glastisch und schließlich auf den Boden. Fanny wird das Geräusch nie vergessen, wie Knochen auf Stein bricht. Dieter regt sich nicht mehr. Dabei habe ich gar nichts gemacht!, denkt Fanny. Wie soll ich das der Polizei erklären? Wird die mir glauben? Sie ruft den Notarzt. Dieter überlebt.

Bei Stürzen verletzt man sich den Kopf meist unterhalb des sogenannten Hutkrempenbereichs. Das sind die Bereiche, die ein Fahrradhelm nicht abdeckt. Kopfverletzungen, die darüber liegen, wertet die Rechtsmedizinerin als Schlagverletzungen. Es sei denn, das Opfer ist eine Treppe hinuntergefallen oder über eine Kante gestürzt.

Hirnverletzungen

Die Gefahr bei Kopfverletzungen ist, dass andere sie oft nicht gleich erkennen. Die Opfer wachen aus der Ohnmacht auf und wirken manchmal zunächst normal. Kommt es zu einer Blutung zwischen Hirnhaut und Schädel (Epiduralhämatom) kann es 4 bis 8 Stunden dauern, bis der Verletzte Symptome zeigt. Doch dann wird es für ihn lebensgefährlich. Und zwar auch deshalb, weil er wie betrunken wirkt und für betrunken gehalten wird. Urplötzlich ist er dann tot.

Häufiger ist allerdings das Subduralhämaton, eine Verletzung zwischen harter und weicher Hirnhaut, die zu Blutungen führt. Die Verletzten sind dann sofort bewusstlos und ihr Zustand verschlechtert sich rasch. Man erkennt die Hirnverletzung daran, dass eine Pupille weiter gestellt ist als die andere, oder daran, dass der Blick beider Augen zur Seite abweicht, oft in Richtung der betroffenen Hirnseite.

Amnesien

Hirnverletzungen müssen nicht mit Ohnmacht, Koma oder irgendwelchen zunächst erkennbaren äußeren Symptomen einhergehen. Es kommt auch nicht zwangsläufig zu Sprachausfällen oder Erinnerungsverlusten. Grundsätzlich sucht sich das Gehirn für seine Handlungen, Sprechakte oder Erinnerungen die Inhalte aus weit verstreuten neuronalen Netzen zusammen. Und menschliche Erinnerungen sind ohnehin in beiden Gehirnhälften abgelegt.

Im Allgemeinen ist für unser Alltagsleben in der westlichen Gesellschaft die linke Hirnhälfte wichtiger als die rechte, denn in ihr liegen Sprachzentrum und das logisch-analytische Denken. Im rechten Teil sitzt das räumliche Vorstellungsvermögen, das übrigens auch für mathematische Begabungen notwendig ist. Werden Teile neuronaler Felder zerstört, kann das Hirn auf andere Bereiche ausweichen und neue neuronale Verbindungen knüpfen. Man nennt das die Plastizität des Gehirns, von der man lange Zeit dachte, nur Kinder hätten sie.

Zu gravierenden Charakteränderungen kann es allerdings kommen, wenn der rechte Frontallappen (Bereich hinter der Stirn) geschädigt wurde. Menschen ändern dann ihre Vorlieben, ihre Gewohnheiten, mögen plötzlich Speisen, die sie vorher gehasst haben, ziehen sich anders an und so weiter. Sehr anrührend beschrieben in dem Film *In Sachen Henry* (1991) mit Harrison Ford als Anwalt, der nach einer Schussverletzung mit Hirnschädigung und Gedächtnisverlust sein Leben neu erlernen muss und zu einem anderen Menschen wird.

Gedächtnisverlust ist ein im Krimi nützliches dramaturgisches Element, das es erlaubt, ein Opfer überleben zu lassen, ohne dass es durch seine Aussage Polizeireporterin Suse oder Kommissar Kalle Holbein sogleich zum Täter führt.

Kongrade Amnesie
bezeichnet den Verlust der Erinnerung an den Moment, der zu einer Bewusstlosigkeit führte. Es ist allerdings völlig normal, wenn sich ein Mensch an die letzten 10 bis 30 Sekunden vor einem Unfall oder einem Angriff nicht mehr erinnert. Die Bewusstlosigkeit verhindert, dass Inhalte aus dem Kurzzeitgedächtnis ins mittlere und Langzeitgedächtnis gebracht werden. Es wäre eher verdächtig, wenn sich jemand an den Moment erinnert, wo ihm ein Schlag für längere Zeit das Bewusstsein geraubt hat.

Retrograde Amnesie
Das ist diejenige, die wir in Krimis immer benutzen. Der Mensch kann sich nicht mehr oder nur lückenhaft an den Zeitraum vor dem traumatischen Ereignis erinnern. Meistens betrifft der Gedächtnisverlust nur einen verhältnismäßig kurzen Zeitraum vor dem Ereignis. Es kann aber auch das ganze Leben weg sein. Das Ausmaß von Unsicherheit, die das in einem Menschen auslöst, können wir nur schwer ermessen. Er besitzt keinerlei Erfahrungen mehr, er weiß nicht mehr, wem er vertrauen kann, er vertraut sich selbst nicht. Er kann sich Zukünftiges nur schwer vorstellen, weil er nicht auf Erfahrungen zurückgreifen kann.

Die Erinnerung kommt zuweilen schlagartig zurück, manchmal gar nicht. Bei guter Pflege und viel Gedächtnistraining kann sie sich im Lauf von zwei Jahren wieder zusammensetzen. Erinnerungen an früher tauchen inselartig auf, nur allmählich bildet sich zwischen den Inseln wieder Land. Es hilft, mit einer solchen Person Orte seiner Vergangenheit aufzusuchen und ihr viel zu erzählen.

Plötzlicher Gedächtnisverlust
ist ein Sonderfall der retrograden Amnesie und gehört zu den unheimlichsten Phänomenen unseres geistigen Lebens. Er tritt plötzlich ein. Sein Auslöser ist kein Schlag, kein mechanisches Trauma, sondern Stress.

> Dieter erzählt, man habe den Prokuristen jetzt gefunden. Er sei vor drei Monaten morgens aufs Fahrrad gestiegen, um Brötchen zu holen, und einfach weitergefahren, weil er urplötzlich nicht mehr

wusste, was er wollte und wer er ist. »Stell dir vor«, sagt Dieter. »Er erinnert sich nicht mehr an seine Frau, seine Kinder, an nichts. Die Bilder sind alle weg. Er erkennt sich selbst im Spiegel nicht wieder. Er hat sein biographisches Gedächtnis verloren. Die Polizei hat ihn bei Usedom aufgegriffen. Er ist jetzt in Behandlung. Aber er wird seine Erinnerung nie wieder zurückbekommen.«

Auch eine gute Lösung, denkt Fanny.

Etwa eintausend Menschen gibt es derzeit in Deutschland, die unter dieser Krankheit leiden. Auslöser für so einen Gedächtnisverlust kann ein banales Problem sein, etwa zu wenig Geld, um mit der Familie in Urlaub zu fahren. Doch das ist nur der Tropfen, der das Fass zum Überlaufen gebracht hat, ein Lebensfass voller Frustrationen, Angst und Stress: beispielsweise eine Ehefrau, die wie die Mutter über Jahrzehnte subtilen negativen Stress verursacht (Verachtung, Tadel, Strenge). Und bums, plötzlich löst das Gehirn alle Verbindungen, schaltet sich aus und sagt: So, und jetzt erinnere ich mich an all den Scheiß einfach nicht mehr. Schluss mit diesem Leben.

Normalerweise wird ein Mensch bei Stress schlagartig leistungsfähiger. Das hilft ihm zu überleben. Es gibt aber auch schlagartige Erkenntnisse absoluter Ohnmacht bei existenzieller Bedrohung, bei denen der Stress den Aus-Schalter drückt. Das kann bei Horrorszenarien der Fall sein (große Unfälle, Terroranschläge), aber auch bei jahrzehntelangem Dauerstress passieren. Das biographische Gedächtnis wird urplötzlich verschlossen.

Das heißt aber nicht, dass ein Mensch mit einer solchen Amnesie alles vergisst. Bewegungsabläufe werden im motorischen Gedächtnis abgelegt und sind weiterhin abrufbar. Und für das Welt- und Faktenwissen – Name unserer Bundeskanzlerin – ist das semantische Gedächtnis zuständig. Auch das bleibt erhalten.

Verloren ist nur das biographische Gedächtnis, in dem Fakten mit Gefühlen verbunden werden. Wenn es hauptsächlich negative Gefühle sind, dann kann es passieren, dass das Hirn wegen Negativ-Überlastung schließt. Und damit sind automatisch riesige Bereiche des persönlichen Lebens nicht mehr zugänglich: der Name der Eltern, die eigene Identität, der erste Schultag, die Führerscheinprüfung. Die Inhalte der Führerscheinprüfung aber sind nach wie vor präsent. Autofahren geht auch noch.

Die individuelle Dramatik, die in so einem Gedächtnisverlust steckt, schreit geradezu nach einer Kriminalgeschichte, deren eigener Detektiv das Opfer der Amnesie ist.

In *Der Mann im Smoking* (SWR/WDR 2006) in der Reihe *Bloch* mit Dieter Pfaff in der Rolle des Psychotherapeuten erscheint in Blochs Praxis ein Mann im Smoking. Er kann sich an nichts erinnern, weiß nicht, wer er ist und woher er kommt. Im Krankenhaus wird ein Gedächtnisverlust aufgrund eines Traumas diagnostiziert. Bloch nimmt den Unglücklichen mit nach Hause und begibt sich mit ihm auf Spurensuche. Es stellt sich heraus, dass der Mann ohne Gedächtnis an einem Gewaltverbrechen beteiligt und womöglich sogar ein Mörder war.

Die Geschichte gibt es also schon. Und außerdem taugt so eine Person in Wirklichkeit nicht zur Ermittlerin. Denn ihr fehlt der detektivische Biss, der Antrieb, die Leidenschaft. Es ist ihr nämlich herzlich egal, was mit ihr passiert ist. Ihr ist eigentlich alles ziemlich gleichgültig. Denn bei Menschen mit plötzlichem Gedächtnisverlust ist auch und vor allem das Gefühlsleben gestört. Sie stehen allem indifferent gegenüber. Nicht einmal ihr eigener Gedächtnisverlust regt sie sonderlich auf. Auch die Gefühle anderer können sie nicht mehr deuten. Sie verstehen Mimik und Gestik nicht. Man lässt sie Telenovelas im Fernsehen gucken, damit sie wieder eine Ahnung von Gefühlen und Gefühlsausdrücken bekommen.

Der plötzliche Gedächtnisverlust gilt als kaum heilbar, weder durch Therapiegespräche noch Gedächtnistraining. Bei jüngeren Menschen hat man am ehesten eine Chance, den Zugang zur Biographie wieder zu öffnen.

Antegrade Amnesie

Das Kurzzeitgedächtnis ist nach dem Erwachen aus der Bewusstlosigkeit gestört. (Kann auch nach Operationen passieren, gibt sich aber wieder.) Das heißt, der Mensch vergisst nach ein bis zwei Minuten, was er gerade getan oder gesagt hat. Er fragt beispielsweise immer wieder: »Was ist passiert?« Die Antwort vergisst er sofort. Oder er ruft immer wieder zu Hause an, um mitzuteilen, dass es ihm gut geht. Da er sein Vergessen auch vergisst, entwickelt er keinerlei Bewusstsein seiner Krankheit.

Der Verlust des Neugedächtnisses trifft Menschen, deren Hippocampus im Gehirn nicht mehr funktioniert. Er ist zusammen mit anderen Neuronen im limbischen System dafür zuständig, kurzfristig angelegte Erinnerungen ins Langzeitgedächtnis zu transportieren. Die antegrade Amnesie ist eine typische Erkrankung von Alkoholikern, die ihren Kalorienbedarf nur über Alkohol decken. Ein Vitamin-B1-Mangel schädigt das vordere limbische System. Aber auch Hirnblutungen oder Infekte können diesen

Bereich schädigen. Menschen mit einer Störung des Neugedächtnisses leben immer in Augenblicken. Je nach Schweregrad können sie aber durchaus lernen, sich mit Hilfe von Zetteln und Gedächtnisstützen, die überall in ihrer Umgebung hängen, im Alltag zu orientieren. Interessanterweise können sie auch noch Stricken, eine Sportart oder die Bedienung einer Maschine lernen, denn solche Erinnerungen werden über das Gedächtnis für Körperbewegungen im Langzeitgedächtnis gespeichert.

Transiente Globale Amnesie

Die TGA ist eine neurologische Erkrankung, die sich eigentlich sehr gut für einen Krimi eignet, um einen Gedächtnisverlust über ein bis zwei Tage zu erzeugen.

Der vorübergehende allgemeine Gedächtnisverlust tritt tendenziell eher bei älteren Menschen auf. Es kommt anfallartig zu einer Störung des Neugedächtnisses, die etwa 24 Stunden anhält. Sie tritt gelegentlich zusammen mit Migräne auf. Der Mensch kann sich plötzlich nicht mehr selbst orientieren, weiß nicht, wo er ist und was er gerade macht. Meist weiß er noch, wer er ist, wie er heißt und welchen Beruf er hat, aber die Erinnerung an die jüngste Vergangenheit kann bereits eingeschränkt sein. Nach einem Tag ist alles vorbei, die Symptome sind weg, allerdings besteht eine Gedächtnislücke für die Zeit der TGA-Störung und vielleicht auch für die Tage davor.

Die Ursache der TGA ist unbekannt. Stress oder Überanstrengung dürften eine Rolle spielen. Regelmäßige Einnahme von Aspirin soll die Anfälle verhindern können.

Der Giftmord

> Fanny Fuchs ist dicht davor aufzugeben. Einen gesunden Ehemann Mitte fünfzig umzubringen ist verdammt schwierig. Dieter ist ihr körperlich überlegen, er ist zu aggressiv, ein Siegertyp. Vielleicht sollte sie die direkte Konfrontation meiden. Eigentlich würde sie sich ja sowieso am liebsten hinter einem Unfall verstecken. Fanny fängt an, über Ernährung nachzudenken. Könnte sie nicht dem Abendessen, das wie täglich für Dieter kocht, etwas Tödliches beimischen?

Einst glaubte man, Frauen könnten überhaupt nur mit Gift morden, weil Männer ihnen körperlich überlegen sind. Gift gilt bis heute als Mordwaffe der Frauen. Und als besonders heimtückisch gilt der Giftmord außerdem, weil die Täterin dem Opfer nicht kampfbereit gegenübertritt. Gift, Heimtücke und Frauen sind in unseren Köpfen so verschweißt, dass bis heute Untersuchungen mit aller wissenschaftlichen Feierlichkeit behaupten, der Giftmord werde hauptsächlich von Frauen begangen und bleibe zu 90 Prozent unentdeckt. Beweisen kann man das allerdings nicht, denn das Wesen der unentdeckten Giftmorde ist ja, dass sie unentdeckt geblieben sind und ihre Zahl unbekannt ist.

Seriösere Untersuchungen vermuten, dass Frauen, wenn sie jemanden töten wollen, in 90 Prozent der Fälle zu Gift greifen.[7] Das bedeutet jedoch nicht, dass 90 Prozent der Giftmorde von Frauen begangen werden. Gift ist nämlich vor allem bei Geheimdiensten beliebt. Prominentester Fall ist der Polonium-Mord an dem russischen Ex-Spion Litwinenko (2007). Und es gibt vermutlich viel mehr Männer, als wir glauben, die mit Gift morden. Nur untersucht man das nicht so gezielt wie Giftmorde von Frauen.

Ärzte und Ermittlungsbehörden tun sich generell schwer mit Gift. Das Giftsterben ist in vielen Fällen so unspezifisch oder langwierig, dass eine Beziehung zu der einen tödlichen Begegnung Tage zuvor nicht mehr hergestellt wird. Viele Ärzte erkennen nicht, dass die Krankheit, die sie behandeln, nicht irgendeine allergische Reaktion oder ein Infekt, sondern eigentlich eine Vergiftung ist. Und wenn kein konkreter Verdacht besteht, suchen die forensischen Labore auch nicht nach Gift. Außerdem ist es schwierig, ein bestimmtes Gift noch nachzuweisen. Viele biologische Gifte sind schon nach wenigen Tagen aus dem Körper verschwunden.

Im realen Leben beruhen Vergiftungen eher auf Unwissenheit. Man hat sich im Pilz geirrt, zur falschen Flasche gegriffen oder beim Heimwerken

Lösungsmittel eingeatmet. Tatsächlich ist Gift keine weit verbreitete Mordmethode. Als Normalmensch – auch als Krimiautorin – komme ich nicht ohne Weiteres an Gift heran, oder ich weiß nicht so genau, wie ich es dosieren und einsetzen muss, damit der Erfolg gewiss ist. Ich kann auch nicht einfach in die Apotheke gehen, wo ich sonst meine Nasentropfen kaufe, und mir vom netten Apotheker mal erklären lassen, wie ich – rein theoretisch – am besten jemanden vergifte. Ob er das für eine rein theoretische Neugierde hält, ist sehr die Frage. Wenn unsere Giftmörderin Zugang zu Gift haben soll, muss sie wohl Krankenschwester, Apothekerin, Tierarzthelferin oder Kräuterhexe sein.

Arsen, Thallium und Zyankali kann man getrost vergessen, auch E605 könnte bestenfalls noch in einem alten Schuppen herumstehen. Giftige Substanzen, die sich im Handel befinden, sind außerdem mit Farb- und Bitterstoffen ungenießbar gemacht worden. Man kann sie nicht einfach ins Getränk oder in ein Chili con Carne mischen. Und wenn die Ermittler erst einmal Verdacht schöpfen, ist die Giftmischerin auch verloren. Denn die Kriminaltechnik wird in ihrem Haus die Giftküche und an ihren Händen und Kleidern jede noch so kleine Giftspur entdecken.

Dennoch ist es wiederum auch ganz leicht, jemanden chemisch zu töten.

> Fanny Fuchs hat einen Arbeitskollegen, der ist zuckerkrank. Er lässt sein Besteck tagsüber auf dem Schreibtisch liegen. Ist nicht, fragt Fanny sich, eine Dosis Insulin bei einem Gesunden tödlich? Er wäre dann unterzuckert. Daran kann man auch sterben. Sie müsste dem Kollegen also nur etwas Insulin klauen und dann ihrem Mann in den Bauch spritzen ... Na ja. Aber Tante Hilde, die hat doch ein Nitroglyzerin-Spray. Zwei Hube seien tödlich, hat sie mal mit glitzernden Augen erzählt. So nah am Tod jedes Mal! Und nimmt nicht der Vater von Fannys Freundin Digitalis? Das steht dort im Haus sicher auch nicht im Tresor, sondern im Badezimmer oder in der Küche. Und Digitalis ist doch das Gift vom Fingerhut. Den hat Fanny im Wald schon wachsen sehen. Wie viele Blätter von dem wären eigentlich, in den Salat gemischt, tödlich? Und wie wirkt er? Würde Dieter tot umfallen oder lange leiden?

Relativ leicht kommt man tatsächlich an pflanzliche Gifte heran. Sie wachsen im Wald, aber auch auf dem Fensterbrett im Wohnzimmer oder im Garten als Lebensbaumhecken, Eiben, Oleander oder Rizinusstrauch. Nicht zu reden vom Grünen Knollenblätterpilz am Ragout oder Blättern von

Herbstzeitlose oder Maiglöckchen statt Bärlauch in der Suppe. Wirkungsvoll ist auch das Gift der Botulus-Bakterien, die unter Luftabschluss wachsen – bleibt nur die Frage zu klären, wie viele Jahre Fanny warten muss, bis sich bei der Fleisch- oder Fischdose in ihrem Küchenschrank der Deckel wölbt.

Weil Männer sich, wenn sie krank sind, gern der Pflege ihrer Frauen anvertrauen, hat sie allerdings gute Chancen, dafür zu sorgen, dass ein Arzt ihren Mann erst dann zu Gesicht bekommt, wenn es zu spät ist, um mit Aktivkohle und Antidots noch etwas auszurichten.

Tödliche Dosis

Die letale Dosis wird normalerweise für ein Kilogramm Körpergewicht angegeben. Die Abkürzung lautet LD. Steht dahinter eine 50 (LD50), so bedeutet das, dass bei dieser Dosis die Hälfte aller Vergifteten stirbt. LD100 bedeutet 100 Prozent oder auch maximale tödliche Dosis. Die Zahl hinter dem LD ist beliebig veränderbar und man kann sie ergänzen durch Hinweise, für wen eine Dosis tödlich ist. LD50bee bedeutet bei einem Pflanzenschutzmittel, dass die Hälfte aller Bienen bei dieser Dosis stirbt. Ich rechne die tödliche Dosis im Folgenden auf einen siebzig Kilogramm schweren Menschen hoch. Aber ich gebe keinerlei Garantie, dass meine Angaben stimmen und die Dosis reicht.

Im Übrigen kann die Rechtsmedizin heute über 100 000 Gifte mithilfe des Massenspektrometers in kleinsten Mengen nachweisen, vor allem dann, wenn sie weiß, wonach sie sucht. Jeder Leiche werden Körperflüssigkeiten entnommen und an die forensischen Chemiker gegeben. Wie gründlich sie auf Gifte untersucht werden, hängt jedoch davon ab, was der Staatsanwalt anordnet. Im Blut von Toten wird allerdings regulär nach Alkohol und Spuren starker Beruhigungsmittel gesucht. Zu hohe Insulinwerte fallen auch auf.

Die meisten Vergiftungen gehen übrigens auf Unfälle oder Selbstmordversuche zurück. Erwachsene, die sich umbringen wollen, trinken meistens Alkohol und werfen dann Beruhigungsmittel ein. Schlafmittelvergiftungen verlaufen allerdings heutzutage kaum noch tödlich, wenn man halbwegs zügig in die Intensivmedizin eingeliefert wird.

Brillenträger unter den Selbstmördern (männlich wie weiblich) nehmen übrigens fast immer die Brille ab, bevor sie sich das Gift zuführen oder kurz danach. Warum, bleibt unserer Erklärungsphantasie überlassen. Hat ein Vergifteter seine Brille noch auf, ist das ein wichtiges Indiz für Mord.

Kleine Giftkunde

Medikamente

ASS

Es kann vorkommen, dass ein Teenager es mit Aspirintabletten versucht. Die tödliche Dosis liegt bei 10 g ASS (ca. 15 Tabletten). Symptome: tiefe Atmung, Hyperventilieren, dann Atemlähmung. Acetylsalicylsäure schädigt die Nieren, was zu einer Azidose, einer Übersäuerung des Organismus führt.

Antidot: Natriumhydrogenkarbonat, das aber so schwerwiegende Nebenwirkungen haben kann, dass man es nur im äußersten Notfall einsetzt.

Aspirin setzt außerdem die Blutgerinnung deutlich herab, und dieser Effekt dauert mindestens sieben Tage lang an. Er ist mit keinerlei Gegenmittel aufzuheben. Stellt sich bei einer Operation heraus, dass der Patient ziemlich viel Aspirin genommen hat, wird es für ihn kritisch.

Barbiturate

waren früher als Schlaf- und Beruhigungsmittel verbreitet, sind aber seit 1992 in Deutschland und der Schweiz nicht mehr zugelassen. Das Derivat Thiopental wird aber in Krankenhäusern vor der Vollnarkose noch eingesetzt.

Tödliche Dosis: 4 bis 6 g Phenobarbital. Wer Barbiturate genommen hat, atmet flach, der Blutdruck sinkt, die Haut fühlt sich kalt an, am Schienbein bilden sich Blasen unter der Haut. Letztlich stirbt man an Herzstillstand. Wenn man so jemanden findet: Sofort in die stabile Seitenlage und Krankenwagen rufen.

Antidot: keines. Aktivkohle, Katecholamine.

Benzodiazepine

haben die Barbiturate als Einschlafmittel abgelöst. Die bekanntesten Mittel heißen Valium oder Tranxilium und enthalten den Wirkstoff Diazepam. Solche Mittel machen innerhalb weniger Wochen abhängig. Außerdem entwickelt der Körper eine Toleranz, man muss die Dosen laufend erhöhen. Entzugserscheinungen sind leichtes Zittern und Angst. Diazepam hat eine Halbwertszeit von 2 bis 5 Tagen und kann sich im Körper anreichern, wenn man in zu kurzen Abständen Tabletten nimmt. Es ist weniger giftig als Barbiturate, aber nicht harmlos. Wer zu viel davon nimmt, reagiert nur noch sehr langsam. Das führt auch dazu, dass zum Beispiel der Hustenreflex ausfällt und man Schleim oder Erbrochenes einatmet. Liegt man dergestalt sediert auf dem Rücken, kann die Zunge in den Rachen absinken und man erstickt.

K.o.-Tropfen

Zur Gruppe der Benzodiazepine gehört auch Rohypnol, das als K.o.-Tropfen die Nodular-Tropfen abgelöst hat. Der sedative Effekt ist 7- bis 10-mal stärker als von Diazepam. Zusammen mit Alkohol macht es die Opfer wehrlos. Die Wirkung tritt nach 15 bis 20 Minuten ein und kann 4 bis 7 Stunden andauern, und Gedächtnislücken sind danach auch nicht selten. Vergewaltigte Frauen erinnern sich beispielsweise an nichts mehr.

In den neunziger Jahren konnte man die Tabletten dem Getränk beimischen, weil sie geruch- und farblos waren. Inzwischen hat der Hersteller ihnen eine bittere Note gegeben, und sie färben das Getränk blau. Ampullen sind in Deutschland nur noch über ein Betäubungsmittelrezept zu erhalten. Aber es gibt sie auf dem Schwarzmarkt unter so netten Namen wie Ruppies, Ruffies, Flunies (von Flunitrazepam), Ropse oder Roschies. In Österreich sind die Namen noch zärtlicher: Ripperl, Ro, Rippal, Benzos oder Somnerln. Junkies benutzen sie gern, um runterzukommen.

TCA

Trizyklische Antidepressiva sind dazu da, Serotonin im Hirn freizusetzen und die Stimmung aufzuhellen. Wer zu viel davon nimmt, wirkt benommen, hat Halluzinationen, ist erregt, überhitzt, zittert, hat einen trockenen Mund und sein Blutdruck fällt. Der Herzrhythmus wird gravierend gestört, was auch mal tödlich ausgehen kann.

Pflanzenschutzmittel

Alkylphosphate und Carbamate

sind in der Landwirtschaft weit verbreitet. Sie können über die Haut (Kontaktgift) aufgenommen oder eingeatmet werden.

Tödliche Dosis (70 kg Mensch): 0,1 g. Sie stimulieren die Reizleitung in den Nerven, indem sie verhindern, dass der wichtigste Botenstoff Acetylcholin im Körper wieder resorbiert wird. Es ist zu viel davon unterwegs, die Nerven feuern ununterbrochen, das führt zu Muskelkrämpfen, Speichelfluss, Erbrechen und Atemlähmung.

Antidot: zunächst Atropin (Belladonna), das Acetylcholin aber nur zum Teil von den Zellrezeptoren nimmt. Dass es wirkt, merkt man, wenn der

Speichelfluss zurückgeht. Apotheken in Deutschland müssen genügend Atropin im Notfalldepot vorrätig haben. Um die zentrale Atemlähmung zu verhindern, gibt man außerdem Toxogonin (das auch gegen chemische Kampfstoffe hilft). Liegt eine Carbamatvergiftung vor, darf man wiederum nie Toxogonin geben, weil es die Wirkung des Gifts noch verstärkt.

> »Man sollte also schon genau wissen, mit welchem Insektizid da ein Vergifteter hantiert hat«, warnt Gerichtsmedizinerin Dr. Mimi Brockdorf.

Und es besteht Gefahr für den Retter: Wer sich um so einen Menschen kümmert, könnte bei Kontakt mit Speichel oder Erbrochenem das Gift über die Haut aufnehmen.

Paraquat

ist ein Unkrautbekämpfungsmittel, das nach einigen Tagen oder auch Wochen zum Tod führt. In Deutschland ist es derzeit (Stand 2009) verboten, wartet aber auf Wiederzulassung. Das Mittel ist in Drittweltländern weit verbreitet. Früher kam es als colafarbene geruchlose Lösung in den Handel. Den Effekt kann man sich vorstellen. Seit Mitte der siebziger Jahre setzen Hersteller meistens einen blauen Farbstoff, ein schnell wirkendes Brechmittel und eine stechend riechende Substanz zu.

Tödliche Dosis: unbekannt. Wer es getrunken hat, spürt ein Brennen im Hals, Übelkeit, Schwindel, dann Schmerzen in der Lunge. Es kommt zu Krämpfen. Der Tod tritt durch irreversible Lungenfibrose ein.

Antidot: keines.

E605

> »Das klassische Schwiegermuttergift«, bemerkt Rechtsmedizinerin Dr. Mimi Brockdorf. »Eine regelrechte Seuche war das, ein richtiges Modegift – zumindest eine gewisse Zeit lang. Mit dem Zeug haben sich nicht nur massenhaft tödliche Unfälle und Suizide, sondern auch Morde ereignet.«

Entdeckt wurde E605 als Mordgift in den fünfziger Jahren von Christa Lehmann, die damit in Worms drei Menschen umbrachte (➶ Serienmörderinnen). Wormser Gift nannte man es darum auch. Ihr Fall machte das bis dahin eher in den USA verwendete Insektengift zum regelrechten Modegift.

Parathion oder E605 ist an sich farblos und riecht nach fast nichts, deshalb sind den handelsüblichen Produkten gelbe oder braune Farbstoffe und ein stechender Geruch nach Knoblauch zugesetzt. Seit 2002 darf E605 forte in Deutschland nicht mehr gehandelt werden. E605 ist ein Kontaktgift, darf also nicht mit der Haut in Berührung kommen. Es blockiert irreversibel das Zentralnervensystem und die Reizweiterleitung.

Tödliche Dosis: 100–200 mg. Symptome: Erbrechen, Durchfall, Schweißausbrüche, Muskelzuckungen, Kopfschmerzen, Atemlähmung, Krämpfe. E605 ist mit den Kampfstoffen Tabun, Sarin und Soman verwandt, die allerdings noch effizienter wirken.

Antidot: Atropinsulfat. Obidoximchlorid nur, wenn die Lösung kein Carbamat enthielt (siehe oben).

Klassische Krimigifte

> In der Krimikomödie *Arsen und Spitzenhäubchen* (1941/1944) vergiften zwei liebe alte Ladys einsame und unglückliche Männer mit einem Cocktail aus Arsen, Strychnin und Zyankali. Die Leichen verstecken sie zunächst im Haus und lassen sie dann vom Neffen vergraben. Aber warum drei Gifte? Hätten die Damen nur Arsen genommen, wäre das Opfer wieder gegangen und einige Tage später woanders gestorben. Das wäre eigentlich günstiger gewesen, es hätte ihnen die Beseitigung der Leiche erspart, und ihr zweiter Neffe, der zu Besuch erscheint, wäre ihnen nicht draufgekommen. Aber vielleicht wollten die Ladys die Leichen selbst versorgen. Deshalb also Zyankali. Das allerdings tötet so schnell, dass das Arsen völlig überflüssig wird. Vermutlich aber trauten die Damen ihrer Dosis nicht, wenn sie damit ihrem Opfer auch einen äußerst qualvollen Tod – vor allem wegen des Strychnins – beschert haben. Es muss sich in Krämpfen auf dem Teppich winden. Dabei hätten die beiden Ladys gerade Strychnin auf keinen Fall ihrem Giftlikörchen beimischen dürfen – es war vermutlich ein Trick des Autors, um Nachahmung zu erschweren –, denn Strychnin schmeckt in winzigsten Mengen schon so bitter, dass die Opfer die erste Kostprobe sofort ausgeprustet, das Glas fallen gelassen hätten und entsetzt – wenn auch unbeschädigt – davongelaufen wären.

Arsen und Thallium waren bis Anfang des 20. Jahrhunderts probate Insekten- und Rattengifte, auch wenn sie zunehmend schwerer in der Apotheke zu bekommen waren. Unter anderem war Arsen als »Mäusebutter« im Handel, als eine weiße Paste mit Arsenkügelchen. Nachdem Gesche

Gottfried (➶ Serienmörderinnen) damit Anfang des 19. Jahrhunderts in Bremen 15 Menschen vergiftet hatte, durfte es zumindest dort nur noch streng kontrolliert durch Apotheken gekauft werden.

Arsen

Arsen ist das Symbol für den Giftmord im Krimi. Deshalb ist es komödientauglich, obgleich es langwierig und grausam tötet. Für einen Giftmörder hat es den entscheidenden Vorteil, dass das Opfer Tage später fern von ihm stirbt. Allerdings ist es leicht nachzuweisen.

Arsen ist ein Halbmetall, es schmeckt süßlich und stört deshalb im Nachtisch nicht, riecht erst beim Erhitzen über 300 Grad nach Knoblauch und kommt selten in Reinform vor, sondern in Sulfiden. Damit verunreinigter Schwefel kann durchaus tödlich wirken, zum Beispiel im Wein. Arsen fällt in großen Mengen als Nebenprodukt bei der Gewinnung von Kupfer, Blei, Kobalt und Gold an und findet sich auch in Halbleitern. Im 19. Jahrhundert galt Arsen als Asthmamittel, wenn auch mit unklarer Wirkung. Arsen wirkt gegen die Schlafkrankheit und Syphilis und ist bis heute Grundlage einiger Medikamente, beispielsweise des Medikaments Trisenox, mit dem eine bestimmte Art der Leukämie behandelt wird. Arsensulfide kommen auch in der chinesischen Medizin vor und gehören zu den häufig verordneten homöopathischen Mitteln.

Tödliche Dosis für einen Erwachsenen: 60–170 mg. Es kommt zu Krämpfen, stundenlangem Erbrechen, inneren Blutungen, Durchfall und Koliken und endet mit Nieren- und Kreislaufversagen. Die Haut fühlt sich feucht und kalt an. Die Quälerei kann nach einigen Stunden vorbei sein, aber auch einige Tage dauern. Arsen reichert sich in Haaren und Nägeln an und ist dort leicht nachweisbar.

Alles über Arsen findet sich in *Starkes Gift* (1929) von Dorothy L. Sayers. Der Täter nutzt die Fähigkeit des Körpers, sich an Arsen zu gewöhnen, um bei einem gemeinsamen Essen einen Mann zu vergiften. Sayers greift auf Berichte zurück, wonach Arsen, regelmäßig in kleinen Dosen eingenommen, sogar gesundheitsfördernd sein soll. Arsen, dauerhaft eingenommen oder eingeatmet, verlängert das Leben allerdings nicht, sondern verkürzt es. Früher war es in grünen Tapetenfarben und dampfte aus. Menschen, die an einer chronischen Arsenvergiftung leiden, erkennt man an dicken Fingern mit gewölbten runden Fingernägeln, was auf chronische Unterversorgung mit Sauerstoff zurückgeht. Aber Vorsicht mit voreiliger Diagnose: Auch Mukoviszidose-Patienten und zahlreiche Herz- oder Lungenkranke zeigen solche Symptome.

Thallium

Das Gift ist in der Wirklichkeit der Tötungsabsichten verbreiteter als im Krimi. Thalliumsalz war im Rattengift enthalten und deshalb leicht zu beschaffen. Außerdem ist es geruch- und geschmacklos und kann unters Essen und in Getränke gemischt oder in Schokotrüffel gefüllt werden. In Deutschland ist es seit 1982 verboten. Thallium ist ein graues, dem Blei ähnliches Metall, sehr häufig und sehr giftig. Chronische Vergiftungen mit geringeren Mengen können sehr lange unerkannt bleiben. Und gerade eine chronische Vergiftung lässt auf Mordabsicht eines Zeitgenossen schließen. Dass man aus Versehen Rattengift isst, kann ja mal passieren, dass man es irrtümlich über lange Zeit einnimmt, nicht. Tückisch bei Thalliumvergiftungen ist, dass man zuerst an Grippe denkt, weil die typischen Symptome erst nach 13 Tagen auftreten.

> In *Engelsgift* (2004) erzählt Susanne Ayoub nach authentischem Vorbild die Geschichte von Karoline Streicher, die in Wien 1938 wegen vierfachen Mordes verurteilt und hingerichtet wurde. Im Roman fürchtet sie die Ratten, und wenn ihr Sohn behauptet, er habe eine Ratte gesehen, kauft sie eine Tube Thallium. Und daran sterben dann über die Jahre eine Reihe von Menschen.

Thallium wird schnell vom Körper aufgenommen, hauptsächlich über den Magen-Darm-Trakt, aber auch über die Lunge. Es wird in alle Organe transportiert, weil es vom Körper irrtümlich als für den Zellstoffwechsel lebenswichtiges Kalium-Ion angesehen wird. Tückisch ist, dass es einen zweiten Kreislauf durch den Körper unternimmt, nachdem die Leber versucht hat, es aus dem Blut zu filtern und auszuscheiden. Dann landet es erneut im Darm und wird wieder aufgenommen. Das Eisenpigment Berliner Blau kann es im Darm abfangen und so binden, dass es ausgeschieden wird.

Wer mit Thallium mordet, ist entweder unendlich naiv oder ein Sadist, denn das Sterben ist grausam und langwierig.

Tödliche Dosis: ca. 800 mg. Die Vergiftung entwickelt sich in Phasen. Zunächst gibt es Durchfälle und Verstopfung. Doch die Haarwurzeln verkümmern bereits. In der zweiten Phase reagieren die Nerven. Man ist übermäßig schmerzempfindlich. In der dritten Phase, etwa nach dem 10. Tag, stellen sich Sehstörungen ein, was auf eine Lähmung der zuständigen Hirnregion zurückgeht. Am 13. Tag fallen die Körperhaare aus. Spätestens jetzt sollte der Arzt an Thallium denken und Berliner Blau geben. Das Herz schlägt immer schneller, die Herzrhythmusstörungen können schließlich in den

Tod münden. Überlebt man die dritte Woche, hat man die vierte Phase erreicht. Dann sinkt die Todeswahrscheinlichkeit wieder. Allerdings hat man irreversible Schäden an den Nerven der unteren Körperteile erlitten, die Reflexe sind gestört, Muskelschwund beginnt. Auch die geistige Leistungsfähigkeit kann beeinträchtigt bleiben. (Die Körperhaare allerdings wachsen nach einigen Monaten wieder.)

Antidot: Berliner Blau, das erste, um 1707 künstlich hergestellte Pigment, auch Pariser Blau oder Preußischblau genannt, auf Latein: Eisen(III)-hexacyanoferrat(II).

Zyanid

Tatsächlich sind Morde mit Zyankali selten. In den meisten Fällen von Blausäurevergiftungen handelt es sich um Selbstmord oder Unfälle.

Zyanide sind Salze der Blausäure und verhältnismäßig leicht zugänglich. Sie werden in der Uhrenindustrie verwendet, bei der Galvanoplastik, in der Fotografie und bei der Gold- und Silbergewinnung. Man kauft sie im Großhandel, muss aber einen Sachkundenachweis bei der Bundesanstalt für Arbeitsschutz und Arbeitsmedizin erbringen. Wer ein Dispensierrecht hat – das Recht, Medikamente herzustellen (Apotheker, Tierärzte, Pflegepersonal) –, kann Zyanide in der Apotheke kaufen. Auch im Laborbereich und der Forschung sind sie im Umlauf.

Kaliumzyanid ist ein farbloses Salz, das sich gut in Wasser, aber schlecht in Alkohol auflöst. Die berühmten Blausäure- oder Zyankalikapseln enthalten oder enthielten meist Kaliumzyanid. Die giftige Blausäure entsteht erst, wenn das Kaliumzyanid im Magen mit Salzsäure in Kontakt kommt. Dann bildet sich Blausäure. Die heißt mit richtigem Namen Zyanwasserstoff und ist eine farblose oder gelbliche, leicht brennbare und wasserlösliche Flüssigkeit. Sie riecht nach Bittermandeln oder Marzipan. 30 bis 50 Prozent der Menschen sind jedoch außerstande, diesen Geruch wahrzunehmen.

Zyanide sind in vielen Samen enthalten, darunter Kirschkerne, Pfirsichkerne, in Lorbeerkirschen, aber auch in Leinsamen oder Süßkartoffeln. 50 Bittermandeln können tödlich sein. Nur, wer würde die runterkriegen? Unser Körper hat außerdem einen natürlichen Abwehrmechanismus gegen Zyankali in geringer Dosierung – wie übrigens gegen alle Gifte, die in der Natur vorkommen.

Zyankali hemmt im Körper ein Enzym, das dafür sorgt, dass der eingeatmete Sauerstoff den Zellen zur Verfügung gestellt wird. Es kommt zu einer inneren Erstickung. Das Blut aber führt weiterhin normal Sauerstoff mit sich: Es ist sehr rot.

Tödliche Dosis: 50 Bittermandeln, 150–200 mg Zyanid. Zyanide etwa in Rauchgasen erzeugen Schwindel und verstärkten Speichelfluss. Bei einer stärkeren Vergiftung geht der Atem tief und schwer, die Haut färbt sich rot, es kommt zu Krämpfen. Zyanid in letaler Dosis tötet innerhalb weniger Minuten. Man stirbt unter Krämpfen.

Die Zyankalileiche weist hellrote Totenflecken auf, ihre Lippen riechen nach Marzipan, und die Gerichtsmedizinerin findet eine rote, aufgequollene Magenschleimhaut vor. Zyanide werden übrigens auch über die Haut aufgenommen und besonders über Schleimhäute.

> Es gibt Gerüchte, dass der KGB politische Morde mit einer Gaspistole voller Blausäure beging, die dem Opfer ins Gesicht gefeuert wurde. Und es gibt den berühmten Tampon-Mord in Tölz in den siebziger Jahren. Ein Chemie-Hilfsarbeiter aus Dachau vergiftete die Tampons seiner Freundin mit Zyankali. Es dauerte eine Weile, bis die Ermittlungsbehörden darauf kamen.

Antidot: Inzwischen gibt es sogar Tabletten gegen Zyankalivergiftungen. US-Forscher haben sie für Feuerwehrleute entwickelt, die bei Schwelbränden hohen Zyanidkonzentrationen ausgesetzt sind. Es soll vorbeugend etwa eine Stunde lang gegen die Wirkung von Zyaniden schützen. Es handelt sich um eine Mischung aus Substanzen, welche im Körper in einen Stoff namens 3-Mercaptopyruvat umgewandelt werden. Es kurbelt die körpereigene Entgiftung an, mit der der Organismus natürliche Zyanide in der Nahrung unschädlich macht. Und noch genauer: Die Kombination aus 4-Dimethylaminophenol (4-DMAP) und Natriumthiosulfat wandelt Hämoglobin so um, dass es Zyankali bindet und verhindert, dass es in die Zellen gelangt und sie erstickt. Bisher (in Deutschland erstmals 1972) hat man 4-DMAP nur injiziert. Der damit behandelte Vergiftete färbt sich blitzblau und ist sofort wieder da. Eine Tablette lässt sich viel schneller einwerfen (auch an viele Leute verteilen), und sie wirkt länger.[8]

Bio-Gifte

Wer sich mit Kräutern auskennt, hat keine Mühe, an Gift heranzukommen. In der Natur ist sowieso fast alles giftig. Die Dosis ist entscheidend. So gelten beispielsweise fünf Muskatnüsse als tödlich. Auch Safran macht ab einer bestimmten Menge nicht nur gelb, sondern auch tot. Andererseits ist der menschliche Körper auf natürliche Gifte vorbereitet. Er schmeckt sie, weil sie bitter sind, und reagiert mit Erbrechen. Und er kann sich an sie gewöhnen. Deshalb überleben viele Menschen auch Dosen, die als tödlich gelten.

Zu den gefährlichen pflanzlichen Giften zählen Nikotin (Tabak), Taxane (Eibe), Digitoxin (Fingerhut), Strychnin (Brechnuss), Coniin (Schierling), Aconitin (Eisenhut), Atropin (Tollkirsche), Rizin (Rizinus), Kurare (eine Liane) und Colchicin (Herbstzeitlose).

Nikotin

An Nikotin kommt sogar jemand heran, der sich nicht mit Kräutern auskennt. In einer Zigarette stecken etwa 12 mg Nikotin (die Angaben des Herstellers beziehen sich nur auf die Menge im Rauch, nicht im Tabak selbst). Die tödliche Dosis liegt bei ungefähr 1 mg pro kg. Damit ist Nikotin giftiger als Zyankali oder Arsen. Die Meinungen darüber, wie viel Tabak ein Mensch essen muss, um daran zu sterben, sind allerdings geteilt. Die einen behaupten, 2 bis 3 gegessene Zigaretten seien schon lebensgefährlich, die anderen sagen, wenn Kinder 2 Zigaretten essen, sei nur bei deutlichen Symptomen der Notarzt angesagt.

Nikotin ist das Alkaloid der Tabakpflanze und ein Nervengift. Es wird allerdings im Körper sehr schnell abgebaut, deshalb gelingt eine Vergiftung nur, wenn man sehr schnell sehr viel zu sich nimmt. Flüssig oder in Getränken verabreicht schmeckt es überdies zum Kotzen. Und das würde man normalerweise auch sofort tun. Mit Nikotinpflastern (man müsste etwa 150 nehmen) kommt man auch nicht an die tödliche Dosis heran, denn das Nikotin wird zu langsam aufgenommen; währenddessen scheidet der Körper Teile schon wieder aus. Es ist auch nicht eindeutig bekannt, wie viel Tabak man für einen Sud braucht. (Man muss die Blätter bei Dunkelheit in Wasser einweichen. Das Wasser darf nicht erhitzt (reduziert) werden, sonst verdampft ein Gutteil des Nikotins.)

Tödliche Dosis: 50–70 mg. Beim Nikotin überschneiden sich anregende und lähmende Wirkungen. Bei einer Vergiftung wehrt sich der menschliche Organismus mit Erbrechen. Eine hohe Dosis Nikotin kann Herzrasen, hohen Blutdruck, Leibschmerzen, Zittern, Übelkeit, Benommenheit und Schläfrigkeit auslösen. Bei einer letalen Dosis sollte der Tod nach 3 bis 5 Minuten durch Atem- und Herzstillstand eintreten. Menschen, die die tödliche Dosis überlebt haben, berichten von einer extrem schmerzhaften Herzattacke.

Antidot: keines. Man behandelt mit Aktivkohle und krampflösenden Mitteln.

Nikotin ist über das Stoffwechselprodukt Cotinin leicht im Blut und Urin nachweisbar (16 bis 22 Stunden nach Konsum), in Haaren sogar noch einige Tage nach dem Nikotinkonsum. Cotinin findet sich übrigens auch im Körper von Passivrauchern.

Aconitin
gilt als eines der stärksten Pflanzengifte. Es ist ein Alkaloid des Blauen Eisenhuts und steckt in allen Pflanzenteilen. Aconitin wird schnell über den Darm, aber auch über die Schleimhäute und sogar die intakte Haut aufgenommen. Es wurde früher als Pfeil- und Ködergift verwendet, war in Hexensalben enthalten, die ein Kribbeln auf der Haut erzeugen, und beliebt als Mordgift. In homöopathischen Dosen gibt man es bei Schocks und plötzlichem Fieber. Rezeptfrei ist es erst ab der Verdünnung von 1 zu 10 000 erhältlich. Aconitin setzt an den motorischen und sensorischen Nerven an, erzeugt ein taubes Gefühl und verlangsamt das, was Nervenreize wieder inaktiviert.

Tödliche Dosis: ca. 5 mg. Nach zwanzig Minuten fangen die Lippen an zu kribbeln. Die Zunge wird taub. Die Betäubung erfasst allmählich den ganzen Körper. Aconitin wirkt zuerst erregend, dann lähmend. Das Herz schlägt unregelmäßig und bleibt irgendwann stehen, weil die Herzmuskeln sich nicht wieder entspannen (diastolischer Herzstillstand). Oder es tritt eine Lähmung der Atemmuskeln ein. Der Vergiftete bleibt bis zuletzt bei vollem Bewusstsein.

Antidot: keines. In der Klinik wird der Kreislauf unterstützt, unter anderem mit Atropin.

Atropin
ist das Gift der Schwarzen Tollkirsche, die man auch Belladonna nennt, weil große Pupillen in der Renaissance als schön galten. Heute noch träufeln Augenärzte es den Patienten in die Augen, wenn sie erweiterte Pupillen brauchen, um die Netzhaut zu untersuchen. Das Gift von Tollkirsche und Stechapfel unterbricht die Reizleitung in den Nerven.

Tödliche Dosis: 100 mg. Kinder sterben bei 2 bis 5 Tollkirschen, was 2 mg Atropin entspricht. Atropin unterbricht die Signalübertragung in den Nervenleitungen. Es hemmt dabei den Speichelfluss und die Schweißbildung, beschleunigt den Herzschlag, weitet die Bronchien und macht große Pupillen. Ab 10 mg treten Delirien auf. Ab 100 mg kommt es zur Atemlähmung.

Antidot: Kampfer. Mit zwei weiteren Antidots kann man dafür sorgen, dass im synaptischen Spalt wieder genügen Acetylcholin zur Verfügung steht und die Reizleitung wiederhergestellt wird.

Coniin

ist das Gift des Gefleckten Schierlings, der überall auf Brachen wächst und zu den giftigsten einheimischen Pflanzen zählt. Das Alkaloid wirkt aufs zentrale Nervensystem. Man kann den Schierling mit Kerbel oder Petersilie verwechseln, er riecht aber nach Mäuseharn (so wie es in einem Haus riecht, in dem Mäuse wüten). Coniin wird von den Schleimhäuten und der Haut aufgenommen. Mit einem Trank aus Früchten (besonders giftig sind die unreifen Früchte) und Wurzeln hat man im Altertum Verbrecher hingerichtet. Prominentester Trinker des Schierlingsbechers ist der Philosoph Sokrates. Coniin ist eine klare ölige Flüssigkeit. Es löst sich schlecht in Wasser, aber gut in Ethanol. Und es brennt höllisch im Rachen.

Tödliche Dosis: 0,5–1 g. Schierling löst Brechreiz aus, man kann nicht mehr schlucken und nicht mehr sprechen. Es stört in den Nerven der Muskulatur den Entspannungsmechanismus. Auf Muskelkrämpfe folgen Lähmungen, die bis zur Atemlähmung führen. Der Tod tritt nach einer halben bis fünf Stunden ein. Man bleibt bei vollem Bewusstsein.

Antidot: keines. Die üblichen klinischen Maßnahmen.

Rizin

Rizinus ist hübsch und wächst unbeachtet in so manchen, meist südländischen, Gärten. Seine Samen sehen aus wie elegant gemaserte Bohnen. Leider schmecken sie auch angenehm nussig. Dass sie hochgiftig sind, ist vielen Menschen nicht bekannt. In Rizinusöl ist das Gift übrigens nicht enthalten, denn es ist nicht fettlöslich. Aber da Rizinusöl abführend wirkt, offenbart sich schon, dass der Körper es nicht mag und deshalb so schnell wie möglich rausbefördert.

> Bekannt ist das Regenschirmattentat auf den bulgarischen Schriftsteller und Dissidenten Georgi Markow in London im Jahr 1978. Vermutlich ein Agent des bulgarischen Geheimdiensts verletzt das Opfer mit einer präparierten Regenschirmspitze scheinbar zufällig am Unterschenkel und injiziert dabei eine Platinkugel, in der sich zwei mit Zuckermasse verschlossene Kanäle befinden, die 40 Mikrogramm Rizin enthalten. Die Symptome setzen spät ein, eine Verbindung zu der zufälligen Verletzung wird von den Ärzten nicht gezogen. Der Schriftsteller stirbt drei Tage nach dem Attentat. Das Platinkügelchen wird nur durch Zufall entdeckt, weil dem Gerichtsmediziner die Einstichstelle auffällt und er nachbohrt. Aus dem geringen Innenvolumen der Kugel schließt man damals auf Rizin und Botulintoxin.

Tödliche Dosis: 1–20 Samen oder 0,25 mg reines Rizin. Nach einigen Stunden Latenzzeit beginnen zunächst grippeähnliche Symptome mit Schwäche, Bauchschmerzen, Herzrasen, dann folgen Kreislaufkollaps, Krämpfe und schließlich Atemlähmung. Rizin zerstört letztlich die roten Blutkörperchen. Der Tod tritt nach 36 bis 72 Stunden ein.

Antidot: keines. Man muss sich auf Magenspülungen, Abführmittel und Aktivkohle beschränken und hoffen.

Das Gift entfaltet seine Wirkung auch, wenn es versprüht, also eingeatmet wird. Rizin kann, wenn man danach sucht, nachgewiesen werden.

Taxin
ist in der Eibe enthalten. Ein kleiner Zweig löst bei Pferden schwerste Vergiftungen aus. Die tödliche Dosis für einen Menschen entspricht einem Extrakt aus etwa zwei Händen voll Eibennadeln. Die Lippen werden rot, die Pupillen groß, die Atmung wird flach, letztlich bleibt nach etwa anderthalb Stunden das Herz stehen. Im Mittelalter hat man gern damit getötet. Allerdings riecht der Saft moosig und modrig. Auch die Lippen des Toten riechen moosig. Ein Antidot gibt es nicht.

Oleandrin
ist im Oleander enthalten und zwar in allen Pflanzenteilen. Es ist sehr viel giftiger, als wir vermuten. Es enthält ein Herzgift, das die Reizleitung im Herzen stört und zum Herzstillstand führt, ähnlich wie Fingerhut.

Digitaloide
Bereits zwei Blätter vom Roten Fingerhut können reichen, um einen Menschen umzubringen. Aber auch Oleander, Maiglöckchen und Christrose (Nieswurz) enthalten Digitaloide. Sie werden zur Bekämpfung von Herzinsuffizienz eingesetzt, weil sie bewirken, dass das Herz langsamer, aber kräftiger schlägt und weniger leicht zu erregen ist.

Digitoxin und Digoxin sind die beiden häufigsten Medikamente, die bei Herzinsuffizienz gegeben werden. Sie besitzen tückischerweise eine Halbwertszeit von länger als einem Tag. Das heißt, sie halbieren ihre Menge und ihren Wirkungsgrad in 1,5 bis 5 Tagen. Zu Anfang nimmt man als Initialdosis mehr und zur Erhaltung des Niveaus später weniger. Das Risiko, die letale Dosis zu übersteigen, ist relativ hoch, wenn man zu früh wieder eine Tablette nimmt.

Tödliche Dosis: ca. 230 mg. Bei einer Überdosis kommt es zu Herzkammerflimmern. Symptome sind Herzrhythmusstörungen, und – eigenartig – der Vergiftete sieht alles nur noch in gelb-grünen Farben.

Antidot: IgG-Immunglobine aus dem Blutserum immunisierter Schafe. Wie bei jedem Serum vom Tier kann es aber zu einer allergischen Reaktion gegen Fremd-Eiweiße kommen.

Cytisin

macht den Goldregen so gefährlich. Es gilt als Rauschdroge, ruft aber eigentlich keine Halluzinationen hervor, es sei denn, man will das Delirium kurz vor dem Tod als bewusstseinserweiternd bezeichnen. Der Tod tritt nach Krämpfen durch Atemlähmung ein.

Tödliche Dosis: beim Kind 100–300 g Samen. Cytisin setzt in den Nerven an denselben Rezeptoren wie Nikotin an und regt zunächst an. Dann lähmt es die Nerven. Zu den Vergiftungserscheinungen gehören Schüttelfrost, Schweißausbrüche, Kopfschmerzen, Lähmung und Atemstillstand. Und es beginnt gleich nach dem Verzehr.

Tödliche Vergiftungen sind selten, weil der menschliche Körper meistens sofort mit heftigem Erbrechen reagiert.

Strychnin

ist das Gift der Brechnuss. Die Frucht hängt an einem Baum, der im Fernen Osten wächst. In englischen Krimis war das Gift zu Kolonialzeiten beliebt. Für einen Mord als Beigabe in Getränken und Essen ist Strychnin ziemlich ungeeignet, weil es so extrem bitter ist, dass ein Mensch auch winzige Mengen noch wahrnimmt. Strychnin wird schnell über Schleimhäute aufgenommen, beispielsweise auch im Anus. Deshalb hätte man mit einem Klistier durchaus Erfolg.

Strychnin hat in geringer Dosierung eine anregende Wirkung und steht auf der Dopingliste.

Tödliche Dosis: oral 30–120 mg, injiziert 15 mg. Die ersten Zeichen wie Zittern, Atemnot und Angstgefühle treten nach einer halben Stunde auf. Strychnin lähmt das Nervensystem vor allem auch im Rückenmark und führt zu Muskelstarre. Die Rückenmuskeln ziehen sich derartig zusammen, dass der Rücken eine Brücke formt und das Opfer nur noch auf Kopf und Fersen aufliegt. Die Krämpfe in den Gesichtsmuskeln erzeugen ein typisches Grinsen mit entblößten Zähnen, die man Rictus sardonicus nennt, das Gesicht wird dabei tiefrot.

Strychnin ist schon nach wenigen Minuten im Urin nachweisbar. Nach 3 bis 4 Stunden ist man entweder tot oder über den Berg.

Antidot: keines, aber man behandelt erfolgreich mit Diazepam, um die Krämpfe zu lösen, und mit Aktivkohle.

Kurare

Auch Kurare ist stark aus der Mode gekommen, seit unser Krimipersonal keine Kolonialgebiete in der Neuen Welt mehr zur Verfügung hat. Kurare ist ein südamerikanisches Pfeilgift, das aus Rinden und Blättern von Lianen gewonnen wird. Es muss direkt in die Blutbahn gelangen. Dann blockiert es die Acetylcholinrezeptoren, erzeugt also eine Muskellähmung bis zum Atemstillstand. (Letale Dosis: ca. 14 mg beim Erwachsenen.) Das Herz ist nicht betroffen. Wird der Vergiftete also beatmet, überlebt er ohne bleibenden Schaden. Die südamerikanischen Indios benutzten Kurare für die Jagd. Das Gift im Fleisch der Tiere ist nicht gefährlich. Oral aufgenommen wirkt es nicht, und es zerfällt beim Erhitzen.

In Krankenhäusern wird zuweilen auch künstlich hergestelltes Kurare verwendet, das Suxamethonium heißt. Man will damit bei Operationen die Skelettmuskeln entspannen. Eine tödliche Überdosis löst eine schmerzhafte Muskellähmung aus, bei der das Opfer bei vollem Bewusstsein bleibt. Es dauert eine halbe Stunde, bis es stirbt.

Das Pilzgericht

Das tödliche Pilzgericht wird in Krimis immer wieder gern genommen, vor allem in Komödien. Allerdings gibt es nur wenige lebensgefährlich giftige Pilzsorten in unseren Breiten. Und finden muss man den Grünen Knollenblätterpilz auch erst einmal!

> »Russlanddeutsche«, sagt Gerichtsmedizinerin Dr. Mimi Brockdorf, »pflücken ihn immer wieder, natürlich aus Versehen. Er ähnelt wohl einem essbaren Pilz, den man in Russland findet.«

Grüner Knollenblätterpilz

Tatsächlich eignet er sich bestens für den klassischen Giftmord: das Töten auf große zeitliche Distanz. Denn die ersten Vergiftungserscheinungen treten frühestens 8 bis 12 Stunden nach dem Essen auf, manchmal auch erst einen Tag später. Je später die Symptome einsetzen, desto schwerer ist der Verlauf der Vergiftung.

Das hauptsächlich wirksame Gift gehört zu den Amitaminen. Es ist resistent gegen Kochen und Trocknen. Es hemmt im Zellkern die RNS-Polymerase, verhindert also, dass Informationen aus dem Zellkern ins Zellplasma gelangen. Die Zelle kann keine Enzyme und Hormone mehr produzieren und verliert ihre Funktion im menschlichen Organismus. Solche Effekte zeigen sich zuerst als Leberversagen. Tückisch ist, dass das Gift von der Leber aus dem Blut gefiltert und ausgeschieden wird, dann aber eben nur erneut in den Darm gelangen kann, dort erneut vom Blut aufgenommen und wiederum durch die Leber geschleust wird. Man nennt das den enterohepatischen Kreislauf oder auch Leber-Darm-Kreislauf. Deshalb geht es Vergifteten nach einer ersten Phase besser. Beim zweiten Leber-Durchlauf sterben sie dann.

Tödliche Dosis: 1 Pilz. Es beginnt mit Durchfall, Übelkeit und Erbrechen. Dann gibt es Erholung für einige Stunden. Die zweite Phase folgt mit schwerer Leberfunktionsstörung und Tod.

Antidot: keines. Man gibt wie üblich Aktivkohle und spritzt intravenös Penicillin oder Silibinin, um die Aufnahme des Gifts durch die Leber zu hemmen. Silibinin wird aus der Mariendistel gewonnen und schützt die Zellmembran. Das reduziert die Sterblichkeitsrate von 20–30 Prozent auf 12 Prozent.

Wer ahnt oder weiß, dass er Knollenblätterpilz gegessen hat, kann Erbrechen einleiten, dann eine große Menge rohes Fleisch hinterheressen und hoffen, dass das Gift zunächst dessen Zellen zerstört. Außerdem sollte er sofort zum Arzt gehen. Dann liegt seine Überlebenschance bei über 90 Prozent.

Mutterkorn
ist ein Pilz, der in Roggen, Weizen, Gerste, Hafer und anderen Getreidearten die Form eines Korns annimmt und schwarz in der Ähre steckt. Sein Gift, Ergotamin, gehört zu den Alkaloiden. Im Mittelalter, vor allem in Hungerzeiten, waren Vergiftungen mit Mutterkorn weit verbreitet. Da es die Blutgefäße verengt und Krämpfe auslöst, hat man es nicht nur Schwangeren zum Anregen der Wehen und nach der Geburt zum Blutstillen gegeben, sondern auch zur Abtreibung verwendet, allerdings ohne Erfolg. Ergotamin befindet sich heute noch in Medikamenten zur Akutbehandlung von Migräne oder Cluster-Kopfschmerzen.

Tödliche Dosis: 5–10 g frisches Mutterkorn. Ergotamin in Überdosis erzeugt eine heftige Verengung der Blutgefäße. Es kommt zu Durchblutungsstörungen auch im Herzmuskel und den Nieren. Die Gliedmaßen sind kalt und blass, der Puls ist kaum nachweisbar. Die Haut kribbelt fürchterlich, die Finger sind taub. Finger und Zehen sterben ab (sehr schmerzhaft). Dazu kommen Symptome wie Erbrechen, Durchfall, Wahnvorstellungen, Ohrensausen, Kopfschmerzen. Der Tod tritt durch Lähmung der Atmung und Herzstillstand ein.

Antidot: keines. Man gibt blutgefäßerweiternde Mittel.

Tiergifte

In Conan Doyles Sherlock-Holmes-Kurzgeschichte *Das gefleckte Band* (1892) schickt der Mörder eine Schlange ins Zimmer seiner schlafenden Opfer. Nachdem sie zuverlässig gebissen hat, holt er sie mit einem Pfeifen zurück.

Doch Schlangen sind ungefährlicher, als wir denken. Am Biss der mitteleuropäischen Kreuzotter sterben beispielsweise nur höchstens 2 Prozent der Gebissenen. Schlangen brauchen ihr Gift für die Jagd, sie verschwenden es ungern zur Verteidigung. Bei nur jedem zweiten Biss in unsere Beine setzen sie Gift ein. Als Agentinnen eines Mörders sind sie also ziemlich unzuverlässig. Außerdem sind sie taub. Mit einem Pfeifton hätte der Mörder in Conan Doyles Krimi seine Schlange nicht zurücklocken können. Dagegen kann man sie vertreiben, indem man festen Schrittes durchs Unterholz stapft oder auf den Boden stampft. Die Erschütterungen verjagen sie.

Wenn wir in einem Krimi mit Schlangen morden wollen, sollte das Opfer außerdem keine Chance haben, in den nächsten Stunden einen Arzt zu erreichen. Wobei es übrigens nicht immer nötig ist, ein Antiserum zu spritzen. Im Gegenteil. Ein verantwortungsbewusster Arzt vermeidet das, solange es geht. Denn das Gegengift zu den je Region typischen Schlangengiften entwickelt man, indem man Pferde oder Schafe mit den Toxinen immunisiert und deren Antikörper extrahiert. Das Antiserum besteht also aus tierischem Eiweiß. Und die Immunantwort des menschlichen Körpers darauf kann unter Umständen lebensgefährlicher sein als das Gift selbst. Die sogenannte Serumkrankheit äußert sich in Fieber, Gelenkschmerzen, Hautausschlag bis hin zum allergischen Schock.

Das Abbinden des gebissenen Glieds sollte man lassen. Es kostet den Gebissenen am Ende nur das Bein oder den Arm, denn nach anderthalb Stunden verkleben Adern irreversibel, durch die kein Blut mehr fließt. Aus amerikanischen Western kennen wir eine andere martialische Methode zur Behandlung von Klapperschlangenbissen: Man erhitzt ein Messer im Feuer und drückt die flache Seite auf den Biss. Fleisch schmort und stinkt. Ärzte raten zwar dringend davon ab, aber völlig abwegig ist die Methode nicht: Hitze zerstört die Eiweiße von Giften, übrigens auch von Bienen oder Mücken und anderen Stechern, auf die manche allergisch reagieren. Hier genügt zur Schnellbehandlung Zigarettenglut, die man einige Male wenige Millimeter über den Stich hält, so lange, bis die Hitze schmerzhaft wird, aber nicht so lange, dass eine Brandblase entsteht. (Auch hiervon raten Ärzte meist entsetzt ab!)

Die meisten Giftschlangen gibt es in Australien. Der australische Inland-Taipan verteilt bei einem Biss genug Gift, um 40 Menschen auf einen Schlag zu töten. Das Schlangengift enthält Stoffe, die die Muskeln lähmen, die Zellen auflösen und zur Verflüssigung der Organe führen, und das bei lebendigem Leib. Man stirbt innerhalb von 15 Minuten. Überlebt man, braucht man Monate, bis die Muskeln sich wieder erholt haben. Allerdings spart sich der Taipan sein Gift lieber und flüchtet.

Ein Mensch kann sich, genauso wie Pferde oder Schafe, von denen man das Antiserum gewinnt, an Tiergifte gewöhnen. Die Schlangenbeschwörer aus Pakistan und Indien haben schon als Kleinkinder oral das Gift der Kobras eingeflößt bekommen und sterben deshalb später selten an Bissen ihrer Tiere.

In der Regel sind auch Spinnen und Skorpione sehr viel weniger gefährlich als ihr Ruf. Mit den wirklich giftigen Tieren dieser Welt, die in Meeren leben, kommen wir eher selten in Berührung, es sei denn, wir tauchen in exotischen Gewässern oder betreuen sie als Tierpfleger in einem Aquarium.

Seewespen und anderes Getier

Die Seewespe ist eine kleine durchsichtige Qualle aus der Familie der Würfelquallen und vermutlich das giftigste Tier der Welt, zumindest ist es das meistgefürchtete an australischen Badestränden. Man kennt sie erst seit 1948. Sie hat zahlreiche Augen und 60 Tentakel, die je 3 Meter lang sind. Trifft ein Nesselfaden unsere Haut, ätzt er ein typisches Strickleitermuster durch sämtliche Hautschichten. Die Nesselfäden dürfen nicht einfach aus der Haut gezogen werden, weil sie bei Bewegung Gift abgeben. Man kann sie aber mit Haushaltsessig deaktivieren.

Tödliche Dosis: eine Berührung mit einem Nesselstrang. Das Gift wirkt auf die Nerven, löst fürchterliche Schmerzen aus und lähmt die Skelett- und Herzmuskulatur innerhalb von 3 bis 10 Minuten.

Antidot: Es gibt seit kurzem ein Antiserum. Das Problem ist nur, dass man es praktisch sofort einsetzen muss. Die meisten Opfer der Seewespe bringt man aber nicht schnell genug aus dem Wasser heraus.

Tritt man auf einen Steinfisch (tropische Meere, Rotes Meer), schafft man es auch meist nicht mehr an den Strand. Es gibt aber zahlreiche Gegenmittel. Wird man gestochen, sollte man den Stachel herausziehen und die Wunde mit sehr heißem Wasser auswaschen. Hitze zerstört das Eiweiß des Gifts.

Der Blauringkrake (Australien) ist nur wenige Zentimeter groß und wird blau lediglich bei Ärger. Wir kennen ihn aus dem James-Bond-Film *Octopussy* (1982), allerdings als etwas zu groß aufgepumpten Plastikballon in einem Aquarium. Auch dieses Tierchen neigt nicht zum Angriff, sondern zur Flucht. Beißt es aber, gibt es eines der stärksten Nervengifte überhaupt ab, nämlich TTX (➶ Tetrodotoxin). Erstes Zeichen ist Erbrechen, dann wird man innerhalb von Sekunden blind und stirbt an Herzversagen. Es gibt kein Gegenmittel.

Die Portugiesische Galeere (Pazifik, Kanaren, Portugal, Karibik) ist ein Polyp, den man gern mit einer Qualle verwechselt. Sie schwimmt oben, unter ihr hängen 15 bis 50 Meter lange Nesselfäden, die bei Berührung ein starkes Gift abgeben und Krämpfe erzeugen. Nur im schlimmsten Fall führt es zu Herzstillstand. Die Nesselkapseln der Portugiesischen Galeere sollte man wiederum keinesfalls mit Essigwasser abwaschen, das aktiviert sie nur. Man darf auch kein Süßwasser nehmen, man nimmt Salzwasser oder salzigen Sand.

Kegelschnecken leben eigentlich in tropischen Meeren, setzen aber ihre Giftharpune nur zur Jagd ein und so gut wie nie zur Verteidigung. Nicht alle sind tödlich giftig, aber einige schon. Man könnte mit ihnen in Terrarien durchaus in Berührung kommen. Symptome: starke brennende Schmerzen, von der Einstichstelle breitet sich Gefühllosigkeit aus. Es kommt zu Lähmungen der Gesichtsmuskulatur, der Arme und Beine und schließlich der Atemmuskulatur. Ein Antidot gibt es nicht, aber starker Kaffee hält den Kreislauf in Schwung. Und man kann Weckmittel spritzen, mit denen man Leute aus einer Narkose holt.

Palytoxin/Maitoxin

Das Palytoxin gehört wie das Maitoxin (Gift des Doktorfischs) zu den schnellsten Tiergiften und stammt von Weichkorallen, auch Krustenanemonen genannt. Sie stellen es aus gefressenem Plankton her. Seine komplexe Struktur wurde erst in den achtziger Jahren des 20. Jahrhunderts entschlüsselt. Wir könnten es aus Hawaii mitbringen. Die indigene Bevölkerung dort hat es einst für Speere verwendet. Das Gift greift in den Muskelstoffwechsel ein. Muskelkrämpfe, Atemkrämpfe (Asthma), Herzrasen und Herzstillstand sind die Folge. Und zwar innerhalb von Minuten. Es gibt kein Gegenmittel. Zur Rettung müsste man ein gefäßerweiterndes Medikament direkt ins Herz spritzen.

Tetrodotoxin
TTX ist das Gift des Kugelfischs und zahlreicher anderer Tiere, darunter Igelfisch, Westamerikanischer Wassermolch oder Blaugeringelter Krake. Man vermutet, dass die Tiere es mit bestimmten Bakterien zu sich nehmen, also nicht selbst herstellen. Beim Kugelfisch findet sich TTX besonders in der Haut, der Leber und den Eierstöcken. Die sollte der Fugu-Koch also entfernen. Aber auch das Fleisch enthält das Gift, und Kenner schätzen vor allem das leicht taube Gefühl, das Kugelfischfleisch auf Lippen und Zunge erzeugt.

Sollte Polizeireporterin Suse beim Hintergrundgespräch mit der Gerichtsmedizinerin im japanischen Lokal das Kribbeln auf ihrer Zunge allerdings nicht spüren, nachdem beide todesmutig Kugelfisch bestellt haben, mag es daran liegen, dass Kugelfische fürs Restaurant in Aquarien gezüchtet und so gefüttert werden, dass sie keine TTX-haltigen Organismen aufnehmen können. Und es mag auch daran liegen, dass nach Deutschland kein Fugu zum Verzehr importiert werden darf.

TTX gehört zu den stärksten bekannten Nervengiften, das nicht aus Eiweißen besteht.

Tödliche Dosis: 0,1 – 1 mg. Schon nach 45 Sekunden treten erste Lähmungserscheinungen in der Skelettmuskulatur und Atmung ein. TTX wirkt nur auf die Körpernerven, nicht aufs Gehirn. Es blockiert die Natriumkanäle in den Neuronen. Die Nerven können Impulse vom Hirn nicht mehr weiterleiten. Die Folge ist eine vollständige Lähmung des Opfers. Es kann nicht mehr sprechen, bleibt aber bei Bewusstsein, bis eine Atemlähmung oder Herzstillstand eintritt.

Antidot: keines. Man hat aber eine recht gute Überlebenschance, wenn Notfallmaßnahmen Herz und Kreislauf in Gang halten. Dann klingt die Giftwirkung nach etwa 24 Stunden ab, und es gibt keinen bleibenden Schaden.

»So könnte man vielleicht einen Scheintod erzeugen«, überlegt Polizeireporterin Suse. »Man müsste allerdings einen guten Freund haben, einen Arzt, der einen überwacht.«

»Der sollte dann aber auch der sein, der die Todesbescheinigung ausstellt«, gibt Dr. Mimi Brockdorf zu bedenken. »Unsere Ärzte müssen auf sichere Todeszeichen wie Totenflecken achten, damit genau das nicht passiert«

»Gab es da nicht mal einen Harvard-Doktoranden«, fällt Suse ein, »der behauptete, entdeckt zu haben, dass Zombies und Woodoo-Zaubereien mit TTX arbeiten? Die Leute erscheinen tot und stehen nach einer gewissen Zeit wieder auf.«

»Leider alles erstunken und erlogen«, antwortet Dr. Brockdorf.

In geringen Mengen lindert Tetrodotoxin Schmerzen, unter anderem beim Drogenentzug. Und es ist das Gegengift zum Batrachotoxin der Pfeilgiftfrösche.

Batrachotoxin

ist das Gift der knallbunten südamerikanischen Pfeilgiftfrösche. Es gilt als sehr starkes Nervengift, weil es verhindert, dass die Natriumkanäle inaktiv werden. Im Allgemeinen sagt man: Nie einen Pfeilgiftfrosch anfassen, das Gift sitzt in seiner Haut und wirkt über unsere Haut. Aber tatsächlich muss unsere Haut erst eine, wenn auch winzige, Verletzung aufweisen, damit es eindringt. Der Schmerz ist stark und länger anhaltend, ähnlich einem Bienenstich. Wenn man es schluckt, wirkt es auch nur dann giftig, wenn man im Magen-Darm-Trakt einen Defekt hat (Magengeschwür).

Tödliche Dosis: Das Gift der Pfeilgiftfrösche muss in die Blutbahn gelangen. Dann sind etwa 0,8 mg bei einem Erwachsenen tödlich. Damit ist das Gift 15-mal stärker als Kurare und 10-mal stärker als TTX. Es löst starke Krämpfe aus.

Antidot: TTX.

Pfeilgiftfrösche kann man in Zoohandlungen kaufen. Sie sind dekorativ und lassen sich gut züchten. Doch taugen sie in europäischen Breiten nicht als Mordwaffe, denn auch sie bilden wie die Kugelfische ihr Gift nicht selbst, sondern nehmen es mit den Käfern, Asseln und Ameisen auf, die sie im südamerikanischen Urwald fressen. In unseren Terrarien verlieren sie, wenn sie Wildfänge sind, schnell ihre Giftigkeit. Hier gezüchtet, werden sie nie giftig.

Bakteriengifte

Manche Bakterien produzieren starke Gifte als Ergebnis ihres Stoffwechsels. Einen alten Menschen kann man unter Umständen mit Eischaum (Zabaglione) oder Tiramisu (rohes Eigelb) umbringen, wenn die Eier mit Salmonellen belastet sind. Das lässt sich aber nur schwer berechnen. Bakterien kommen als Mordwaffe nur in Frage, wenn ein Mörder viel Zeit und viele Versuche hat.

Für eine Blutvergiftung (Sepsis) ist wiederum kein spezielles Bakterium verantwortlich. Es handelt sich hier um eine außer Kontrolle geratene bakterielle Infektion. Man kann aber vermuten, dass Fäulnisbakterien dabei eine Rolle spielen, so wie beim Kindbettfieber, das massenhaft erst auftrat, als Frauen in Krankenhäusern entbanden und von Ärzten angefasst wurden, die zuvor Leichen seziert hatten. Erst der Arzt Ignaz Semmelweis entdeckte Mitte des 19. Jahrhunderts die Desinfektion der Hände als Gegenmittel.

Botulinumtoxin

Mit BOTOX spritzt man heute Falten weg. Das darin enthaltene Botulinumtoxin lähmt die Signalübertragung vom Hirn an die Muskeln, auch an solche, die für ein Stirnrunzeln verantwortlich sind.

Das Gift ist das Stoffwechselprodukt eines Bakteriums im Vakuum und war früher als Lebensmittelvergifter gefürchtet, beispielsweise in verdorbener Wurst. Daher hat es seinen Namen Botulus = Wurst. Pökeln, also salzen, hilft dagegen. Die Bakterien vermehren sich auch in unsachgemäß gefüllten Konservendosen mit Fisch, Fleisch oder Gemüse, daran zu erkennen, dass sich der Deckel wölbt.

Botulinumtoxin gilt als das stärkste bekannte Gift überhaupt. Eine Vergiftung damit nennt man Botulismus. Tödliche Dosis (für einen 70 kg schweren Menschen): 0,0002 mg. Die ersten Zeichen treten nach 5 bis 15 Stunden auf. Dem Menschen ist übel, er hat Kopfschmerzen und einen trockenen Mund. Nach einigen Stunden gibt es erste Lähmungserscheinungen, besonders eine Lähmung der Augenmuskulatur. Dann sieht der Vergiftete doppelt. Sein Hals wird steif. Jetzt kann man noch eingreifen und ein Gegenmittel (vom Pferd) spritzen. Es gehört zum Notfalldepot der Apotheken. Allerdings muss man meist noch eine Weile künstlich beatmen. Wenn kein Gegenmittel gespritzt wird, kommt es zur Atemlähmung.

> Wir erinnern uns an die Tütchen mit weißem Pulver, die im September 2001 in den USA an Regierungsstellen und Politiker verschickt wurden und ein ganzes Land in Panik versetzten. Fünf Menschen, die mit dem weißen Pulver in Berührung gekommen sind, sterben an Milzbrand, auch Anthrax genannt, dreizehn erkranken. Der Erregertyp gleicht den Stämmen, die im Labor für Biokampfstoff in Fort Detrick gezüchtet werden. Bei den Ermittlungen wirkt ein Experte aus dem Labor mit, Bruce Ivins. Er hat an einem Impfstoff gegen Milzbranderreger geforscht, doch sind die Forschungen vom Verteidigungsministerium gestoppt worden. Nach den Anschlägen vom 11. September warnt Ivins davor, El Kaida könne Anschläge mit Anthrax begehen. Ivins gilt als depressiv und neigt nach Einschätzung seines Bruders zu Allmachtsfantasien. 2005 gerät er selbst in Verdacht, die Anthrax-Briefe verschickt zu haben. Das FBI legt der Öffentlichkeit Beweise vor, bei denen nicht klar ist, ob sie einer gerichtlichen Prüfung standhalten würden, denn Ivins nimmt sich 2008 kurz vor Anklageerhebung das Leben.

Milzbrand ist eine Bakterieninfektion von Paarhufern, die den Menschen befallen kann, wenn er hohen Dosen der Sporen ausgesetzt ist. Milzbrandsporen überdauern Jahrzehnte in der Erde, solange kein Sonnenlicht auf sie fällt. Das tötet sie innerhalb von vier Tagen. Milzbrand war lange Teil der Überlegungen zur biologischen Kriegsführung mithilfe von Massenvernichtungswaffen. Es sind deshalb auch einige Betriebsunfälle in Biowaffen-Laboren dokumentiert.

Der Erreger wirkt verschieden, je nachdem, welche Organe er befällt. Auf der Haut gibt es schwarze Flecken, also Nekrosen, weil die Haut abstirbt. Hautmilzbrand ist selten tödlich und kann mit Penicillin behandelt werden. Schlimmer ist es, wenn die Sporen eingeatmet wurden und die Lunge befallen. Es beginnt nach einem Tag mit Grippesymptomen und Atemnot. Der Tod tritt nach 3 bis 6 Tagen als septischer Schock ein. Werden Milzbrandsporen gegessen, führt das zu blutigem Erbrechen und blutigem Durchfall. Auch hier kann es zu einer Blutvergiftung (Sepsis) kommen, jeder zweite Erkrankte stirbt.

Tödliche Viren

Das Wort Virus kommt vom Lateinischen und bedeutet Gift, Saft, Schleim. Viren sind, je nachdem, wie wir Gift verstehen, entweder gar nicht giftig oder das Gift schlechthin, denn sie befallen die Zellen des menschlichen Organismus, benutzen sie für ihre Vermehrung und zerstören sie. Im Virus lebt aber nichts. Er atmet nicht, er frisst nicht, er scheidet nichts aus. Er hat eine Form, aber keine Zelle mit Kern und Plasma. Viren sind nichts anderes als Nukleinsäure (DNS/RNS), also Erbinformation. In ihren Genketten speichern sie die Information, wie sie die Wirtszelle knacken und deren Stoffwechsel für ihre eigene Vermehrung benutzen können. Die Wirtszelle produziert dann Viren und stirbt selbst.

Das Virus hat allerdings ein vitales Interesse daran, seinen Wirt nicht umzubringen. Es kann sich nämlich nur dann ausbreiten, wenn sein Wirt genug Zeit und Gelegenheit bekommt, es weiterzugeben. Das Ebola-Virus hat sich noch nicht über die Welt verbreitet, weil es im akuten Stadium zu schnell tötet. Die Inkubationszeit bis zum Ausbruch des hämorrhagischen Fiebers beträgt zwar bis zu drei Wochen, aber ansteckend ist erst der Erkrankte, der schon blutet. Beim Ebola-Virus handelt es sich also um ein ziemlich dummes Virus.

Klug sind dagegen Grippe- und Erkältungsviren. Mit denen vertragen wir uns gut. Wir husten und rotzen sie in die Gegend, auf Telefone und Türklinken und schmieren sie uns in die Augen. Solange wir nicht daran sterben, rotten wir das Virus auch nicht aus. Einerseits haben wir und unser Immunsystem uns an diese Viren angepasst, andererseits und viel entscheidender, hat sich vor allem das Virus an uns, den Menschen, angepasst. Es tötet uns nicht massenhaft.

Sicher kann man im Krimi auch mit Viren morden, aber das stellt allerhöchste Ansprüche an uns Autorinnen und unser handelndes Personal. In den Regenwäldern dieser Welt gibt es garantiert viele gänzlich unbekannte Viren, die bei ihrem ersten Kontakt mit dem Menschen verheerende Wirkungen entfalten, weil sie sich an ihn noch nicht angepasst haben. Doch muss man sie erst mal finden. Und zufällig findet man sie nicht, oder man ist gleich selber tot. Das Gleiche gilt für die Isolation von Tollwut- oder Pockenviren. Man muss es können und braucht ein Labor.

Das Gift der Sterbehelfer

Sterbehelfer kommen auch nicht leichter als wir an reines TTX oder Pfeilgiftfroschgift heran. Sie benutzen in der Regel Mittel, die auf Rezept zu bekommen sind, und töten mit einem Cocktail in hoher Dosierung.

Bekannt ist eine Mischung aus Chloroquin und Diazepam. 6 bis 8 g Chloroquin und 1000 mg Diazepam sollen innerhalb von vier Stunden zum Tod führen. Chloroquin ist ein Malaria-Prophylaxe-Medikament und per Rezept beim Hausarzt oder übers Internet leicht zu beschaffen (tödliche Dosis ab 2 g.). In französischen oder spanischen Apotheken erhält man es ohne Rezept. Chloroquin lähmt wie Chinin bei zu hoher Dosierung Herz und Atmung. Man kann allerdings beide über Wochen und Monate nach der Einnahme noch nachweisen. Dass diese Medikamente sehr bitter sind und man sie nur schwer heimlich verabreichen kann, schützt Sterbehelfer vor dem Vorwurf, sie hätten den Sterbewilligen ohne sein Wissen vergiftet.

Teil 3 Die Ermittlungen

Mord oder Totschlag

Die meisten Tötungsdelikte, die im Krimi als Mord bezeichnet und verfolgt werden, sind Totschlag oder Körperverletzung mit Todesfolge. Das hat erhebliche Konsequenzen für die gerichtliche Bewertung. Auf Mord steht immer (!) lebenslänglich, auf Totschlag 5 bis 15 Jahre. In besonders schweren Fällen gibt es allerdings auch bei Totschlag lebenslänglich.

Ist ein Mensch durch die Schuld eines anderen Menschen ums Leben gekommen, liegt immer eine Straftat vor. Man spricht von einem objektiven Tatbestand. Juristen gucken sich dann an, wie die Tat begangen wurde, und unterscheiden zwischen Fällen, in denen der Täter

- einen Menschen, dem er hätte helfen müssen, in hilfloser Lage gelassen hat und dieser deshalb verstorben ist. Das heißt Aussetzung (§221 StGB).
- jemanden so verletzt hat, dass dieser an den Folgen der Verletzung verstorben ist. Das wäre Körperverletzung mit Todesfolge (§227 StGB).
- jemanden tötet. Das ist dann entweder Mord oder Totschlag (§211 oder 212 StGB).

Bei den Ermittlungen wird meist schnell klar, welcher Fall vorliegt, spätestens nach den Untersuchungen der Gerichtsmedizin und KTU. Es sei denn, das Opfer wurde so spät gefunden, dass man kaum noch etwas sieht. Um herauszufinden, welche Strafe der Täter zu erwarten hat, schaut man sich den sogenannten subjektiven Tatbestand an. Welcher Schuldvorwurf trifft den Täter wirklich?

Am wenigsten schlimm ist es, wenn der Täter auf »einfache Weise fahrlässig« gehandelt hat. Das heißt, der Täter hat zwar einen Fehler gemacht, aber die Folgen nicht gewollt. Das ist typisch für Verkehrsunfälle. Wenn einer zu schnell fährt, will er darum noch nicht jemanden töten. So was wird mit bis zu fünf Jahren bestraft, wenn jemand dabei umkommt (§ 222 StGB).

Sehr viel schlimmer ist es, wenn der Täter den Tod eines Menschen »billigend in Kauf« genommen hat oder gar einen Menschen absichtlich töten wollte. Dann spricht man von einer Vorsatztat.

Besonders übel nimmt es der Gesetzgeber, wenn Schutzbefohlene durch »vorsätzlich schuldhaftes Verhalten« des Täters umkommen oder der Tod eines Menschen im Zuge einer anderen schweren Straftat verschuldet wird. Beispiele dafür sind der Raub mit Todesfolge (§ 251 StGB), Entführungen (§ 239a StGB) oder Schleuserdelikte (§ 97 Aufenthaltsgesetz). In solchen Fällen gelten Mindeststrafen von drei Jahren oder mehr. Juristisch sind wir immer noch nicht beim Mord. Dennoch kann es auch für diese Taten lebenslänglich geben.

Auch bei einer vorsätzlich begangenen Körperverletzung mit Todesfolge stehen auf die Tat schon bis zu 15 Jahre. Dies gilt auch für Fälle des Totschlags. In minderschweren Fällen, wie das Gesetz sagt, gibt es allerdings Ermäßigung auf 10 Jahre, aber nur in Fällen, die »so erheblich von den üblichen Tatumständen abweichen, dass eine Verurteilung des Täters nach den Rahmenbedingungen offensichtlich unverhältnismäßig wäre«.

Mord dagegen ist eine ganz besonders schlimme Form des Totschlags. Hat der Täter nämlich einen Menschen aus niederen Beweggründen getötet, besteht auch für das Gericht kein Ermessensspielraum bei der Strafzumessung mehr. Für Mord gibt es keine Mindest- und keine Höchstfreiheitsstrafe, sondern nur lebenslang.

In allen Fällen gilt: Eine Haftentlassung ist nach zwei Dritteln der Strafe möglich. Bei lebenslanger Freiheitsstrafe kommt eine Entlassung erst nach frühestens 15 Jahren in Betracht.

Bei Tötungsdelikten verwenden die Ermittler einige Mühe auf die Erhellung des subjektiven Tatbestands, auch wenn das nicht immer gelingt und die Motive des Täters so manches Mal bis zuletzt im Dunkeln bleiben. Die Fragen »Warum hat er?« und »Wie schlimm hat er?« gehören zwingend zu den Ermittlungshandlungen.

> § 211 StGB:
> (1) Der Mörder wird mit lebenslanger Freiheitsstrafe bestraft.
> (2) Mörder ist, wer aus Mordlust, zur Befriedigung des Geschlechtstriebs, aus Habgier oder sonst aus niedrigen Beweggründen, heimtückisch oder grausam oder mit gemeingefährlichen Mitteln oder um eine andere Straftat zu ermöglichen oder zu verdecken, einen Menschen tötet.

§ 212 StGB:

(1) Wer einen Menschen tötet, ohne Mörder zu sein, wird als Totschläger mit Freiheitsstrafe nicht unter fünf Jahren bestraft.

(2) In besonders schweren Fällen ist auf lebenslange Freiheitsstrafe zu erkennen.

Sozialkontrolle, gesellschaftliche Werte, christliche Erziehung, moralische Überzeugung und tief im Unterbewusstsein verwurzelte Ängste vor dem Bruch mit gesellschaftlichen Übereinkünften hindern die meisten Menschen daran, das zu tun, was sie vielleicht gern mal tun würden, auch zu töten. Solche Hemmungen fallen weg in Kriegen – dann werden aus Männern Vergewaltiger und Massenmörder – oder in Jugendgruppen, wenn die Regeln innerhalb der Gruppe für einen Einzelnen existenziell wichtiger sind als die im Elternhaus aufgestellten Normen. Sie können auch im Urlaub aufgehoben scheinen, wenn die übliche Verhaltenskontrolle und der Rechtfertigungszwang den Bekannten, Freunden, Verwandten und Ehefrauen gegenüber wegfällt und die Mallorca-Freunde das Bezugssystem persönlicher Bewährung darstellen. Dann werden auch gutbürgerliche Männer zu Vergewaltigern, Totschlägern und Mördern. Männer scheinen sehr anfällig zu sein für die Dynamik innerhalb einer Gruppe und deren Selbstbestätigungsrituale. Als Freundinnen männlicher Gruppenmitglieder laufen dabei durchaus auch Frauen oder Mädchen als Täterinnen mit. Sie haben jedoch eine deutlich größere Chance, sich herauszuziehen, denn Frauen beziehen ihren gesellschaftsrelevanten weiblichen Selbstwert nicht aus gewalttätigem Verhalten. Sie müssen sich einer fatalen Gruppendynamik, die von Männern bestimmt wird, nur dann unterwerfen, wenn sie dringend die Anerkennung eines Mannes in dieser Gruppe wünschen. Bilder von folternden amerikanischen Soldatinnen im irakischen Abu Ghraib zeigen, dass Frauen sich im kriegerischen, also militärischen Zusammenhang durchaus verhalten wie Männer. Sie sind nicht per se weniger gewalttätig. Nur in bürgerlicher Umgebung passt es eben nicht zur weiblichen Rolle.

Verbrechen oder Vergehen?

Was ein Verbrechen und was ein Vergehen ist, steht im Strafgesetzbuch in § 12.

Verbrechen sind alle Taten, für die mindestens ein Jahr Gefängnis verhängt werden muss, zum Beispiel Mord, Totschlag, Geiselnahme, Entführung, Vergewaltigung, Brandstiftung, Terrorismus, Spionage oder gewerbsmäßiger Rauschgifthandel. Alle anderen Straftaten, die nicht Verbrechen sind, heißen bei den Juristen Vergehen.

Der Begriff des Kapitalverbrechens ist aus dem juristischen Sprachgebrauch verschwunden. Früher verstand man darunter Verbrechen, für die die Todesstrafe drohte. Den leicht abgewandelten Begriff des Kapitaldelikts gibt es aber bis heute. Vor allem die Polizei verwendet diese Formulierung. Damit sind dann nicht etwa Wirtschaftsdelikte gemeint, sondern besonders gewichtige Verbrechen. Welche das sind, ist nicht offiziell geregelt. Zumeist dient der Begriff als Auffangbezeichnung. So gibt es in zahlreichen Polizeiorganigrammen unter anderem die Unterscheidung Staatsschutz, Wirtschaftsdelikte, organisierte Kriminalität (OK) und Kapitaldelikte. Letztlich kann man sagen, dass unter dem Begriff der Kapitaldelikte zumeist Tötungsdelikte, Entführungen, Geiselnahmen, Falschgelddelikte und Brandstiftung zusammengefasst werden.

Notfallort oder Tatort

> Die Frau klingt aufgeregt: »Da liegt ein Toter vor der Tür!«
>
> Teubner ist neu in der Mordkommission und hat nicht damit gerechnet, so schnell den Ernstfall zu erleben. »Das könnte was für euch sein«, hat der Revierkollege lakonisch gesagt, als er den Anruf weitergab. Nun versucht sich KOK Frank Teubner krampfhaft zu erinnern, was man normalerweise bei einem solchen Anruf fragt. »Kennen Sie den Toten?«

So könnte ein Krimi anfangen, sollte er aber nicht. Tatsächlich würde der Anruf in der Notrufzentrale oder Rettungsleitstelle landen. Der Beamte dort ist nie unerfahren. Er gibt die Notfallmeldung auch nicht an die Mordkommission weiter, sondern alarmiert erst einmal den Rettungswagen. Solange es sich um eine, im Fachjargon, »leblose Person« handelt, muss der Rettungsdienst hin. Außerdem wird der in der Nähe stationierte Notarzt alarmiert.

Parallel fährt meistens ein Streifenwagen der Polizei zur Notfallstelle. Alles mit Blaulicht und Martinshorn. Das hört sich etwa so an:

> »Vier, dreiundachtzig, eins von Florian. Ihr Standort?«, knödelt das Funkgerät im Rettungswagen.
>
> Die Antwort: »Steinbeiss-Straße«.
>
> »Vier, dreiundachtzig, eins, als NAW zur Alleenstraße 12, leblose Person, Notarzt rückt nach«, erwidert das Funkgerät.
>
> Die Funkalarmierung des Notarztes wird vom Martinshorn des Rettungswagens übertönt. Mit dem RTW trifft auch die Polizei vor

dem Haus ein. Im Kreiseln der Blaulichter wirkt das Gesicht der Frau, die aus dem Haus gelaufen kommt, irre, erinnert sich später PHM Axel Goller, Beifahrer im Streifenwagen.

»Da liegt ein Toter vor meiner Tür«, ruft sie.

Zwanzig Minuten später ist klar: vermutetes Tötungsdelikt. »Unnatürliche Todesursache, Fremdeinwirkung«, hat der Notarzt in Richtung Polizei gesagt, nachdem die Reanimationsmaßnahmen ohne Erfolg abgebrochen worden sind.

Goller, der die Anruferin gleich nach dem Eintreffen zur Seite genommen und versucht hat, die Frau zu beruhigen und ihre Personalien aufzunehmen, seufzt. Aus dem Notfallort ist ein potenzieller Tatort, aus der Anruferin eine Zeugin, aus dem Notfall ein mögliches Tötungsdelikt geworden.

»Das ist was für KI 1«, sagt der Kollege.

Die zwölf ersten Schritte

Aus Büchern und dem Fernsehen kennen wir die unterschiedlichsten Szenarien an Leichenfundorten. Mal zucken Blaulichter, mal herrscht allgemeine Montagmorgenmüdigkeit, mal stehen zwei einsame Polizisten herum. Meist gibt eine Rechtsmedizinerin erste Diagnosen ab. Und dann machen sich zwei Kommissare an die Arbeit. Wie das in Wirklichkeit abläuft, nun in zwölf Schritten:

Schritt 1: Der Tote wird gefunden

Die Sekretärin, die ihren Chef hinter dem Schreibtisch liegen sieht, denkt vermutlich nicht gleich an Mord. Wenn nicht gerade ein doppelseitiges Schwert aus der Brust des Mannes ragt oder der Körper von Maschinengewehrsalven durchsiebt ist, wird die Finderin üblicherweise vor allem eines denken: »Hilfe!« Vielleicht berührt sie den Leblosen kurz oder rüttelt gar an ihm. Womöglich fühlt sie ihm sogar den Puls. Dann rennt sie entweder zu Kollegen oder zum Telefon, wählt den Notruf und berichtet, sie habe ihren Chef hinter dem Schreibtisch gefunden, der rühre sich nicht mehr und es solle doch bitte ganz schnell jemand kommen.

Eine sichere Todesfeststellung wäre ihr nur dann möglich, wenn das zu sehen ist, was die Mediziner als »mit dem Leben unvereinbare Antreffsituation« bezeichnen und wofür sie als Beispiel gern den »neben dem Körper liegenden Kopf« nennen. Deshalb bekommt in der Wirklichkeit auch kaum jemand die Anweisung: »Rühren Sie nichts an, bis die Polizei da ist.« Stattdessen bekommt die Anruferin sehr viel eher Erste-Hilfe-Tipps, von »Kopf in den Nacken legen« bis zur »Seitenlagerung«. Es ist die absolute Ausnahme, dass die Schutzpolizei ohne Rettungsdienst anfährt, weil die Mitarbeiterin der Notrufzentrale der Überzeugung ist, dass es sich um Mord handelt. Bevor schließlich die Kriminalpolizei alarmiert wird, wartet man in jedem Fall die Lagemeldung der uniformierten Polizistinnen ab.

Die Beamtin in der Notrufzentrale fragt die Personalien der Anruferin ab, notiert ihre Telefonnummer und bittet sie, vor Ort zu bleiben. Übrigens werden in den Funkleitzentralen alle Anrufe aufgezeichnet, und selbstverständlich sehen die Diensthabenden auch die Telefonnummern, wenn ihre ID freigegeben ist. In dieser Zentrale kann jeder von seinem mit etlichen Bildschirmen ausgestatteten Arbeitsplatz aus Notarzt, Feuerwehr und Polizeidienststellen per Knopfdruck anwählen. Er sieht die Röhren der U-Bahnen, soweit sie von Kameras überwacht werden, er kann sich Stadtpläne und Gebäudeansichten auf den Schirm holen und Polizei, Feuerwehr und Notärzte auf Anfahrtswege dirigieren.

Schritt 2: Erster Angriff der Polizei

Der Rettungsdienst und die Schutzpolizistinnen im Streifenwagen treffen ein. Man teilt sich auf: Die leblose Person ist Sache des Rettungsdienstes, Anruferin und Umstehende sind Sache der Polizei. Anschließend werden die Streifenbeamtinnen die Angaben der Anruferin aufnehmen und sich in die Runde erkundigen: »Wer kann was sagen?« Das läuft bei einer leblos aufgefundenen Person nicht anders als bei jedem Auffahrunfall.

Kommt von Rettungsdienstseite aber die Meldung »unnatürliche Todesursache« oder gar »Fremdeinwirkung« oder, ganz banal, »Den hat jemand umgebracht«, klingeln die Alarmglocken. Jetzt müssen alle Anwesenden dableiben, niemand darf an den Fundort und es steht fest: Die Bearbeitung des Falles wird auf Dauer die Kriminalpolizei übernehmen. Von der Dringlichkeit her übrigens in dieser Reihenfolge: Zeugen, Fundort, Kripo. Am wichtigsten ist es normalerweise, potenzielle Zeugen festzuhalten, dann, den Fundort gegen weitere Veränderungen zu sichern, und dann erst, die Bearbeitung des Falles an die Kriminalpolizei zu übergeben. Weil jetzt meistens ganz schnell viel Polizei benötigt wird, werden auch weitere Streifenfahrzeuge zur Unterstützung nachgefordert. Anschließend wird über die Polizeizentrale die Kriminalpolizei verständigt.

Ob die Meldung an den Kriminaldauerdienst oder gleich das Dezernat Tötungsdelikte geht, ist regional unterschiedlich und hängt von den äußeren Umständen ab. Das gilt auch für die Alarmierung der Spezialistinnen von der Kriminaltechnik.

Die Feststellung, dass es sich um eine mögliche Straftat handelt, die Suche nach Zeugen, das Absperren des Fundortes und so weiter heißt in der Sprache der Strafverfolger »erster Angriff«. Er gehört zu den originären Aufgaben der Schutzpolizei, und bis zum Eintreffen der Kriminalpolizei leitet sie deshalb auch formal die Ermittlungen.

Schritt 3: Die Kriminalpolizei übernimmt

Die Beamtin der Kriminalpolizei übernimmt von ihrer uniformierten Kollegin die Ermittlungsleitung und lässt sich aufs Laufende bringen. Üblicherweise bittet die Kripobeamtin ihre Kollegin um Unterstützung bei den ersten Maßnahmen, etwa beim Absperren des Fundorts und der Suche nach Personen, die etwas Sachdienliches sagen können. Die Vernehmung der Zeugen ist dann eher Sache der Kripo.

Besondere Bedeutung kommt in dieser Phase auch der Ärztin vor Ort zu. Die Ermittler benötigen für das weitere Verfahren eine ärztliche Todesfeststellungsbescheinigung. Ob die Bescheinigung dann die Notärztin ausstellt oder aber für die ärztliche Leichenschau eine Bereitschaftsärztin angefordert wird, ist regional unterschiedlich. Die Rechtsmedizinerin ist es jedenfalls nicht, die man ruft.

Erst durch den sogenannten Totenschein wird eine Person offiziell für tot erklärt. In dieser Bescheinigung kommt die Ärztin nach der äußeren Leichenschau unter anderem zum Ergebnis, ob eine natürliche Todesursache, eine unnatürliche Todesursache oder eine unklare Todesursache vorliegt. Letztlich basieren alle weiteren Ermittlungen auf der Feststellung »unnatürliche« oder »unklare Todesursache«. Ist eines der beiden Felder im Vordruck angekreuzt, wird die Polizei eingeschaltet. Sie muss die erste Einschätzung treffen, ob es sich bei der unnatürlichen Todesursache zum Beispiel um einen Unfall oder vielleicht doch um eine Straftat handelt.

Kleinste Hinweise auf eine Straftat bedeuten automatisch: Staatsanwaltschaft. Bei Todesfällen neigt die Polizei in der Praxis dazu, die Staatsanwaltschaft lieber einmal zu viel als einmal zu wenig einzuschalten. Zwar sind es die Polizistinnen, die als Fachleute Hinweise auf Straftaten erkennen müssen, und dazu brauchen sie nicht die auf diesem Gebiet weniger qualifizierte Staatsanwaltschaft. Aber die strafprozessuale Entscheidung »Leichenschau« oder gar »Leichenöffnung« liegt bei der Staatsanwältin. Sie entscheidet auch, ob sie dazu selbst zum Fundort kommt. Meist wird sie sich dabei auf die Anregung der erfahrenen Polizistinnen vom Dezernat Tötungsdelikte verlassen. Wenn es deutliche Hinweise auf ein

Tötungsdelikt gibt, der gefundene Tote also erkennbar erschossen, erstochen, erwürgt oder auf sonst üble Weise umgebracht worden ist, kommt die Staatsanwältin selbstverständlich und routinemäßig. Die Polizistin schildert dann der Staatsanwältin telefonisch den Sachverhalt und erwartet sie am Fundort.

Bis dahin laufen die Ermittlungen weiter. Es wird versucht, die Identität des Toten zu klären, erste Einschätzungen zum Tathergang zu bekommen und bereits jetzt festzulegen, welche der Feststellungen als Täterwissen (↗ Zeugen, Täter, Täterwissen) in Betracht kommen und demzufolge fortan unter Verschluss gehalten werden.

Schritt 4: Kriminaltechnik vor Ort

Zeitnah erscheint die Kriminaltechnik oder Tatortgruppe (↗ Kriminaltechnik) am Fundort. Die Sicherung von Spuren durch die Gestalten in den weißen Overalls findet so statt, wie wir es üblicherweise im Fernsehen sehen (allerdings mit den Kapuzen überm Kopf). Ob aufwändige Technik eingesetzt wird, etwa um den Fundort zu vermessen, wird zwischen der Staatsanwältin, der sachbearbeitenden Kriminalpolizistin und der Kriminaltechnikerin abgesprochen. Formal hat zwar die Staatsanwältin das Sagen, in der Praxis verlässt sie sich aber auf die Polizistinnen und deren Einschätzung.

Schritt 5: Die Staatsanwältin erscheint

Überall in Deutschland ist für die Polizei zu jeder Tages- und Nachtzeit eine Staatsanwältin erreichbar: zu Bürozeiten die Staatsanwältin der entsprechenden Abteilung, zu den übrigen Zeiten eine Bereitschaftsstaatsanwältin. Es ist deshalb nicht unbedingt immer die später zuständige Dezernentin der Staatsanwaltschaft, die am Fundort der Leiche erscheint. Handelt es sich aber eindeutig um ein Tötungsdelikt, ist es durchaus üblich, dass Staatsanwältinnen aus der entsprechenden Abteilung außerhalb ihrer Dienst- oder Bereitschaftszeiten privat angerufen werden und am Fund- oder Tatort erscheinen (↗ Die Staatsanwaltschaft).

Schritt 6: Abtransport der Leiche

Bevor die Leiche abtransportiert wird, versuchen die Kriminalpolizistinnen, die Identität des Toten festzustellen. Am besten durch Befragung von Personen, die den Verstorbenen gekannt haben, meint die Strafprozessordnung zutreffend in § 88. Eventuell wird vor dem Abtransport auch noch die Gerichtsmedizinerin zum Fundort geholt (↗ Schritt 8). Hat die

Staatsanwältin die Leichenöffnung (Obduktion) angeordnet, wird die Leiche anschließend in ein gerichtsmedizinisches Institut gebracht (➶ In der Gerichtsmedizin).

Schritt 7: Erste Entscheidungen
Bei Tötungsdelikten setzen sich Staatsanwältin und Kriminalpolizei von Anfang an zusammen und besprechen die weiteren Ermittlungsschritte. Vor allem gilt es zu entscheiden, ob richterliche Durchsuchungsbeschlüsse beantragt werden müssen, welche Untersuchungen gegebenenfalls durch die Kriminaltechnik und die Gerichtsmedizin durchgeführt werden sollen, ob eine Sonderkommission gebildet werden muss und ob und wie die Presse informiert wird.

Schritt 8: Die Gerichtsmedizin
Aus den Krimis kennen wir die am Fundort auftretende Ärztin, die später auch die Obduktion übernimmt. Das ist die, die vom Polizisten gefragt wird: »Bis wann kann ich mit dem Ergebnis rechnen?« Die Wirklichkeit sieht anders aus. Vor Ort ist eine Not-, Bereitschafts- oder Hausärztin. Sie macht die erste äußere Leichenschau, führt aber keine gerichtsmedizinischen Untersuchungen durch. Die Gerichtsmedizinerin ist dagegen grundsätzlich nicht am Fundort zu sehen. Nur in Ausnahmefällen werden in Deutschland Ärztinnen der Gerichtsmedizin vor Ort gerufen. Ihre übliche Tätigkeit findet in den Räumen der gerichtsmedizinischen Institute statt. Und gerichtsmedizinische Untersuchungen werden auch nicht von der Kriminalpolizei, sondern von der Staatsanwaltschaft angeordnet.

Die Institute der Rechtsmedizin gehören in Deutschland nicht zu Polizei oder Justiz. Darin unterscheidet sich ihre Stellung bei uns etwa von der in den USA, wo der Coroner der Polizei auch für die äußere Leichenschau zuständig ist und daher zu jedem Verstorbenen gerufen wird. In Deutschland sind Gerichtsmediziner lediglich hochqualifizierte Dienstleister für die Ermittler und als unabhängige Sachverständige im Strafverfahren tätig. Das bedeutet, die Gerichtsmedizinerin wird durch die Staatsanwaltschaft (in Absprache mit der Polizei) oder das Gericht beauftragt und kommt nicht automatisch zum Tatort. Und wie jede andere Sachverständige stellt die Gerichtsmedizinerin ihre Leistungen anschließend der Justiz auch in Rechnung.

Schritt 9: Die Obduktion

Vor der Obduktion (➶ In der Gerichtsmedizin) ist, wenn nicht besondere Hindernisse entgegenstehen, die Persönlichkeit des Verstorbenen festzustellen, insbesondere durch Befragung von Personen, die den Verstorbenen gekannt haben (§ 88 der Strafprozessordnung). Das bedeutet aber nicht zwingend, dass Angehörige oder Bekannte des Verstorbenen in die Rechtsmedizin kommen müssen.

Konnte bereits am Fundort der Leiche festgestellt werden, wer der Tote ist, übernimmt in aller Regel die Polizei die Identifizierung bei der Obduktion. Die Teilnahme der ermittelnden Kriminalpolizistin an einer Obduktion hat in der Praxis vor allem den Grund, die Identifikationskette sicherzustellen. Es ist Aufgabe der Polizistin, für das Protokoll festzustellen, dass die Leiche auf dem Tisch mit der Leiche vom Fundort identisch ist.

Die Staatsanwältin nimmt an der Leichenöffnung nur teil, wenn sie das nach ihrem pflichtgemäßen Ermessen im Rahmen einer umfassenden Sachaufklärung für geboten erachtet. Nach den Richtlinien für das Straf- und Bußgeldverfahren (Artikel 4) kommt die Teilnahme des Staatsanwalts in der Regel in Betracht

- in Kapitalsachen,
- nach tödlichen Unfällen zur Rekonstruktion des Unfallgeschehens,
- bei Todesfällen durch Schusswaffengebrauch im Dienst,
- bei Todesfällen im Vollzug freiheitsentziehender Maßnahmen oder
- in Verfahren, die ärztliche Behandlungsfehler zum Gegenstand haben.

Der Obduktionsbericht wird vom gerichtsmedizinischen Institut an die Staatsanwaltschaft übermittelt. In Zeiten von Fax und Internet geht das schnell. Die Staatsanwältin informiert dann selbstverständlich sofort die ermittelnden Beamtinnen.

Schritt 10: Kriminaltechnische Untersuchungen

Für die Tatortspuren gibt es Sammler und Auswerter. Zunächst kommen die Sammler zum Zuge, die am Fund- oder Tatort Spuren suchen und sichern. Das geht von der Fingerabdruck-Sicherung über Faserspuren bis hin zur Sicherung von möglichen DNS-Trägern. Zuständig für diese spezialisierte Tätigkeit sind bei den Polizeien die Mitarbeiterinnen der Kriminaltechnik, abgekürzt KT.

Wie auch in der Umgangssprache sind die polizeiinternen Bezeichnungen für diese Truppe in den weißen Overalls uneinheitlich und nicht immer ganz präzise. Vielfach ist auch bei der Polizei die Bezeichnung Spurensicherung oder die Abkürzung Spusi gebräuchlich. Ziemlich verbreitet ist seit einigen Jahren auch die Bezeichnung Tatortgruppe.

Gelegentlich werden die Kollegen der Kriminaltechnik aber auch als KTU bezeichnet, was genau genommen unzutreffend ist. Unter KTU versteht man nämlich eigentlich nicht die Sammler, sondern die Auswerter. Für die Analyse von Spuren auf wissenschaftlicher Basis sind in Deutschland kriminaltechnische Untersuchungsstellen (vergleichbar mit naturwissenschaftlichen Instituten) bei den Landeskriminalämtern oder für einfachere Untersuchungen bei einzelnen Polizeipräsidien zuständig. In den Laboratorien der KTU werden die von der Vor-Ort-Truppe gesicherten und gesammelten Proben auf vielfältige Weise untersucht. Bei den KTU sind darüber hinaus Spezialisten für wissenschaftliche Schrift- oder Sprachgutachten tätig.

Die Untersuchungsergebnisse, besser Untersuchungsgutachten, werden der beauftragenden Stelle übermittelt. Anders als etwa bei Obduktionsbefunden, die stets über die Staatsanwaltschaft laufen, kann das für KTU-Gutachten auch die bearbeitende Polizeidienststelle sein.

Schritt 11: Ermittlungsarbeit

Die Leiche ist in der Gerichtsmedizin, die KTU ist beauftragt und die ersten Maßnahmen sind mit der Staatsanwaltschaft abgesprochen. Dann ist es zunächst Aufgabe der Kriminalpolizei, Hinweisen nachzugehen, Zeugen zu vernehmen, gegebenenfalls nach dem Tatort zu suchen, den Tatablauf zu rekonstruieren und vor allem das Umfeld des Getöteten zu erhellen.

In der heißen Phase der Ermittlungen, wenn in kurzer Folge relevante Erkenntnisse eingehen, Ergebnisse von Untersuchungen vorgelegt werden, Entscheidungen zu treffen sind und richterliche Beschlüsse beantragt werden müssen, ist die Staatsanwältin am Ermittlungsgeschehen beteiligt, wird also gegebenenfalls mehrfach täglich informiert. Die Kriminalpolizei »übersendet«, wie das in § 163 der Strafprozessordnung heißt, ihre »Verhandlungen ohne Verzug« der Staatsanwaltschaft.

Wurde, wie bei Mordverdacht üblich, eine Mordkommission oder Soko gebildet (➶ Kripo, Bepo, Soko, SEK, MEK), ist auch die Staatsanwältin bei den täglichen Lagebesprechungen dabei. Dauern die Ermittlungen länger und gehen neue Erkenntnisse nicht mehr so häufig ein, werden die Kontakte zwischen Kripo und Staatsanwaltschaft seltener. Sobald aber körperliche Untersuchungen und Durchsuchungsbeschlüsse beantragt werden sollen oder Zeugen nicht zur Vernehmung erscheinen und deshalb geladen werden müssen, geht der Weg über die Staatsanwältin. Hat sich ein Verdächtiger gefunden, drängt sich bei Tötungsdelikten die Haftfrage und damit der Kontakt zur Staatsanwaltschaft automatisch auf (➚ Festnehmen und verhaften). Darüber hinaus wird ein Beschuldigter zeitnah zur Sache gehört, also vernommen werden. Ob diese Vernehmung dann durch die Polizei allein durchgeführt wird oder sich die Staatsanwältin beteiligt, hängt vom Fall ab und wird in Absprache zwischen den Beteiligten entschieden (➚ Vernehmen oder verhören).

Schritt 12: Abschluss der Ermittlungen

Im Krimi ist die Arbeit für die Ermittlerinnen erledigt, wenn der Täter gestanden hat. Zumindest ist ein deutliches Aufatmen zu spüren und so manch eine Krimi-Ermittlerin erklärt, dass sie jetzt erst einmal in Urlaub fahren werde. Es sei ihr gegönnt. In der Realität geht es der Ermittlerin selten so gut. Sicherlich wirkt das Wir-haben-ihn-Gefühl schon ausgesprochen entspannend, und der ganz große Druck ist mit der Inhaftierung des Tatverdächtigen aus den Ermittlungen auch draußen. Es stehen aber dann immer noch an: das Schreiben der Berichte, Haftprüfungstermine, Stellungnahmen zu Einlassungen des Verteidigers und dann die Vorbereitung der Zeugenaussagen vor Gericht. Ein Mordfall ist für Polizei und Staatsanwaltschaft erst abgeschlossen, wenn der Täter verurteilt ist, und nicht, wenn ihm von der Polizei die Schließen angelegt wurden.

Zeugen, Täter, Täterwissen

Das Team hat heute Morgen die Arbeit aufgeteilt. Sylvia Schneider soll sich gleich Hans-Jürgen Holler im Vernehmungszimmer vornehmen und Frank Teubner spricht bereits seit acht Uhr in seinem Arbeitszimmer mit den Kollegen der KT. Anke Lederer, die Jüngste im Team, hätte eigentlich Fanny Fuchs in ein Café einladen und in neutraler Umgebung nochmals die Geschehnisse des 5. September von Frau zu Frau durchgehen sollen.

Doch dazu ist es nicht gekommen. Anke hat sich wieder einmal verspätet. Deshalb bleibt Fanny Fuchs auf dem Flur sitzen und wird prompt von Holler angesprochen, der von Sylvia gerade ins Vernehmungszimmer gebracht wird.

»War Pauline nicht eine Freundin von dir?«, fragt Holler. »Es tut uns allen so leid, was passiert ist. Sie war doch in den besten Jahren. Und dann auf diese Weise ums Leben kommen …«

Fanny Fuchs schüttelt stumm den Kopf, so als könnte sie durch Missbilligung den Mord an ihrer Freundin nachträglich ungeschehen machen. Sie steht noch unter Schock, denkt Sylvia.

»Und glauben Sie mir, das Rasiermesser ist nicht von mir! Ich …«

»Es war kein Rasiermesser«, unterbricht ihn Fanny. »Mit einer Rasierklinge hat man sie abgeschlachtet! Richtig aufgeschlitzt hat man sie!«

Sylvia setzt sich neben sie und nimmt sie tröstend in den Arm.

Pannen bei den Ermittlungen kommen vor, aber solche nicht. An das Team Sylvia, Frank und Anke sollten wir uns nicht gewöhnen. Wir finden es nirgends im Dezernat für Tötungsdelikte und auch nirgendwo sonst in der Kriminalpolizeiinspektion I. Wenn Frank allein einen Zeugen vernimmt, wenn Anke mit einer möglichen Zeugin im Café von Frau zu Frau spricht und wenn Sylvia Täterwissen auf dem Gang mit zwei Zeugen diskutiert, dann gefährden sie das gesamte Verfahren.

Zeugen, Beschuldigte und Unbeteiligte

Die Polizei kennt, schulmäßig gesagt, fünf Arten von Menschen:

- Beschuldigte (oder Betroffene), nämlich Menschen, die einer Straftat (oder Ordnungswidrigkeit) verdächtig sind.
- Zeugen und Sachverständige. Das sind Personen, die gegebenenfalls Angaben zur Sache, dem »Gegenstand der Ermittlungshandlungen«, machen können.
- Personen, die informatorisch befragt werden.
- Mitbürgerinnen und Mitbürger, die in keinerlei Beziehung zu laufenden Ermittlungen stehen und daher für die Ermittlungen völlig uninteressant sind. Und letztlich
- diejenigen, mit denen sie sich privat unterhält und die ebenfalls absolut keinen Bezug zu laufenden Ermittlungen haben.

Der Beschuldigte

Wird gegen jemanden wegen des Verdachts einer Straftat ermittelt, verliert er üblicherweise Rechte. Andererseits stehen ihm aber auch Rechte zu. Und es sind gerade diese Rechte, die in Krimihandlungen so gut wie nie vorgeführt werden. Wenn sich im Krimi der Mörder mit dem Ergebnis der Ermittlungsarbeit konfrontiert sieht, neigt er nach dem Willen der Autorin oft dazu, ein umfängliches Geständnis abzulegen. Zuweilen hilft der Kommissar verbal auch ein bisschen nach: »Hören Sie, damit kommen Sie nicht durch. Man hat Sie doch gesehen. Ich denke, es ist an der Zeit, reinen Tisch zu machen.« Und das Geständnis kommt. Ist aber in Realität unter Umständen gar nichts wert.

Die Belehrung

Wird der Beschuldigte nämlich erstmals zur Sache vernommen, muss er belehrt werden. Das ist Gesetz.

> § 136 Strafprozessordnung:
>
> (1) 1 Bei Beginn der ersten Vernehmung ist dem Beschuldigten zu eröffnen, welche Tat ihm zu Last gelegt wird und welche Strafvorschriften in Betracht kommen.
> 2 Er ist darauf hinzuweisen, dass es ihm nach dem Gesetz freistehe, sich zu der Beschuldigung zu äußern oder nicht zur Sache auszusagen und jederzeit, auch schon vor seiner Vernehmung, einen von ihm zu wählenden Verteidiger zu befragen.
> 3 Er ist ferner darüber zu belehren, dass er zu seiner Entlastung einzelne Beweiserhebungen beantragen kann.
> 4 In geeigneten Fällen soll der Beschuldigte auch darauf, dass er sich schriftlich äußern kann, sowie auf die Möglichkeit eines Täter-Opfer-Ausgleichs hingewiesen werden.
>
> (2) Die Vernehmung soll dem Beschuldigten Gelegenheit geben, die gegen ihn vorliegenden Verdachtsgründe zu beseitigen und die zu seinen Gunsten sprechenden Tatsachen geltend zu machen.
>
> (3) Bei der ersten Vernehmung des Beschuldigten ist zugleich auf die Ermittlung seiner persönlichen Verhältnisse Bedacht zu nehmen.

Ein Beschuldigter darf lügen, solange er keinen Unschuldigen belastet, er darf zu den Vorwürfen schweigen, kann Beweiserhebungen zu seinen Gunsten beantragen und jederzeit eine Verteidigerin befragen.

Das sind Rechte, die einem Beschuldigten in Deutschland durch nichts – auch keinen richterlichen Beschluss – genommen werden können. Viele andere Rechte schon. Die Unverletzlichkeit der Wohnung kann zum Beispiel mit Durchsuchungsbeschluss, die der Person durch die Anordnung einer körperlichen Untersuchung und die Freiheit durch Haftbefehl genommen werden. Ein Beschuldigter kann viele Rechte verlieren. Der Staat und wir alle vergeben uns also nichts, wenn wir ihm die Rechte, die ihm in einer solchen Situation unverrückbar bleiben, auch zugestehen. Vielleicht kann ja die Krimihandlung, in der ausnahmsweise tatsächlich mal die Belehrung des Beschuldigten vor seiner Vernehmung erfolgt, in fernen Jahrhunderten vom rechtsstaatlichen Verständnis der Gegenwart zeugen. Zumal die Belehrung in Wirklichkeit ohnehin zur selbstverständlichen Routine gehört.

Wird ein Zeuge im Lauf der Vernehmung zum Beschuldigten, wird die Vernehmung unterbrochen und erst weitergeführt, wenn er als Beschuldigter belehrt wurde.

Das Recht auf einen Anwalt

> »Es ist endlich an der Zeit, zu gestehen«, sagt Kommissar Kalle Holbein. »Hier im Raum hat niemand mehr Zweifel daran, dass Sie Ihren Mann Dieter Fuchs mehrmals tätlich angegriffen und am 5. September mithilfe einer Plastiktüte erstickt haben. Zuvor haben Sie Ihren zeitweiligen Freund Hans-Jürgen Holler erstochen, weil er Sie wegen eines vorangegangenen Mordversuchs an Ihrem Mann, dessen Zeuge er war, erpresst hat. Außerdem haben Sie den zufällig anwesenden Augenzeugen, den Rentner Müller, in seiner Küche erwürgt und schließlich Ihre Freundin Pauline mit einer Rasierklinge aufgeschlitzt, nachdem Sie ihr unvorsichtigerweise von Ihren Taten erzählt hatten und sie drohte, damit zur Polizei zu gehen.«
>
> Fanny schrumpelt auf ihrem Stuhl zusammen.
>
> »Sehen Sie«, nimmt Sylvia Schneider freundlich das Wort, »wir haben unsere Karten offen auf den Tisch gelegt. Jetzt können Sie uns auch ein bisschen entgegenkommen, meinen Sie nicht?« Sylvia legt ihre Hand auf Fannys Schulter, sanft, fast schon begütigend.
>
> Fanny Fuchs richtet sich auf und antwortet mit dünner, aber fester Stimme: »Sie sind sehr nett zu mir. Und ich verstehe Sie gut. Sie möchten ein Geständnis. Aber ich möchte doch lieber mit einem Rechtsanwalt sprechen, bevor ich etwas sage.«
>
> Das ist das Einzige, was aus ihr rauszukriegen ist: »Sie sind sehr nett« und »Ich will einen Rechtsanwalt«.
>
> Kalle platzt der Kragen. »Hören Sie mal«, schreit er, »ich habe die Schnauze voll. Entweder Sie packen jetzt aus, oder Sie sollen uns mal kennenlernen. Jetzt ist Schluss!«

Hoffentlich. Denn offensichtlich ignorieren die beiden vernehmenden Beamtinnen, dass die Beschuldigte einen Rechtsanwalt sprechen möchte. Das ist komplett rechtswidrig. Wir wissen es zwar – im Prinzip –, aber in unseren Krimis übertreten Polizisten im Umgang mit Beschuldigten oft die Legalitätsgrenze. Und sie erschrecken und fluchen regelmäßig, wenn der Beschuldigte seinen Anwalt sprechen möchte. Dabei haben sie eigentlich gar keinen Grund dazu. Eine Krimiautorin mag dagegen durchaus fluchen, wenn sie auch noch einen Anwalt im Personal unterbringen muss. Und der rät dem Beschuldigten womöglich noch, die Angaben zu verweigern. Und schon hat er den Showdown mit dem Geständnis des Täters ruiniert.

In Wirklichkeit verstehen sich Rechtsanwälte aber im Allgemeinen nicht als »Sagen Sie am besten nichts«-Ratgeber. Für einen weitgehend überführten Täter ist möglicherweise ein Geständnis sogar von Vorteil. Er kann eine mildere Strafe erwarten. Auch günstigere Prognosen für den späteren Strafvollzug können für ein Geständnis sprechen. Überlegungen, wie sie der Täter üblicherweise nicht anstellt. Deshalb kann es für den Ermittler sogar durchaus hilfreich sein, wenn ein Strafverteidiger das Verfahren begleitet.

Besteht gegen jemanden der Verdacht, ein Verbrechen begangen zu haben, beispielsweise einen Mord, hat er einen Rechtanspruch auf einen Pflichtverteidiger. Der Staat bezahlt sogar das Anwaltshonorar, wenn der Beschuldigte dazu nicht in der Lage ist. Vernehmungen von Beschuldigten in Mordverfahren, die ohne Anwalt stattfinden, sind in Realität sehr selten. Das ist nahezu ausschließlich der Fall, wenn der Betroffene ausdrücklich auf einen Anwaltsbeistand verzichtet.

Natürlich rundet ein Geständnis die Ermittlungsergebnisse optimal ab. Doch als Beweis gilt auch schon, wenn der Beschuldigte in seiner Vernehmung von sich aus zu erkennen gibt, dass er über Täterwissen verfügt (➶ Tatbeweis durch die Vernehmung). Solche Angaben mag der Verteidiger schon auch mal verhindern, dafür können aber Aussagen, die im Beisein eines Verteidigers gemacht werden, unstrittig verwertet werden. Von der Tatsache, dass die Möglichkeit der Beteiligung des Verteidigers ein grundlegender Bestandteil unserer Rechtsordnung ist, mal ganz abgesehen, würde eine Verweigerung des Anwaltsbeistandes wie im Beispiel von Fanny Fuchs zwingend Verwertungsverbote nach sich ziehen. Dann hätte sich die illegale Mühe der Ermittler, zu einem Geständnis zu kommen, ohnehin nicht gelohnt.

Im Übrigen darf auf den Beschuldigten keinerlei Druck ausgeübt werden. Niemand darf ihm eine Hand auf die Schulter legen, ihm eine Pause versagen oder ihn austricksen.

§ 136a Strafprozessordnung:

(1) Die Freiheit der Willensentschließung und der Willensbetätigung des Beschuldigten darf nicht beeinträchtigt werden durch Misshandlung, durch Ermüdung, durch körperlichen Eingriff, durch Verabreichung von Mitteln, durch Quälerei, durch Täuschung oder durch Hypnose [...] Die Drohung mit einer [...] unzulässigen Maßnahme und das Versprechen eines gesetzlich nicht vorgesehenen Vorteils sind verboten.
(2) Maßnahmen, die das Erinnerungsvermögen oder die Einsichtsfähigkeit des Beschuldigten beeinträchtigen, sind nicht gestattet.
(3) Das Verbot der Absätze 1 und 2 gilt ohne Rücksicht auf die Einwilligung des Beschuldigten. Aussagen, die unter Verletzung dieses Verbots zustande gekommen sind, dürfen auch dann nicht verwertet werden, wenn der Beschuldigte der Verwertung zustimmt.

Weder die auf den Beschuldigten gerichtete Schreibtischlampe noch stundenlange Dauervernehmungen oder Angebote vom Typ »Wir sind dann auch bereit, ein Auge zuzudrücken« gehören zum Polizeialltag. In Wirklichkeit heißt »einen Täter überführen« eben nicht, ihm ein Geständnis abzuringen, sondern zu beweisen, dass er der Täter war.

Tatbeweis durch die Vernehmung – Täterwissen

Im Grundsatz geht es darum, den Täter in Beziehung zur rechtswidrigen Tathandlung zu setzen, mittels deren er einen illegalen Taterfolg erzielt hat, wie das formal heißt. Das geht auf die klassischen Ermittlungsansätze Motiv und Gelegenheit zurück. In der Beweisführung zur Täterschaft ist dabei die Gelegenheit eindeutig das schwerwiegendere Merkmal. Fehlt es einem Beschuldigten an der Gelegenheit zur Tat, kommt er natürlich selbst dann nicht als Täter in Betracht, wenn er viele gute Gründe gehabt hätte, die Tat zu verüben. Nicht umsonst nimmt deshalb das Abklopfen von Alibis in der Ermittlungsarbeit oft einen breiten Raum ein.

Das letzte und vielfach entscheidende Puzzleteilchen lässt sich durch die Ermittler einfügen, wenn ein Beschuldigter nicht nur die Gelegenheit zur Tat hatte und vielleicht die Motivlage erkennbar ist, sondern wenn er auch über Täterwissen verfügt. Darunter versteht man Wissen, das nur der Täter und ansonsten allenfalls ein sehr kleiner, nachweisbar überschaubarer Personenkreis haben kann. Von Anfang an wird deshalb bei Ermittlungen zu

Tötungsdelikten festgelegt, was als Täterwissen in Betracht kommt und in der folgenden Zeit als topsecret gilt.

Das Wissen um die Tatsache, dass das Mordopfer nach der Tat mehrfach in Bauch- und Rückenlage gewendet wurde, dass es nach dem Schlag auf den Kopf noch einige Schritte gegangen ist oder dass es sich bei der Tatwaffe um kein Rasiermesser, sondern um eine Rasierklinge handelt, bleibt einem kleinen Kreis von Ermittlern vorbehalten. Nicht einmal alle Mitglieder der Soko kennen solche Details.

Natürlich werden sie auch weder an die Presse gegeben noch vor Zeugen oder Beschuldigten ausgeplaudert. Und weil man durch Fragen auch leicht Wissen verraten kann, wird Täterwissen auch nicht in Vernehmungen »vorgehalten«, wie das heißt, wenn jemand mit Sachverhalten konfrontiert wird.

> Die können mir gar nichts beweisen, und wissen tun sie auch nichts, denkt Fanny sich.
>
> Doch dann kneift KHKin Sylvia Schneider die Augen leicht zusammen und fragt mit festem Blick: »Was mich schon die ganze Zeit interessiert: Warum haben Sie Ihren Mann eigentlich nach der Tat so oft in Bauch- und Rückenlage gedreht?«
>
> Fanny Fuchs zuckt zusammen. Damit hat sie nicht gerechnet. Verdammt!, denkt sie. Die wissen ja doch viel mehr. Wenn sie mir jetzt noch das Alibi zerpflücken …

In Realität undenkbar! Wenn der Beschuldigte gesteht und den Tathergang schildert, wenn er also von sich aus erklärt, er habe nach der Tat seinen Autoschlüssel gesucht und deshalb das Opfer mehrfach hin- und hergewendet, dann wird sein Geständnis glaubhaft und die Beweisführung lückenlos. Aber eben nur, wenn die Ermittler ihn nicht vorher auf Täterwissen angesprochen haben.

Zeugen und Sachverständige

Auch Personen, die sich absolut nichts haben zuschulden kommen lassen, können sich im Strafprozessrecht wiederfinden, und zwar schon dann, wenn sie tatsächlich oder auch nur möglicherweise Angaben zur Sache machen können. Das finden die einen interessant, die anderen lästig. Da gibt es die Profizeugen, die am liebsten zu jeder denkbaren Straftat gefragt würden, die »Ich will in nichts reingeraten«-Typen, die »Man hört doch immer wieder, was die mit Zeugen machen«-Ängstlichen bis hin zu den

»Ich will mit der Polizei nichts zu tun haben«-Verweigerern. Und doch kann es jeden treffen.

> »Das möchte ich lieber nicht sagen«, sagt Brigitte Neugereuth, die unter Fanny und Dieter Fuchs wohnt. Was hat schließlich ihr Privatleben mit dem Eheleben der Fuchsens zu tun und damit, dass anscheinend der Dieter da oben bei perversen Sexspielchen unter einer Plastiktüte erstickt ist? Und jetzt stehen zwei Uniformierte vor der Tür, ein alter und ein junger, und fragen, wem das Auto gehört, das gestern vor dem Haus am Gehweg geparkt hat.
>
> »Ja, ich weiß schon, wem das Auto gehört«, hat Brigitte unvorsichtigerweise vorhin bereits eingeräumt. Woraufhin der Jüngere sofort »Name und Anschrift« gefordert hat.
>
> Aber das will Brigitte nicht sagen. Jean hat doch auch nicht mehr gehört als sie, das typische Gebumse bei den Fuchsens über ihnen. Dass er ab und zu »Au!« schrie, gehörte dazu, das war nichts Besonderes bei denen. Deshalb muss Jean doch wirklich nicht im Polizeibericht auftauchen. Und womöglich auch noch in der Presse. Denn schließlich war Dieter ein bekannter Unternehmer.
>
> Außerdem muss Brigitte vorher unbedingt mit Alex sprechen. Sicher, sie ist Alex zu nichts verpflichtet, aber die Nacht mit dem Franzosen – und es war ja nicht nur die eine – wird er sicher nicht so gelassen hinnehmen, wie er immer tut. Sicher nicht.
>
> »Nein, den Namen möchte ich nicht sagen, unter keinen Umständen«, wiederholt sie deshalb mutig. »Tut mir leid. Das ist meine Privatsache.«
>
> Das gefällt den beiden Beamten gar nicht. »Jetzt passen Sie mal auf«, sagt PHM Goller drohend, »entweder Sie sagen uns den Namen, oder ich kriege Sie wegen Behinderung der Ermittlungen dran. Ist Ihnen das klar?«

Die »Behinderung der Justiz«, wie das in englischen oder amerikanischen Krimis oft heißt, scheint dort streng bestraft zu werden. Da mag es überraschen, dass sich eine solche Straftat in den deutschen Gesetzen nicht findet. Der Eindruck, es gebe bei uns deshalb so etwas wie eine Strafbarkeitslücke, liegt aber möglicherweise an der wohl nicht ganz zutreffenden Übersetzung des englischen Begriffs »obstruction of justice« mit »Behinderung der Justiz«. Zutreffender wäre nämlich »Blockade der Justiz«. Und die ist sinngemäß auch bei uns strafbar.

Wer nämlich die Strafverfolgung und Strafvollstreckung »vereitelt«, also verhindert, macht sich auch in Deutschland strafbar, sofern er nicht zugunsten von Angehörigen handelt. Bestraft wird er dann, wenn er bei dieser

Vereitelung aktiv handelt. Eine Zeugin, die keine Angaben macht, fällt nicht unter die entsprechende Strafregelung in § 258 Strafgesetzbuch. Es darf übrigens auch bezweifelt werden, dass sich FBI-Agenten, die in US-amerikanischen Krimis allen und jedem erklären, sie würden sie »wegen Behinderung der Justiz drankriegen«, auf dem Boden dort geltenden Rechts bewegen.

Dass nicht aussagende Zeugen nicht bestraft werden, heißt nicht, dass es keine Zeugenpflichten gibt. Im Gegenteil: Zeugen müssen in Deutschland auf Frage von Ermittlungsbeamten stets Angaben zur Person machen, also Name, Geburtsdatum, Anschrift und so weiter nennen. Auf Ladung der Staatsanwaltschaft oder des Gerichtes müssen sie erscheinen, eventuell Unterlagen vorlegen und Angaben zur Sache machen. Zeugen, die einem Termin unentschuldigt fernbleiben, machen sich aber nicht strafbar. Ratsam ist es dennoch nicht, Zeugenladungen zu ignorieren. Wer unentschuldigt nicht kommt, kann nämlich die dadurch entstehenden Kosten und ein saftiges Ordnungsgeld auferlegt bekommen. Darüber hinaus ist es durchaus üblich, dass Zeugen dann zwangsweise vorgeführt werden. Und das ist sehr unangenehm.

> Jean Millet hätte am Mittwoch um 9:00 Uhr in der Sache Dieter Fuchs als Zeuge bei der Staatsanwaltschaft aussagen sollen. Weil er dazu keine Lust hatte, ist er einfach zu Hause geblieben. Als Nächstes hört Jean Millet am darauffolgenden Dienstag gegen 5:00 Uhr früh wieder von der Sache. Auf Anordnung der Staatsanwaltschaft, den Zeugen am Dienstag um 10:00 Uhr vorzuführen, klingeln am frühen Morgen Streifenbeamtinnen an seiner Wohnungstür und nehmen ihn mit auf die Wache, sogar in Handschellen. (Die zwei Polizistinnen können den Mann ja nicht nach Waffen durchsuchen.) Dort verbringt Jean wartend die Zeit bis zur Aussage vor der Staatsanwaltschaft um 10:00 Uhr. Durch die Aktion anfallende Kosten werden ihm auch noch berechnet.

Zwar ist jeder Zeuge verpflichtet, auch vor der Polizei Angaben zu machen. Weil es aber ohne straf- oder bußgeldrechtliche Folgen bleibt, wenn man bei der Polizei nichts zur Sache sagt, hört man gelegentlich, man müsse gegenüber der Polizei nur Angaben zur Person machen und auch auf Ladung der Polizei nicht erscheinen. Das ist zwar nicht ganz richtig, im Ergebnis aber läuft es darauf hinaus.

Wer sich selbst oder Angehörige mit Angaben zur Sache belasten würde, muss Polizei und Justiz gegenüber allerdings wirklich nur seine Personalien angeben.

§ 52 Strafprozessordnung:

(1) Zur Verweigerung des Zeugnisses sind berechtigt

1. der Verlobte des Beschuldigten oder die Person, mit der der Beschuldigte ein Versprechen eingegangen ist, eine Lebenspartnerschaft zu begründen;

2. der Ehegatte des Beschuldigten, auch wenn die Ehe nicht mehr besteht;

2a. der Lebenspartner des Beschuldigten, auch wenn die Lebenspartnerschaft nicht mehr besteht;

3. wer mit dem Beschuldigten in gerader Linie verwandt oder verschwägert, in der Seitenlinie bis zum dritten Grad verwandt oder bis zum zweiten Grad verschwägert ist oder war. [...]

(3) Die zur Verweigerung des Zeugnisses berechtigten Personen, in den Fällen des Absatzes 2 auch deren zur Entscheidung über die Ausübung des Zeugnisverweigerungsrechts befugte Vertreter, sind vor jeder Vernehmung über ihr Recht zu belehren. Sie können den Verzicht auf dieses Recht auch während der Vernehmung widerrufen.

§ 55 Strafprozessordnung:

(1) Jeder Zeuge kann die Auskunft auf solche Fragen verweigern, deren Beantwortung ihm selbst oder einem der in § 52 Abs. 1 bezeichneten Angehörigen die Gefahr zuziehen würde, wegen einer Straftat oder einer Ordnungswidrigkeit verfolgt zu werden.

(2) Der Zeuge ist über sein Recht zur Verweigerung der Auskunft zu belehren.

Einer ganzen Reihe von Berufsgruppen steht außerdem ein Aussageverweigerungsrecht zu, wenn es um Dinge geht, die sie in beruflicher Eigenschaft erfahren haben. Dies gilt für Geistliche, Verteidiger des Beschuldigten, Rechtsanwälte, Notare, Steuerberater, Ärzte, Zahnärzte, Psychotherapeuten, Apotheker, Hebammen, Mitglieder einer Schwangerschafts- oder Suchtberatungsstelle, Journalisten und Mitglieder des Bundes- oder eines Landtages.

Journalisten müssen jedoch dann aussagen, wenn es um die Aufklärung von Spionage, Sexualstraftaten und Geldwäschehandlungen oder die Aufklärung von Verbrechen wie etwa Mord geht. Die Einzelheiten und Ausnahmen stehen in § 53 Strafprozessordnung.

Die Zeugeneinvernahme

Mit Zeugen wird im Krimi formal meist ausgesprochen lax umgegangen. Findet sich die Belehrung des Beschuldigten schon selten, so wartet man auf die Belehrung des Zeugen durchweg vergebens.

Darüber hinaus spricht die ermittelnde Kriminalhauptkommissarin im Lauf der Romanhandlung zwar mit zahlreichen Personen, die Angaben zur Sache machen können und deshalb allesamt Zeugenstatus haben. Die Aussagen werden aber nicht erkennbar protokolliert und es scheint den Ermittlerinnen auch egal zu sein, wer von den Zeugen und Betroffenen mit wem spricht. So wird dann der Flur des Polizeipräsidiums oder das Büro der Ermittlerin nicht nur für die Leserinnen und Zuschauerinnen ein Ort unerschöpflicher Neuigkeiten, sondern auch für alle im Krimi Verfahrensbeteiligten.

In Wirklichkeit aber werden Zeugen einzeln und in Abwesenheit anderer Zeugen vernommen. Das heißt nicht, dass Gegenüberstellungen mit anderen Zeugen oder mit dem Beschuldigten ausgeschlossen sind. Nur werden solche Begegnungen nicht dem Zufall überlassen.

Eine Zeugenvernehmung beginnt damit, dass der Zeuge

- über Vornamen und Zunamen,
- Alter,
- Stand oder Gewerbe,
- Wohnort und
- über seine Beziehungen zu dem Beschuldigten oder dem Verletzten befragt wird.

Dann, so will es das Gesetz weiter, ist dem Zeugen der Gegenstand der Untersuchung und die Person des Beschuldigten, wenn es einen gibt, zu bezeichnen. Anschließend wird er über sein Aussageverweigerungsrecht belehrt. Die Regelungen zur Ladung der Zeugen bis hin zu deren Vernehmung sind sehr ausführlich und zumeist auch ganz gut verständlich in den §§ 48 bis 71 der Strafprozessordnung enthalten. Alle Untersuchungshandlungen, insbesondere auch die Vernehmungen von Zeugen und Beschuldigten, sind nach der Strafprozessordnung aktenkundig zu machen. Sogar zum Inhalt der Protokolle gibt es gesetzliche Regeln.

> § 168a Strafprozessordnung:
> (1) Das Protokoll muss Ort und Tag der Verhandlung sowie die Namen der mitwirkenden und beteiligten Personen angeben und ersehen lassen, ob die wesentlichen Förmlichkeiten des Verfahrens beachtet sind.

(2) Der Inhalt des Protokolls kann in einer gebräuchlichen Kurzschrift, mit einer Kurzschriftmaschine, mit einem Tonaufnahmegerät oder durch verständliche Abkürzungen vorläufig aufgezeichnet werden. Das Protokoll ist in diesem Fall unverzüglich nach Beendigung der Verhandlung herzustellen. Die vorläufigen Aufzeichnungen sind zu den Akten zu nehmen. Tonaufzeichnungen können gelöscht werden, wenn das Verfahren rechtskräftig abgeschlossen oder sonst beendet ist.

(3) Das Protokoll ist den bei der Verhandlung beteiligten Personen, soweit es sie betrifft, zur Genehmigung vorzulesen oder zur Durchsicht vorzulegen. Die Genehmigung ist zu vermerken. Das Protokoll ist von den Beteiligten zu unterschreiben oder es ist darin anzugeben, weshalb die Unterschrift unterblieben ist. Ist der Inhalt des Protokolls nur vorläufig aufgezeichnet worden, so genügt es, wenn die Aufzeichnungen vorgelesen oder abgespielt werden. In dem Protokoll ist zu vermerken, dass dies geschehen und die Genehmigung erteilt ist oder welche Einwendungen erhoben worden sind. Das Vorlesen oder die Vorlage zur Durchsicht oder das Abspielen kann unterbleiben, wenn die beteiligten Personen, soweit es sie betrifft, nach der Aufzeichnung darauf verzichten; in dem Protokoll ist zu vermerken, dass der Verzicht ausgesprochen worden ist. [...]

Informatorische Befragung

Das geschriebene Strafprozessrecht kennt nur Unbeteiligte, Beschuldigte, Zeugen und Verletzte (Geschädigte). Schwierigkeiten gab es früher immer dann, wenn für die Ermittler zunächst gar nicht klar war, wer wer ist. Als klassisches Beispiel gilt die Situation nach einem Verkehrsunfall.

Die Streifenwagenbesatzung kommt an und sieht zwei Fahrzeuge ineinander verkeilt auf der Kreuzung stehen. Ein Auto kam offenbar auf der Vorfahrtstraße, das andere aus einem Seitenweg. Viele Leute stehen herum. Fragt nun eine Polizistin den ersten Herumstehenden: »Sind Sie der Fahrer eines der Autos?«, könnte es später rechtliche Probleme geben. Vor allem, wenn es der Fahrer des Seitenweg-Autos ist und er Schuld hat. Formal hätte die Polizistin nämlich bereits einen Täter zur Sache vernommen und dabei nicht belehrt. Dies würde grundsätzlich zu einem Verwertungsverbot der Aussage führen.

Die Gerichte haben deshalb die sogenannte informatorische Befragung ohne Belehrung für rechtens erklärt. Das gilt aber nur, solange die Befragung ausschließlich das Ziel hat zu klären, ob die Person gegebenenfalls als Zeuge in Betracht kommt.

Fragt die KHKin am Fundort der Leiche: »Wer hat was gesehen?«, braucht sie vorher nicht zu belehren. Meldet sich der Mitbewohner des Mordopfers und kommt er daher als Zeuge in Betracht, gelten sofort die Formalien im Umgang mit Zeugen.

Unbeteiligte – Privatdetektive

Was wäre die Krimilandschaft ohne Miss Marple oder Lord Peter? Aus Krimis kennen wir sie, doch suchen wir sie im Strafprozessrecht vergebens: die Unbeteiligten, die sich nachhaltig an der Aufklärung des Verbrechens beteiligen. In Wirklichkeit bekäme Lord Peter keine Chance, von der ermittelnden Polizeidienststelle oder der zuständigen Staatsanwaltschaft mit strafprozessualen Ermittlungshandlungen betraut oder auch nur an ihnen beteiligt zu werden. Genauso wenig übrigens wie Pfarrer Braun (gleichnamige Serie mit Ottfried Fischer, ARD, ab 2003) .

Die Aufklärungsquote der echten Kriminalpolizei bei Mord und Tötungsdelikten liegt zwar unter den 100 Prozent von Krimidetektivinnen und -detektiven, sie kann sich aber mit über 96 Prozent (Bundeskriminalstatistik 2004) durchaus sehen lassen.

Es ist deshalb auch künftig nicht damit zu rechnen, dass in Deutschland Privatdetektive bei Ermittlungen eine Rolle spielen. Übrigens auch nicht einer wie Josef Matula (*Ein Fall für zwei*, ZDF, SF, DRS, ORF, seit 1981), der nach amerikanischem Vorbild für den Anwalt eines Beschuldigten zu dessen Entlastung ermittelt und der Polizei (eigentlich Staatsanwaltschaft, aber die kommt kaum vor) dann den wahren Mörder liefert. In den USA, wo nach geltendem Recht der Staatsanwalt mithilfe des gesamten Polizeiapparats nur zu Lasten des Beschuldigten ermittelt, haben Privatdetektive einen rechtlichen Sonderstatus. In Vertretung und im Auftrag des Strafverteidigers ermitteln sie zugunsten des Beschuldigten. Bei uns, wo Staatsanwaltschaft und Polizei nach dem Gesetz verpflichtet sind, auch zugunsten des Beschuldigten zu ermitteln und von ihm oder seinem Verteidiger mit entlastenden Ermittlungen beauftragt werden können, gibt es diesen Sonderstatus für Detektive nicht. Es gibt keine bei Behörden zugelassenen privaten Ermittler in Deutschland.

Verwandte, Bekannte, Freunde

Private Bekannte oder Verwandte, die keinen Bezug zu den laufenden Ermittlungen haben, dürfen von Details des Verfahrens nichts erfahren. Wer als Polizistin zu viel privat erzählt, geht ein enormes Risiko ein. Die Verletzung des Dienstgeheimnisses ist verboten und kann sogar als Straftat verfolgt werden. Viele Ermittlungsbeamte leiden denn auch in der Praxis darunter, dass sie zu Hause und vor allem im Freundes- und Bekanntenkreis nicht einfach über die laufenden Fälle munter drauflos plaudern können. Sie tun es auch nicht, meistens jedenfalls.

> *Tatort, Das Gespenst* (NDR, 15.3.2009): Auf dem Flughafen Hannover-Langenhagen wird ein Polizist erschossen. Der Fall ist mysteriös, denn alle Überwachungskameras sind gelöscht. Für Kommissarin Charlotte Lindholm (Maria Furtwängler) ist der Fall jedoch nach wenigen Stunden klar. Als des Mordes Verdächtige wird ihre Jugendfreundin Manu (Karoline Eichhorn) gefasst. Schon während der Vernehmung in Lindholms Büro (ohne Staatsanwältin) schaltet sich der Verfassungsschutz ein, holt sich Manu und lässt sie später wieder frei. Lindholm ist so empört, dass sie selber weiterermittelt. Dabei sagt sie auch dem Verfassungsschutz den Kampf an. Am Schluss stirbt Manu im Kugelhagel und in Lindholms Armen.

Schöne Geschichte über eine Kindheitsfreundschaft unter Frauen, die politisch unterschiedliche Wege gegangen sind und sich als Mörderin und Polizistin wiedertreffen, aber sie kann sich so nicht ereignen. Denn eine Ermittlerin wird nach internen Dienstregeln vom Fall abgezogen, sobald auch nur die vage Möglichkeit der Befangenheit besteht, weil sie eine Person kennt, die in Beziehung zu den laufenden Ermittlungen steht. Das kann zwar mal schwierig werden, wenn beispielsweise nach dem Einbruch in das Vereinsheim eines Dorfclubs die ermittelnde Schutzpolizistin den Geschädigten, Zeugen und – wenn es ganz schlimm kommt – den Täter seit vielen Jahren persönlich kennt. In solchen Fällen müsste die Polizistin gleich zu Beginn ihre jeweilige Dienstvorgesetzte informieren, die gemeinsam mit der Staatsanwältin entscheidet, ob die Polizistin vom Fall abgezogen wird. So ist das geregelt und so wird das auch gehandhabt. Meistens jedenfalls. An Ermittlungen von Kapitaldelikten, das jedenfalls ist sicher, dürfen Polizistinnen, die mit Zeugen oder Beschuldigten bekannt sind, nicht beteiligt werden.

Und das gilt selbstverständlich auch, wenn die Polizistin mit dem Opfer bekannt war. Krimis, in denen eine Kommissarin im Mord an ihrem Exmann ermittelt, sind völlig irreal und werden dann auch in allen anderen wesentlichen Teilen der Handlung zur reinen Fantasterei. Die Staatsanwältin würde eine solche Kommissarin als Ermittlerin niemals akzeptieren. Sogar die Entscheidungen der Ermittlungsrichterin (Haftrichterin) wären mindestens angreifbar. Etliche Ermittlungsergebnisse liefen Gefahr, einem Verwertungsverbot anheimzufallen, und spätestens vor Gericht würde jede Jurastudentin nach dem ersten Semester die Ermittlerin als Zeugin zerpflücken. Ermittlungen durch derartig befangene Polizistinnen gibt es deshalb in Realität auch nicht.

Kriminaltechnik

Wir können uns vorstellen, dass erschrockene Verwandte, die einen Toten entdecken, Ersthelfer, die eine Reanimation versuchen, eine zu neugierige Unbeteiligte oder Privatdetektivin oder ungeschickte Polizisten Spuren am Tatort zerstören, zumindest deren Analyse erheblich erschweren. Wir sollten aber davon ausgehen, dass Dorfpolizistinnen und Ermittlerinnen privater Art ungefähr genauso viel über Spurensicherung und die Gefährdung von Spuren wissen wie wir als Krimiautorinnen. Auch Polizisten gucken fern, selbst wenn gerade im Fernsehen Tatorte aufs Übelste misshandelt werden.

> Der Anwalt steigt förmlich über eine Leiche, durchquert eine Wohnung, in der gerade ein Tötungsdelikt begangen wurde, und trifft auf dem Balkon seine Mandantin. In der Wohnung lag bis eben der Tote. Es ist überall Blut. Nach Ansicht des Kommissars hat die Frau auf dem Balkon gerade die Leiche zu beseitigen versucht, als die Polizei eintraf. Er nimmt sie sofort vorläufig fest und lässt sie abführen. Später heißt es, der Mann sei gegen die Heizung gefallen und sofort tot gewesen. Genickbruch? Die Frage bleibt genauso unbeantwortet wie die, wieso sich so viel Blut im Wohnzimmer verteilt hat. Ein Genickbruch wäre nicht so blutig, eine Kopfwunde schon. Infolge der Aktionen des Privatdetektivs und des Anwalts stellt sich später heraus, dass der wahre Täter im Begriff war, die Lebensgefährtin seines Geschäftspartners zu entführen, als das spätere Opfer ihn überraschte (*Ein Fall für zwei*, ZDF, 19.12.2008).

Das alles hätte die Kriminaltechnik schnell erkannt, doch die hat niemand gefragt. Denn auch dieser Krimi kommt gänzlich ohne Kriminaltechnik aus. Folglich raten Polizei und Ermittler munter herum, ob die Tatverdächtige nun lügt oder die Wahrheit sagt, wenn sie erklärt, sie sei erst gekommen, als das Opfer schon tot war. Dabei hätte die KT nur zu schauen brauchen, ob sich ihre Fußabdrücke über den Blutspuren befinden, ob sie Blut an Kleidern, Händen oder Ärmeln hat, weil sie die Leiche herumgezerrt hat. Oder eben nicht. Auch an der Leiche hätte sie Spuren hinterlassen müssen – Haare, Fasern, Genmaterial –, die verraten hätten, was sie mit ihr angestellt hat. Und selbstverständlich hätte die Spurensicherung festgestellt, dass sich noch zwei weitere Personen am Tatort befunden haben, nämlich der Täter, der ebenfalls mindestens Genspuren (Haare, Hautpartikel) verstreut hat, und die Frau, die er entführen wollte und die zudem bereits seit einiger Zeit in der Wohnung wohnte.

Hätte man dann Zeugen im Haus befragt, hätte man bald eine Personenbeschreibung des Täters gehabt und nach einem Auto fahnden können. Nach zehn Minuten wäre der Krimi zu Ende gewesen. Das Beziehungsdrama um Diamanten und Geld hätte sich dann allerdings nicht entwickelt.

Spurensicherung

Das Highlight der Schwarzweiß-Fernsehkrimis war der mit Gips ausgegossene Schuhsohlenabdruck in weichem Boden und die Reifenspur mit charakteristischem Profil. Selbstverständlich sammelt die Tatortgruppe immer noch jede Menge Spuren mit klassischen Methoden, also mit dem Fotoapparat und ausgegossenen Abdrücken. Außerdem holt sie mit Pinzetten, Staubsaugern und Klebestreifen allerlei Fasern und Staub von Möbeln, Wänden, Polstern, Böden, Teppichen, Vorhängen und Kleidern.

So wie der Fingerabdruck ab 1930 die Polizeiarbeit grundlegend verändert hat, so revolutionär ist für die Ermittlungsarbeit seit Anfang der neunziger Jahre die Möglichkeit, aus einer einzigen menschlichen Zelle, die man an einem Tatort findet, ein individuelles Genprofil herzustellen.

Für Krimiautorinnen stellt der Gentest die größte Herausforderung dar. Denn er führt dazu, dass es eine unverwechselbare Spur des Tatverdächtigen gibt. Er ist in der Regel identifiziert, sobald man im Umfeld des Opfers Gentests anstellt. Kein Kommissar Holbein muss noch nach Alibis fragen. Der Ermittlungsrichter lädt auf Antrag der Staatsanwaltschaft einfach alle

Personen, die mit dem Opfer zu tun hatten, zur Speichelprobe ein. Drei Tage später ist der Tatverdächtige namentlich bekannt und kann mit richterlichem Haftbefehl verhaftet werden. Bislang sprechen gegen einen Routineabgleich lediglich Sparmaßnahmen. Aber es ist nur eine Frage der Zeit, bis von jedem einmal gefassten Kleinkriminellen der Genabdruck genauso routinemäßig genommen wird wie seine Fingerabdrücke und bis nach Gewalttaten regulär der Genabdruck allen organischen Materials erstellt wird.

Der im Krimi noch immer sehr oft so leicht dahingesprochene Satz: »Wir haben den Fluchtwagen gefunden, aber er enthält keine verwertbaren Spuren«, ist im 21. Jahrhundert nicht mehr verwendbar. Da müssen wir uns was anderes ausdenken, warum unsere Ermittlerinnen Spuren ignorieren. Denn es ist nahezu unmöglich, keine Genspuren an einem Ort zu hinterlassen, an dem man war. Alle Viertelstunde fällt uns ein Haar aus; wo wir halbwegs kräftig hinlangen, hinterlassen wir Hautschuppen. Wenn wir niesen, sprühen wir Tausende Tröpfchen mit Zellen aus unserer Nasenschleimhaut an Türen und Wände. Wenn wir telefonieren, spucken wir auf die Sprechmuschel, während unser Ohr zugleich Zellen an den Hörer schmiert. Ein winziger Blutstropfen, ja eine einzige Zelle eines weißen Blutkörperchens reicht für die Polymerase-Kettenreaktion, mit der man Genprofile erstellt.

Genspuren

Der sogenannte genetische Fingerabdruck lässt sich deshalb herstellen, weil Menschen in ihrer DNS (Desoxyribonukleinsäure) bestimmte Gen-Sequenzen haben, die einmalig sind. Polizei, Presse und Informationsmedien verwenden derzeit fast ausschließlich die englische Abkürzung DNA für »deoxyribonucleic acid«. In aus dem Englischen übersetzten Krimis hören und lesen wir allerdings oft DNS, weil Übersetzer gern alles, auch Abkürzungen, ins Deutsche übertragen. Es handelt sich um jene Biomoleküle, die im Kern jeder biologischen Zelle vorkommen und alle Informationen beinhalten, die das Individuum ausmachen.

Beim Gentest werden zwischen 8 und 15 Abschnitte der DNS untersucht. Man vervielfältigt sie mit der sogenannten Polymerase-Kettenreaktion (PCR). Denn erst ab einer bestimmten Menge von DNS-Ketten lassen sich die Dinge nachweisen, die man sucht. Das ist erst seit Anfang der achtziger Jahren des 20. Jahrhunderts möglich. Die PCR findet im sogenannten Thermocycler statt. Man steckt die Proben in kleinen Reagenzgläschen in einen Heizblock und macht den Deckel zu. Der

Cycler durchläuft diverse Phasen und erhitzt und kühlt die Proben in 20–45 Vermehrungszyklen. Nach 36 Zyklen, von denen einer ein paar Minuten dauert, hat man 68 Milliarden Kopien der Ausgangssequenz. Für den Genabdruck werden die DNS-Stücke mit speziellen Enzymen zerschnitten und auf ein sogenanntes Trennungsgel aufgetragen. Damit bekommt man eine DNS-Leiter, die übereinandergestaffelten Striche, die Banden, die je nach Dicke Auskunft darüber geben, wie häufig bestimmte, individuelle Gen-Sequenzen in der getesteten Probe sind. Der ganze Prozess, von der Isolation der Ausgangssequenz bis zur Darstellung, dauert schätzungsweise 4 bis 8 Stunden.

Es geht übrigens um eine reine Häufigkeitsanalyse. Mit dem Verfahren kann man keinerlei individuelle Disposition für irgendeine Erkrankung feststellen. Und die Methode taugt auch nicht, um das Geschlecht des Menschen festzustellen, von dem die Probe stammt. Dazu bedarf es spezieller Analysen des Genmaterials.

Die Genabdrücke eineiiger Zwillinge sind nahezu identisch, aber eben nur nahezu. Unterschiede kann man auch hier mit zusätzlichem Aufwand nachweisen.

Seit 1998 gibt es beim BKA eine DNS-Datenbank, die Ende 2008 knapp 757 000 Datensätze enthielt. Es handelt sich in überwiegender Mehrheit um Personen-Datensätze und weniger um sogenannte Spuren-Datensätze, die noch keiner Person zugeordnet werden konnten. In Deutschland werden üblicherweise Laboratorien, die bei den Landeskriminalämtern angesiedelt sind, damit beauftragt, aus DNS-Proben die Teile herauszufiltern, die für eine Identifizierung nötig sind. Der Abgleich erfolgt dann in der polizeilichen Datenbank. Das Labor weiß also nicht, ob die Probe ein Treffer war.

Normalerweise beschafft man sich das Vergleichs-Genmaterial durch einen Abstrich in der Mundhöhle, der freiwillig ist. Verweigert ein Verdächtiger das, kann die Richterin eine Blutprobe anordnen.

> Die erste große Genspurpanne ist Anfang 2009 in Baden-Württemberg offenbar geworden. Bis zum 25. März geisterte die Phantomfrau von Heilbronn durch Schrebergärten und Medien. In den Fokus des öffentlichen Interesses war sie geraten, als ein Genabdruck nach den tödlichen Schüssen auf eine Streifenpolizistin in Heilbronn 2006 identifiziert und mit ihr, der unbekannten Täterin, in Verbindung gebracht wurde. Zunächst war unklar, ob es sich wirklich um eine Frau handelte, doch das konnte das Innsbrucker Institut für Rechtsmedizin klären. Eine Genanalyse der Mitochondrien wies außerdem darauf hin, dass ihre Mutter aus dem ost-

europäischen Raum kam. Aber niemand wollte sie der Polizei gegenüber beschreiben. Man vermutete, dass sie äußerlich als Mann daherkomme. An sechs Tötungsdelikten sollte sie sich beteiligt haben, dem ersten 1993. Ihre DNS wurde dann an rund 40 weiteren Tatorten von Einbrüchen identifiziert. Sie tauchte an Wohnungstüren, in Kindergärten, Schrebergärten, Autos, an Keksen auf und schuf immer neue Rätsel. Demzufolge reichte ihr Aktionsradius vom Saarland über Baden-Württemberg bis nach Österreich. Sie galt als die gefährlichste Serientäterin Deutschlands. Dabei sind die Fallanalytiker vom LKA Stuttgart (und Mainz) schier verzweifelt an der Widersprüchlichkeit der Muster. Nichts passte wirklich zusammen.

Dann wurde die Leiche eines Asylbewerbers gefunden, der seit zwei Jahren verschwunden war. Um herauszufinden, ob es sich bei der Leiche wirklich um ebendiesen Asylbewerber handelte, nahm man seine alte Fingerabdruckkarte her. In diesen mit Tinte auf Papier gedrückten Fingerspuren sollten sich, so die Annahme, Hautschuppen mit Genmaterial des Mannes befinden. Das Material wurde im Cycler vervielfältigt. Dachte man zumindest, denn heraus kam das Genprofil der Serienmörderin ohne Gesicht. Und das konnte dann definitiv nicht sein.

So hat die Öffentlichkeit gelernt, dass Genmaterial mit Wattestäbchen von Autos, Lenkrädern oder eben Fingerabdruckkarten aufgenommen wird. Und eine Charge dieser Wattestäbchen war nun leider mit Genmaterial einer Packerin des Medizinalversands verunreinigt. Solche Wattestäbchen werden selbstverständlich sterilisiert. Doch werden dabei eben nur Viren, Bakterien und Pilze abgetötet. Hautzellen überstehen den Prozess. Der Hersteller bekräftigte, er habe auch nie behauptet, dass seine Wattestäbchen DNS-frei seien. Die Polizei hätte nur die Gebrauchsanweisung lesen müssen. Das allerdings erwies sich dann auch als nicht ganz richtig. Der Hersteller hatte seinen Lieferungen an die Landeskriminalämter und die österreichische Polizei durchaus »DNase/RNase-/DNA-Freiheit« bescheinigt. (DNase ist ein Enzym, das DNS zerlegt.)

Bevor wir jedoch die Zuverlässigkeit des genetischen Fingerabdrucks generell in Frage stellen, sei gesagt, dass noch nie ein Mitarbeiter eines Genlabors oder etwa einer Firma für Medizinalbedarf für einen Mord verurteilt wurde (zumindest nicht nur aufgrund eines Genbeweises). Von Mitarbeiterinnen der Genlabors sind die Gendaten ohnehin bekannt, damit man ausschließen kann, dass es ihr Material ist, das der Cycler als Täter-DNS vervielfältigt hat.

Klassische Spuren

Blut

Blut riecht nicht stark, aber eigentümlich, ähnlich wie Schweiß und Harn. Es kann in kleinsten Mengen mit einer Lösung aus Luminol und Natriumperoxid nachgewiesen werden. Man sprüht die Lösung auf Stoff oder eine Tatwaffe. Befinden sich dort Reste von Blut, dann leuchten sie blauweiß, wenn man den Raum abdunkelt. Die älteste Methode, Blut zu identifizieren, besteht darin, dass man Wasserstoffperoxid, das man in der Apotheke zur Wundbehandlung bekommt, auf eine Verdachtsfläche träufelt. Wo die Flüssigkeit zu brutzeln beginnt, befindet sich entweder Blut oder eine andere Substanz, die oxidiert.

Blut geht beim Waschen von Kleidern oder in der chemischen Reinigung selten vollständig raus. Und so gründlich kann man Polstermöbel, Vorhänge, Türangeln, Böden, Wände oder Schrankschubladen kaum reinigen, dass nicht in irgendeiner Ritze, Faser oder Nut noch Reste auffindbar wären. Blut bleibt an Händen, an Messern, an Stricken, an Glasscherben kleben, übrigens auch das Blut des Täters, der sich an Glasscherben oder beim Kampf an seinem eigenen Messer sehr wahrscheinlich selbst verletzt hat.

Dass es Blutgruppen gibt, wissen wir alle. Normalerweise fallen uns vier ein. Ein zusätzliches Merkmal ist der Rhesusfaktor. Hinzu kommen inzwischen zwanzig verschiedene Eiweiße und sonstige Komponenten von Blut. Bevor die DNS-Analyse erfolgreich wurde, hat man bereits anhand der Blutkomponenten eine ziemlich individuelle Zuordnung herstellen können.

Anhand von weißen Blutkörperchen kann man sogar das Geschlecht der Person feststellen. Der Kern weiblicher Zellen enthält den Barr-Körper, ein inaktives X-Chromosom, der unterm Mikroskop als dunkler Fleck erkennbar ist. Männliche Zellen enthalten den Barr-Körper nicht. Kuriose Ausnahmen bestätigen die Regel.

Nur zur Bestimmung des Todeszeitpunkts taugt Blut nicht sonderlich gut. In kleinen Wunden gerinnt es nach wenigen Minuten. Nach zehn Minuten hat sich ein Blutpfropf gebildet und die Wunde verschlossen. Es sei denn, der Verletzte ist Bluter (immer männlich) oder nimmt gerinnungshemmende Mittel (auch Frauen). Wie schnell Blut außerhalb des Körpers gerinnt, hängt von vielen Umständen ab: Krankheiten des Toten, Medikamente, Vergiftungen.

Tödlich ist ein Blutverlust dann, wenn mehr als ein Drittel des Blutes ausgelaufen ist. Das ist schon bei 1,5 bis 2 Litern bei einem erwachsenen Menschen der Fall. Aber Blutlachen sind schwer abzuschätzen. Im Allgemeinen unterschätzt man die Menge. Blut breitet sich anders aus als Wasser oder Farbe. Es kann in der Mitte der Lache bis zu 7 mm dick sein. 2,5 Liter Blut bedecken eine Kreisfläche von etwa 75 cm Durchmesser. Allerdings kann Blut von Teppichen oder Stoffen eingesogen worden sein. Eine Blutlache ist gewöhnlich rotbraun und glänzt an der Oberfläche. Der Glanz von frischem Blut ist das wichtigste Unterscheidungsmerkmal zu Kaffeeflecken oder Rost.

Flüssiges Blut nimmt man mit einer Pipette auf. Wenn Polizeireporterin Suse keine Pipette bei sich hat, könnte sie es mit einem sauberen Papiertaschentuch aufsaugen. Sie sollte das Taschentuch dann irgendwie verwahren, beispielsweise in einer Schachtel, aber so, dass es langsam trocknen kann. Denn Blut zersetzt sich ziemlich schnell. Nach ein paar Tagen ist flüssiges, luftdicht konserviertes Blut nicht mehr für eine Blutgruppenbestimmung geeignet. Trocknet es langsam, zerstört es sich nicht so schnell. Bluttränkte Kleider sollten Ermittler also erst einmal an der Luft trocknen, bevor man sie einpackt.

In 80 Prozent der Fälle kann man die Blutgruppe eines Täters (oder verschwundenen Opfers) auch in Spuren anderer Körperflüssigkeiten (Sperma, Speichel) feststellen, weil die Antigene des AB0-Systems sich auch dort finden. Allerdings ist die Bestimmung des Genabdrucks sicher das stärkere kriminologische Instrument. Für alle, die einen Krimi im 20. Jahrhundert ansiedeln wollen, sei gesagt, dass man die Blutgruppenmerkmale in anderen Körperflüssigkeiten seit 1925 kennt.

Blut taugt auch zur Analyse des Tathergangs. Aus Form und Lage von Blutspuren kann die KTA (Kriminaltechnische Abteilung) ungeheuer viel ablesen.

Es gibt Tropfen, Spritzer, Lachen, Strahle, Schlieren und Spuren. Tropfen findet man auf dem Boden (horizontale Eben). Sie sind schön rund, wenn sie aus einer Höhe kleiner als 50 cm gefallen sind. Fallen sie aus größerer Höhe, sind sie am Rand ausgefranst oder es gehen radiale Spritzer in alle Richtungen weg. Spritzer entstehen, wenn der Blutstropfen an eine Wand fliegt oder das Blut nicht senkrecht nach unten getropft, sondern in einem Winkel auf dem Boden aufgetroffen ist. Schleuderspuren bilden sich, wenn der Täter eine bereits blutige Waffe hochreißt und nochmals zuschlägt. Die Tropfen fliegen von der Waffe weg und klatschen in einem Bogen gegen Decke, Wand oder Möbel. Oder das Opfer dreht sich, Tropfen fliegen aus seinen Haaren oder von der Hand im Kreisbogen oder wie Ausrufungszeichen gegen die Flächen.

Wenn Blut unter Druck aus einer verletzten Ader schießt, entsteht ein Strahl. So ein Strahl kann relativ weit spritzen, bis an die Decke, an die Wand, auf die Kleidung des Angreifers. Aber Achtung: Ein Stich ins Herz oder in den Bauch spritzt nicht. Die Hauptschlagadern liegen so tief, dass das Blut in den Bauchraum strömt und relativ unsichtbar bleibt.

Blutlachen entstehen rund um den Körper eines Opfers. Sieht man mehrere, hat sich das Opfer vielleicht noch bewegt. Tropfspuren verraten, dass das Opfer getragen wurde, Schmierspuren, dass es geschleift wurde. Und wenn beispielsweise die Abrinnspur auf Gesicht oder Hals eines Toten, der nach Selbstmörder aussieht, nicht genau lotrecht verläuft, dann weiß Kommissar Holbein: Dieser Mensch war schon tot, bevor er sich umgebracht haben soll. Das ist alles relativ banal und erschließt sich auch dem gesunden Menschenverstand, will aber beachtet werden.

Auf den gesunden Menschenverstand können wir uns dagegen weniger gut verlassen, wenn es um Schlussfolgerungen aus der Größe der Blutstropfen oder Spritzer geht. Quillt Blut aus einer Wunde und tropft ganz einfach nach unten, entsteht ein Fleck größer als 3 mm. Sind Blutstropfen schneller unterwegs (etwa, weil sie durch die Zentrifugalkraft vom Messer geschleudert werden), dann sind die Flecken kaum größer als 1 mm. Bei Schüssen in den Kopf oder Explosionen entsteht ein Sprühnebel noch kleinerer Tropfen. Grundsätzlich gilt: Je größer die Gewalt, desto kleiner die Blutstropfen.

Glas

> Polizeireporterin Suse geht ums Haus herum und betritt die Terrasse. Die Terrassentür steht offen. Im Glas ist ein Loch. Suse tritt näher. Unter ihren Füßen knirscht Glas. Ist die Scheibe nun von außen oder doch eher von innen durchschlagen worden? Hat hier jemand den Einbruch nur vorgetäuscht?

Glas ist ein ziemlich unberechenbares Material, auch für einen Täter. Schlägt er von außen eine Glasscheibe ein, fallen die Scherben und Splitter nicht nur in Schlagrichtung, sondern zu dreißig Prozent auch gegen die Schlagrichtung. Mit großer Wahrscheinlichkeit bleiben winzige Splitter in der Kleidung des Täters hängen. Wenn er durch ein Fenster schießt, sollte er mindestens sechs Meter von der Glasscheibe entfernt stehen, damit ihn auch bestimmt keine Glaspartikel mehr treffen, die später in seiner Haut und seinen Kleidern nachweisbar wären.

Den Glastyp bestimmt man mit der sogenannten Brechzahl. Das ist der

Grad, in dem ein Glas einen Lichtstrahl ablenkt. Dazu reicht ein Glas, das nicht dicker ist als ein Haar. Die Brechzahl von Luft ist 1, die von Glas bewegt sich zwischen 1,5 und 1,7. Das Verfahren ist technisch ausgefeilt und wird mithilfe von Silikonöl, Hitze und Computerbildgebung durchgeführt. Außerdem kann man die Dichte von Glas bestimmen, also sein Gewicht. Man muss es dazu nicht wiegen, man legt einen Glassplitter in eine Flüssigkeit, deren Dichte oder spezifisches Gewicht bekannt ist. Wenn es dann weder sinkt noch steigt, ist die Dichte des Glases bestimmt. Auch die Zusammensetzung von Glas kann man herauskriegen. Seit neuestem gibt es ein Verfahren, das Neutronenaktivierung heißt und auch bei allen möglichen anderen Fragmenten wie Metall, Farbe, Lack oder Fasern angewendet werden kann. Die Proben werden mit Neutronen beschossen. Das macht die einzelnen Elemente der Probe radioaktiv. Sie senden Gammastrahlen in einer je typischen Energiemenge ab. Bis zu 70 in einer Probe enthaltene Elemente können auf diese Weise identifiziert werden.

Glas ist eigentlich eine feste Flüssigkeit und hat diverse Eigenschaften, die sogar Rückschlüsse darauf zulassen, an welcher Stelle es zerschlagen wurde, wo also die Kraft einwirkte. An den Rändern der einer Krafteinwirkung gegenüberliegenden Seite eines Bruchstücks fehlen beispielsweise kleinste Teilchen.

Haare

Haare können einen runden, ovalen oder dreieckigen Querschnitt haben. Oval und rund ist er meist bei Europäern, flach bis oval bei Afro-Kariben. Das Haar von Afrikanern ist meist gewellt und die Pigmente sind in ihm ungleichmäßig verteilt, während die Farbteilchen in der Haarrinde der Europäer eher regelmäßig verteilt sind, um nur ein paar Unterscheidungsmerkmale zu nennen, die Rückschlüsse auf die am Tatort anwesenden Personen zulassen.

Kopfhaare erkennt man an den gespaltenen Spitzen oder daran, dass sie geschnitten wurden. Wimpern- und Augenbrauenhaare dagegen, die zudem eher einen runden Querschnitt haben, besitzen eine schöne Spitze. Achselhaare sind eher oval, sonstige Körperhaare haben auch mal einen dreieckigen Querschnitt, Schamhaar ist gekräuselt und elastisch, weibliches ist kürzer und krauser als das von Männern.

Handschuhe

Heutzutage weiß jeder Verbrecher und jede Krimischreiberin, dass man, um keine Fingerabdrücke zu hinterlassen, Handschuhe tragen sollte. Der Verbrecher ist aber gut beraten, wenn er seine Handschuhe nicht am Tatort oder in dessen Nähe auszieht und wegwirft, denn sie enthalten nicht nur Hautschuppen, die für eine Genanalyse taugen, sondern zuweilen in einer glatten Innenseite den kompletten Satz von Fingerabdrücken.

Und wer sich Handschuhe anzieht, fasst wenigstens einen Handschuh mit ungeschützten Fingern an, um ihn über die andere Hand zu streifen. Dabei hinterlässt er zumindest auf glatter Handschuhoberfläche wunderbare Fingerabdrücke.

Auch Handschuhe selbst hinterlassen Spuren. Es ist also auch nicht günstig, wenn ein Täter seine Handschuhe nach der Tat wieder daheim in die Schublade legt. Erstens tragen sie Spuren vom Tatort, und zweitens haben sie dort Spuren hinterlassen. Wurden Handschuhe in einem landwirtschaftlichen Betrieb verwendet, hat der Täter damit etwas gegessen, sich damit über die Haare gestrichen oder Schweiß vom Hals gewischt, das alles klebt er auf die Flächen, die er am Tatort anfasst. Sind Handschuhe fettig, hinterlassen typische Knicke an den Fingern sehr individuelle Spuren. Genauso wie Fehler im Kunstleder, Poren des Leders oder Herstellungsfehler bei Latexhandschuhen.

Fingerabdrücke

Seit hundert Jahren kann der Krimi mit Fingerabdrücken hantieren. Und wir wissen, dass selbst eineiige Zwillinge keine identischen, wenn auch ähnliche Fingerabdrücke haben.

Heutzutage muss kein Polizist mehr Fingerabdrücke vom Tatort mit Abdrücken auf Karteikarten vergleichen, bis sein Gehirn Doppelbilder produziert. Das macht seit 1993 in Deutschland ein Computer beim BKA. Er kann innerhalb weniger Sekunden Tausende Abdrücke im AFIS (Automatisiertes Fingerabdruck-Identifizierungs-System) mit einem vorliegenden Abdruck vergleichen. Dabei werden mehrere Dutzend charakteristische Punkte abgeglichen. Bei einer Treffermeldung überprüft ein Daktyloskop im BKA das Ergebnis.

Die Zeiten sind auch vorbei, wo Polizeireporterin Suse nach einer erkennungsdienstlichen Behandlung schwarze Finger hat. Nur auf kleinen Polizeistationen werden Fingerabdrücke vielleicht noch mit Tinte auf Karteikarten gedrückt. Sie müssen danach eingescannt und ans AFIS geschickt werden.

Auf allen anderen Stationen gibt es sogenannte Livescanner. Die Finger werden auf einer im Tisch eingebauten Platte einzeln in Feldern abgerollt. Außerdem wird zur Kontrolle die Hand gescannt. Dann kann das Programm dem Kriminalbeamten auch gleich sagen, wenn er aus Versehen den Mittelfinger im Feld des Ringfingers abgerollt hat. Sind die Fingerabdrücke im System, beschriftet der Beamte am Computer die elektronische Karte und schickt sie ans AFIS. Die Antwort, ob der Verdächtige dort schon geführt wird, kommt binnen weniger Minuten, also noch während der erkennungsdienstlichen Behandlung.

Polizeistreifen können seit 2006 auch mit einem mobilen Livescan-Gerät oder Einzelfingerscanner ausgerüstet sein. Er sieht aus wie ein wuchtiges Handy, hat oben ein schmales Display, dann Zahlen und unten das Scanfeld für die Fingerkuppen. Damit nimmt man im Streifenwagen Abdrücke der Zeigefinger und sendet sie zum Schnellabgleich ans AFIS. Im Fall der sogenannten Fast ID (Fast Identification) überprüft bei einem Treffer kein BKA-Beamter das Ergebnis, denn es geht zunächst nur darum, ob man einen Fußballrowdy zur weiteren Überprüfung auf die Polizeidienststelle mitnehmen muss oder nicht.

Die AFIS-Datei enthält (Stand 2009) gut 3,2 Millionen Fingerabdruckblätter, gut eine halbe Million Handflächenabdrücke und 150 000 offene Spuren, die noch keinem Menschen zugeordnet werden konnten. Seit 2003 gibt es auch das auf AFIS basierende europäische Fingerabdruck-Identifizierungs-System, EURODAC (European Dactyloscopy). Darin erfasst sind unter anderem Asylbewerber und illegale Einwanderer.

Teil 4 Die Leiche

Polizeireporterin Suse Marquardt hat vergeblich auf die junge Frau eingeredet, die an der Kante des Hochhausdachs steht. »Das ist er doch nicht wert!«, hat Suse argumentiert. »Männer wie Jean gibt es im Dutzend!« Brigitte Neugereuth hat sich nicht überzeugen lassen. Sie springt. Suse tritt an die Kante und sieht unten die Leiche liegen. Sie liegt auf dem Bauch. Arme und Beine sind unnatürlich verdreht.

So sehen wir das in Fernsehkrimis, und wir sollten dankbar sein, dass uns die Macher mit dem wahren Anblick von Leichen verschonen. Menschen, die aus dem Fenster mehrere Stockwerke tief fallen, überleben den Sturz nicht ohne Dutzende Knochenbrüche und manchmal auch erschreckend widernatürliche Verletzungen. Da dringt beispielsweise die Daumenkuppe durch den Handteller. Menschen, die sich von Hochhäusern gestürzt haben, können durchaus wie im Film auf dem Bauch liegen und man sieht ihnen kaum an, dass sie aufgeschlagen sind. Aber sie können auch in Einzelteilen unten ankommen, wenn sie beim Sturz Hauswand oder Balkone streifen (➶ Stürze).

Leichen sind überhaupt selten so ordentlich und rosig wie im Fernsehkrimi. Fernsehleichen sehen meist so aus, als würde ein Schauspieler die Luft anhalten. Ich gucke dann, ob ich die Halsschlagader noch pulsieren sehe. Und kein Schauspieler kann jemals so vollständig erschlafft liegen, wie das ein Toter tut. Tote werden sogar 2 bis 3 Zentimeter länger, weil sich Gelenk- und Wirbelsäulensehnen und Muskeln lockern. Und sie sind leichenblass, es sei denn, eine Vergiftung hat sie kirschrot gefärbt. Auch stehen die Augen nicht sperrangelweit, sondern nur einen Spaltbreit offen. Die Augäpfel bleiben nicht verdreht stehen, sondern richten sich in dem Moment, wo die Augenmuskulatur sich entspannt, gerade.

Der Individualtod vernichtet alles Menschliche. Gesichter von Toten zeigen keine Gefühle mehr. Das Gefühl, das sie beim Sterben hatten – beispielsweise Angst und Entsetzen – bleibt auf dem Gesicht nicht als Grimasse erhalten. Wir können den Fingern einer Leiche auch nicht mit Gewalt einen Zettel oder irgendein anderes Beweismittel entreißen, denn die Handmuskeln sind erschlafft. Genauso wenig haben wir eine Chance, zwischen den leichenstarren Fingern des Toten das Eckchen eines Zettels zu entdecken, den der Mörder der Hand zu entreißen versucht hat. Es ist zwar richtig, dass die Leichenstarre die Muskeln der Hand zementiert, aber bevor es zur Leichenstarre kommt, sind sie schlaff. Die Hand eines eben Verstorbenen hält nichts mehr fest, sondern lässt alles los und fallen.

Es sei denn, wir holen die Legenden hervor, die über die kataleptische Totenstarre im Umlauf sind. Demnach soll es Fälle geben, in denen ein Mensch im Moment seines Todes erstarrt. Er fällt nicht um, er bleibt stehen, er hält fest, was er gerade gehalten hat. Allerdings haben Pathologen und Gerichtsmediziner noch nie einen solchen Fall dokumentiert.

Gehen wir also besser davon aus, dass sich auf den Gesichtern unserer Krimitoten nichts mehr abspielt, wozu man das Gehirn und Nervenimpulse braucht. Sie sind reine Physiognomie ohne Charakterzüge. Der Kiefer ist nach unten gesunken, die Zunge womöglich blau hervorgetreten, vor den Lippen steht vielleicht ein Schaumpilz. Die Hornhaut der Augen trocknet ein, wo Luft an sie kommt, die Schleimhäute trocknen aus, bei einem Mann treten plötzlich Bartstoppeln hervor, weil die umliegende Haut einsinkt.

Die komplette Erschlaffung der Muskulatur bewirkt auch, dass sich die Blase entleert, und spätestens dann, wenn man die Leiche bewegt und Druck auf sie ausübt, entleert sich auch der Darm. Das ist der Grund, warum man Leichen wäscht, bevor man sie aufbahrt und die Verwandten heranlässt. Und zuweilen stößt ein Toter einen Seufzer aus, wenn man ihn bewegt, weil die Luft aus den Lungen gedrückt wird.

Wer mit einer echten Leiche Umgang hat, braucht also starke Nerven. Deshalb rate ich vom Versuch ab, mit dem örtlichen Gerichtsmediziner einen Termin auszumachen. Zumal das Zuschauen bei einer Sektion auch etwas Voyeuristisches hat. Wir verletzen die Privatsphäre des Toten. Besorgen wir uns lieber erst einmal einen Atlas der Gerichtsmedizin[9]. Und dann Augen zu und durch.

Die leblose Person

Er sieht aus, als schliefe er, aber Polizeireporterin Suse weiß sofort: Rentner Müller ist tot. Aber seit wann? Eigentlich sollte sie sofort die Polizei verständigen und nichts anfassen. Aber sie hat diesmal gute Gründe, sich die Leiche genauer anzusehen. Schritt eins: Ist die Person wirklich tot? Sie ist nicht ansprechbar, der Puls ist nicht zu ertasten. Doch Suse weiß, wenn sie keinen Puls fühlt, heißt das nicht, dass die Person wirklich tot ist. Im Erste-Hilfe-Kurs für den Führerschein hat sie mal gelernt: Am sichersten ist ein Spiegel, den man vor Mund oder Nase des Leblosen hält, um zu sehen, ob der Atem ihn beschlägt. Suse hat allerdings keinen Spiegel dabei. Sie schminkt sich nämlich nicht. Aber es gibt ja noch andere sichere Todeszeichen.

Im Krimi ist es meistens nicht nötig, den Tod einer Person festzustellen, denn schließlich braucht er Leichen und keine Komatösen, die vom Notarzt noch mal zurückgeholt werden und dann sagen können, wer versucht hat, sie umzubringen.

Sichere Todeszeichen

Lebenszeichen findet Polizeireporterin Suse bei Rentner Müller keine mehr. Sie zieht ihr Handy und tippt die 112. Länger als zehn Minuten sollte es nicht dauern, bis Rettungswagen und Notarzt kommen. Ein paar Minuten hat Suse also Zeit, sich den Toten anzuschauen. Sie rekapituliert: Nicht sichere Todeszeichen sind Blässe, Atemstillstand, fehlender Puls und fehlende Reflexe. Und um zu schauen, ob die Leiche schon Totenflecken aufweist, müsste sie sie drehen.

Totenflecken

Sie werden auch Livores genannt und sind das erste sichere Todeszeichen. Sie bilden sich, weil das Blut in der Leiche nach unten sickert, nach 20 bis 30 Minuten an der Unterseite. Normalerweise sind sie blau oder blauviolett. Nach 2 Stunden beginnen sie ineinanderzulaufen, nach 6 Stunden bedecken sie die ganze Fläche. Weiß bleibt der Körper nur dort, wo er mit seinem Eigengewicht aufliegt. Es bilden sich beispielsweise auf dem Gesäß und den Schultern die typischen weißen Schmetterlingsformationen. Auch Gürtelschnallen, Wäschefalten, Steine, Gezweig oder ein unter der Leiche liegender Gegenstand hinterlassen weiße Aussparungen in den Totenflecken. Aber Achtung: Solange das Blut im Körper noch flüssig ist – bis zu 6 Stunden nach dem Tod –, bilden sich neue Totenflecken, wenn man einen Gegenstand unter dem Toten hervorzieht, ihn umdreht oder verlagert, und die alten verschwinden.

Und noch sehr lange, nämlich bis zu 36 Stunden lang, kann man die Flecken wegdrücken, anfangs leicht, später mit einem kräftigen Fingerdruck, der einen hellen Punkt hinterlässt. Solange das Serum noch nicht aus dem Blut herausgetrocknet ist, bleibt das Blut in den Adern beweglich. Danach braucht man schon eine Pinzette, um Livores wegzudrücken. Das macht der Gerichtsmediziner, wenn er herauskriegen will, ob es sich bei dem blauen Fleck, den er sieht, nicht vielleicht doch um ein Hämatom handelt, also einen Bluterguss, bei dem genau das eben nicht geht.

Die Farbe der Totenflecken variiert je nach Todesart. Hellrot sind die Totenflecken, wenn der Tote in der Kälte liegt. Kohlenmonoxid- oder Zyankalivergiftungen färben die Flecken krebs- bis kirschrot. Blauviolett sind sie bei einer Vergiftung mit Barbituraten. Braun oder grün sind die Flecken, wenn der Tote beispielsweise mit dem Herzmittel Nitroglycerin oder Sulfonamiden (antibakterielle Medikamente) vergiftet wurde. Das sind Mittel, die den roten Blutfarbstoff verändern. Man nennt diese Veränderung Methämoglobinämie.

Leichenstarre

Deutlichstes Zeichen des allmählichen biologischen Sterbens (➚ Der Sterbeprozess) ist die Totenstarre oder Leichenstarre, auch Rigor mortis genannt. Wann sie einsetzt, ist von der Außentemperatur abhängig. Je wärmer es ist, desto schneller beginnt sie. Ursache der Muskelerstarrung ist der postmortale Stoffwechsel, bei dem allmählich das Adenosintriphosphat ausgeht. Das ATP sorgt beim lebenden Menschen dafür, dass die Muskeln Energie bekommen, um sich wieder zu entspannen. Geht den Muskeln das ATP aus, bleiben sie fest.

Und plötzlich bekommt die Leiche eine Gänsehaut. Denn der Prozess beginnt in den kleinsten Muskeln der Körperhaare (und hört auch dort zuerst wieder auf). Bei Zimmertemperatur werden nach etwa 1 bis 2 Stunden die Augenlider starr, nach 2 bis 4 Stunden die Kaumuskeln am Kiefer und die kleinen Gelenke. Danach setzt sie an Hals und Nacken ein und wandert weiter den Körper hinunter. (In der Hälfte der Fälle gibt es Abweichungen von dieser Reihenfolge.) Der Prozess dauert etwa 14 bis 18 Stunden. Etwa 24 bis 48 Stunden nach dem Tod löst sich die Starre infolge der normalen Zersetzungsprozesse. Bei Wärme geht das Ganze schneller, bei Kälte langsamer. Und wenn jemand kurz vor seinem Tod noch mächtig Sport getrieben hat, setzt die Totenstarre schneller ein. Dann ist in den Muskeln nämlich bereits zu Lebzeiten das ATP knapp geworden.

Auch innerhalb der Muskeln entwickelt sich die Starre langsam. Zunächst fühlen sich Muskeln und Gelenke teigig an, dann sind sie hart. Man kann die Leichenstarre in den Gelenken mit einiger Kraft brechen. Dann ist sie für immer gebrochen. Ein lockeres Handgelenk bei ansonsten starrer Leiche deutet also darauf hin, dass jemand die Leiche bewegt oder transportiert hat, nachdem die Leichenstarre eingesetzt hatte, und zwar schätzungsweise 8 bis 18 Stunden nach dem Tod. Bricht man die Leichenstarre, bevor das Gelenk ganz fest geworden ist, dann erstarren danach nur noch die Muskelfasern, die zuvor noch nicht erstarrt waren.

Der Sterbeprozess

> Nach einer wüsten Schießerei stirbt KOKin Anke Lederer in den Armen ihres Kollegen KHK Kalle Holbein. Sie sagt noch ein oder zwei Worte, dann haucht sie ihr Leben aus, ihr Kopf sinkt auf die Seite, ihre Augen werden starr. Die Kamera fährt in die Totale und zeigt Rettungswagen und Polizei. Ein Verbrecher wird abgeführt.

Ich frage mich da immer: Wo zum Teufel sind eigentlich gerade die Notärzte, die so zahlreich am Set herumspringen? Sie sollten den Sterbenden schleunigst intubieren, ihm einen venösen Zugang legen, an den Tropf hängen und in den Hubschrauber oder Krankenwagen verfrachten. Die angeschossene Polizistin hätte vermutlich noch lange leben können, hätten die Sanis (und Filmregisseure) sie nicht unversorgt in den Armen des Kollegen gelassen. Sie hätte sogar dann noch Chancen, wenn Notarzt und Sanitäter mit der üblichen Zeitverzögerung eines Notrufs am Tatort erscheinen und das Leben des Opfers schon erloschen scheint. Wenn die Kugel der Polizistin nicht sofort das Herz zerfetzt hat – und dann sagt sie keine letzten Worte mehr –, sondern in den Bauch eingedrungen ist, verblutet sie langsam nach innen und stirbt erst im Krankenhaus oder kann gerettet werden.

Individualtod

Wenn ein Mensch stirbt, verliert er zuerst seine Sehfähigkeit, dann versagt das Gehör, dann kommt der Herzstillstand. Doch selbst, wenn Puls und Atmung bereits ausgesetzt haben, ist er noch nicht tot. Zunächst fehlt dem

Organismus ja nur der Nachschub an Energie. Daran sterben die Organe in unterschiedlicher Geschwindigkeit. Das Gehirn braucht am meisten Sauerstoff, also stirbt es zuerst, wenn daran Mangel herrscht. Der irreversible Hirntod tritt nach 5 bis 15 Minuten ein. Damit stirbt das Individuum. Der Individualtod wird in Deutschland mit dem Hirntod definiert. Dabei müssen aber alle Hirnteile, beispielsweise auch das Stammhirn, ausgefallen sein.

> Polizeireporterin Suse zieht eine kleine Taschenlampe aus ihrer Jacke und richtet sie auf die Pupillen der leblosen Person. Die Pupillen ziehen sich nicht zusammen. Sie sind lichtstarr. Doch nicht einmal das muss ein sicheres Todeszeichen sein. Unter Umständen wären Wiederbelebungsmaßnahmen noch erfolgreich. Sie nimmt den Kopf des Toten und wendet vorsichtig das Gesicht von links nach rechts. Bewegen sich die Augen noch?

Man nennt das den okulozephalen Reflex. Es handelt sich um einen Augenreflex, der so lange auftritt, wie ein komatöser Mensch noch nicht hirntot ist, zumindest das Stammhirn noch arbeitet. Dreht man den liegenden Kopf hin und her, dann vollführen die Augen eine ausgleichende Gegenbewegung. Dreht man den Kopf nach links, rutschen die Augen in den rechten Augenwinkel und umgekehrt. Deshalb nennt man es auch das Puppenkopf-Phänomen. Allerdings sollte man das, wenn man nicht Ärztin oder Polizeireporterin Suse ist, nur tun, wenn ganz dringende Gründe dafür sprechen, denn man könnte einer Person mit erschlafften Halsmuskeln dabei ein Schleudertrauma verpassen.

Intermediäres Leben

Der Individualtod bedeutet noch nicht das Ende des biologischen Lebens. Erst 10 bis 20 Minuten nach dem Hirntod sterben die Zellen des Herzens, die Leber stirbt nach einer guten halben Stunde, die Lunge bringt es immerhin auf eine Stunde. Erst nach zwei Stunden setzen dann die Nieren aus. Magen und Darm arbeiten noch 24 Stunden weiter. Knorpel und die Hornhäute in den Augen leben immerhin noch 72 Stunden. Diese Zeiten sind vor allem für Organtransplantationen wichtig. Solange die Zellen leben, können sie verpflanzt werden. Spermien überleben übrigens bis zu einer Woche. Doch damit noch Kinder zu zeugen ist verboten.

Haare und Nägel wachsen allerdings entgegen verbreiteter Annahme nicht mehr weiter!

Absoluter Tod

Wenn der Darm tot ist, leiten körpereigene Enzyme allmählich die Autolyse ein, also die Auflösung des Körpers, die in Fäulnis übergeht. Sie beginnt nach ungefähr zwei Tagen im Dickdarm. Der Unterleib wird, beginnend links unten, grünlich, die Adern schlagen blaurot durch die Haut. Die Gase Ammoniak, Methan, Schwefelwasserstoff und Kohlenmonoxid durchsetzen den Leichnam mit Gasbläschen, treiben die Zunge aus dem Mund, blasen den Körper auf, machen die Organe schaumig und führen zu Haarausfall. Die Leiche wird sehr, sehr hässlich. Nach zwei bis drei Wochen lösen sich Haut, Fingernägel und Haare ab. Nach sechs Wochen oder mehr bildet sich Fettwachs. Die Leichen werden gelblich. Ganz besonders grässlich sind Wasserleichen: aufgedunsen, aufgeweicht, von Schiffsschrauben zerfetzt, von Fischen angefressen.

Diese Prozesse sind stark von der Umgebung abhängig, also von Feuchtigkeit, Wärme, Kälte, Trockenheit und so weiter und geben demzufolge Aufschluss darüber, was mit der Leiche geschehen ist. Dabei hilft auch der Insektenbefall (➶ Wenn die Würmer kommen).

Leichengift

gibt es übrigens nicht, und man kann nicht dran sterben, auch wenn infolge der mikrobiellen Zersetzung von Eiweiß teilweise giftige Zerfallsprodukte entstehen, die vor allem den Verwesungsgeruch ausmachen, Cadaverin und Puetresin genannt. Eine Leiche im Brunnen vergiftet das Wasser nicht, weil sie eine Leiche ist, sondern weil Krankheitserreger das Wasser verseuchen können oder aber die Stoffwechselprodukte bestimmter Bakterien giftig sind, wie Botulinumtoxin, das unter Luftabschluss entsteht, oder Tetanustoxin (➶ Der Giftmord).

Wenn die Würmer kommen

Eine Leiche, die man innerhalb von vierzehn Tagen bis zum Skelett vernichten möchte, muss man nicht ins Säurebad legen, sondern nur bei sommerlichen Temperaturen an ein ruhiges Plätzchen im Wald oder auf einer Flussau. Die Arbeit besorgen Insekten. Insektenkundlerinnen können inzwischen den Todeszeitpunkt oft genauer eingrenzen als Rechtsmedizinerinnen. Die Wissenschaft, die Insekten zu Zeugen einer Tat aufruft, heißt forensische Entomologie.

Der chinesische Jurist Sung Tz'u beschreibt Mitte des 13. Jahrhunderts in einem Fachbuch folgenden Fall: In einem chinesischen Dorf ist ein Mann in einem Reisfeld mit einer Sichel umgebracht worden. Der Dorfrichter ruft alle Reisbauern zusammen. Sie sollen ihre Sicheln mitbringen und vor ihm in eine Reihe legen. An keiner Sichel ist Blut sichtbar. Doch dann landen die ersten Schmeißfliegen auf einer der Sicheln. Der Besitzer gesteht den Mord sofort.

Schmeißfliegen können für Menschen nicht sichtbare Blutreste riechen. Sie sind die Ersten, die eine Leiche anfliegen. Wenn eine Leiche blutig und das Wetter gut ist, landen sie schon wenige Minuten nach dem Tod, manchmal sogar schon, kurz bevor das Herz stehen bleibt. Sie legen Eier ab, aus denen sich in 8 bis 14 Stunden hungrige Maden entwickeln. Sie brauchen das weiche Gewebe der Leiche im frischtoten Stadium. Im Sommer sind Gesicht und Bauch der Leiche innerhalb weniger Tage von einem wilden Gewusel bleicher Maden bedeckt.

Nach 8 bis 14 Stunden streifen die Maden ihre erste Haut ab. Das zweite Entwicklungsstadium dauert drei Tage. Im dritten Stadium sind die Maden dick und fett und fressen sechs Tage lang. Danach kriechen sie – auf gut sichtbaren Bahnen – vom Leichnam weg, graben sich im Boden ein und verpuppen sich für 12 Tage. Dann schlüpfen neue Fliegen. Entomologen suchen deshalb auch den Boden um die Leiche herum ab.

Die Besiedlung von Leichen durch Insekten und deren Larven verläuft nach einem straffen Plan. In Küstengebieten folgt der Schmeißfliege die Tangfliegenlarve, in bäuerlichen Umgebungen haben wir die Güllefliegenlarve. Beginnt die Fäulnis, kommen wieder andere Insekten. Käsefliegen landen auf der Leiche, wenn das Gewebe breiig oder auch käsig ist. Löst sich der Körper auf, kommt die Latrinenfliege. Wenn kein weiches Gewebe mehr da ist, krabbeln die Käfer, die mit trockenem Gewebe, Haut und Haaren umgehen können, darunter der Speckkäfer. An Waldleichen knabbert der Waldmistkäfer, der trockenes Gewebe wegträgt, um seine Brutbauten zu versorgen. Die Löcher sehen aus, als sei der Tote vor seinem Tod verletzt worden. Und es kommen die Totengräber, Käfer, die dann wiederum auch die Larven fressen. Der Erdkäfer schließlich zerlegt Fett und Talg von Knochenresten. Bei guten Wetterbedingungen ist nach vierzehn Tagen alles vorbei, und es liegen nur noch blanke Knochen herum.

Befindet sich eine Leiche im Wald, weiden Ameisen die oberen Hautschichten ab, was dann aussieht wie eine blutlose Schürfwunde. Verätzungen durch Ameisensäure färben die Haut dunkel, vor allem an Mund und Nase, was man wiederum als Vergiftung fehldeuten kann. Außerdem gibt es auch Säugetiere, die an der Leiche fressen.

Wenn man die Reihenfolge der Besiedlung und die Entwicklungsstadien der Larven (in Abhängigkeit von Wetter und Ort) kennt, dann kann man daraus Rückschlüsse auf die Liegezeit der Leiche an einem bestimmten Ort ziehen. Finden sich auf der Leiche Larven oder Insekten oder deren Spuren, die am Fundort nicht vorkommen, dafür aber typischerweise woanders, dann eröffnet das weitere Rückschlussmöglichkeiten. Aber nicht nur das. Fliegenlarven fressen totes Gewebe. Findet man ein paar Maden im Kofferraum eines Tatverdächtigen, so kann man aus ihnen sogar die Erbsubstanz der Leiche isolieren, an der sie sich befanden. Damit ist der Beweis erbracht, dass die Leiche tatsächlich im Kofferraum des Tatverdächtigen lag. Und fressen die Maden auch noch das Genmaterial eines Täters mit, beispielsweise die Spermienflüssigkeit eines Vergewaltigers oder das Blut eines Mörders, das sich an der Leiche befand, so finden sich, wenn man Glück hat, Spuren davon in den Larven, und man kann einem Verdächtigen die unmittelbare Beziehung zur Tat nachweisen.

Nekrophage Insekten helfen aber auch weiter, wenn es darum geht zu klären, ob jemand durch Medikamente, Gift oder Drogen ums Leben kam, auch dann, wenn in der Leiche selbst der Nachweis nicht mehr möglich ist. Die Gifte finden sich im Verdauungstrakt der Maden. Kokain oder Heroin beschleunigt das Wachstum von Fleischfliegenlarven, Beruhigungsmittel verlangsamen es.

Mit Insekten an der Frontschreibe eines der Fahrerflucht Verdächtigen kann man unter Umständen nachweisen, dass er doch mit seinem Wagen durch die Mückenschwärme am Waldsee gefahren ist, und zwar bei Sonnenuntergang. Waldkäfer oder Waldameisen in Reifen oder Schuhsolen beweisen, dass ein vehement Leugnender doch im Wald war. Und so weiter. Insekten können jedes falsche Alibi entlarven, wenn Sie das in Ihrem Krimi brauchen und wenn Kommissar Holbein es nicht durch Befragung oder die üblichen Blitzer-Fotos schafft.

> Die Ärztin hat den Tod der Person festgestellt, und Kommissar Holbein fragt: »Und wann ist der Tod eingetreten?«
>
> Die Ärztin schaut hoch und erklärt: »Gestern Abend zwischen 21:30 und 23 Uhr. Nach der Autopsie wird man das genauer wissen.«
>
> Holbein nickt zufrieden. »Also ist Müller vor Mitternacht erwürgt worden!«

Leider unmöglich. Denn trotz intensiver Forschung kann man den Todeszeitpunkt derzeit rückblickend nur auf eine Spanne von fünf Stunden eingrenzen. Fünf Stunden! Wenn die ersten Totenflecken auftreten, weiß man auch nicht mehr, als dass der Tod vermutlich zwischen zwanzig Minuten und anderthalb Stunden her ist, es sei denn, irgendwas hat das Blut des Toten besonders flüssig gemacht oder eine Blutarmut hat die Totenflecken erst sehr spät erscheinen lassen. Und so geht das bei allen postmortalen biologischen Prozessen. Sie sind von zahllosen Bedingungen abhängig.

> Der tollste Prophet ist da übrigens Dr. Börne (Jan Josef Liefers, *Tatort Münster*), der in *Höllenfahrt* (WDR, 22.3.2009) einem am Baum Erhängten Socken und Schuhe auszieht, den Finger unter die Fußsohle legt (um die Temperatur zu spüren) und erklärt, der Tod sei fünf Stunden her. Beim nächsten Toten fasst er an den Hals und weiß, der Tod ist vor anderthalb Stunden eingetreten. Ansonsten aber ist bei den Münsteraner Krimis das Trio Staatsanwältin, Kommissar und unabhängiger Rechtsmediziner durchaus um Realistik im Absurden bemüht. Die Präsenz der kleinwüchsigen Kollegin Silke Haller, genannt Alberich (ChrisTine Urspruch), trägt beispielsweise dem Umstand Rechnung, dass Obduktionen von zwei Ärzten ausgeführt werden müssen.

Körpertemperatur

In der Tat ist die Körpertemperatur einer Leiche ein wichtiger Hinweis darauf, wann der Tod eingetreten ist. Es reicht aber nicht, die Temperatur des Körpers zu messen, beispielsweise rektal, man muss auch die Umgebungstemperatur kennen. Im Fall einer Vergewaltigung würde man bei einer rektalen Messung zudem mehr Spuren zerstören als Informationen gewinnen. Manche Rechtsmediziner empfehlen deshalb, erst auf dem Obduktionstisch zu messen. Mithilfe eines Computerprogramms mit den

Parametern Rektaltemperatur, Umgebungstemperatur, Körpergewicht, Bekleidung, Feuchtigkeit und Fundortmerkmale wird dann ein Todeszeitpunkt errechnet. Die Zeitspanne, auf die man damit kommt, erstreckt sich dann aber immer noch auf über fünf Stunden.

Allgemein fällt die Körpertemperatur bei einer Leiche je nach Temperaturunterschied zur Umgebung in einer Stunde um 1 bis 1,8 Grad. Nackte kühlen schneller aus, dicke Menschen langsamer, Kinder schneller. In den Tropen kann ein Körper nach dem Tod auch wärmer werden. Außerdem ist immer die Frage, wie warm der Mensch war, als er starb. Bei Kranken, nach Sport oder beim Erstickungstod ist die Körpertemperatur erhöht; wenn eine Person an Unterkühlung stirbt, lag ihre Temperatur vermutlich unter 37 Grad. Leichen kühlen schneller oder langsamer aus, je nachdem, ob sie in einem fließenden oder einem stillen Gewässer lagen, ob Wind über sie strich oder sie sich in einem Innenraum befanden, ob ihre Kleider feucht oder trocken waren, ob sie unter Durchblutungsstörungen gelitten haben oder gesund waren und so weiter.

Leichenstarre

Selbst wenn zwei Menschen im selben Moment am selben Ort sterben, verläuft bei ihnen die Leichenstarre unterschiedlich. Hat man eine Leiche, die halbwegs starr ist, so kann man sagen, dass ihr Tod noch keine zwölf Stunden und wohl mehr als vier Stunden her ist. Und nur in der Hälfte der Fälle wandert sie regelrecht von oben nach unten. In der anderen Hälfte der Fälle versteifen die Muskeln in anderer Reihenfolge.

Idiomuskulärer Wulst

In Deutschland forscht man an einem Phänomen, das sich auch zur Feststellung des Todeszeitpunkts eignet. Kurz nach dem Tod reagiert die quergestreifte Muskulatur (also diejenige, die wir willentlich steuern können) noch auf Schläge. Schlägt man auf den Bizeps, dann zieht er sich so heftig zusammen, dass sich sogar der Arm des Toten bewegt. Das ist 1,5 bis 2,5 Stunden nach dem Tod der Fall. 4 bis 5 Stunden nach dem Tod bildet sich bei einem Schlag im Muskel nur noch der sogenannte idiomuskuläre Wulst, also ein deutlich fühlbarer Hubbel unter der Haut, der nicht verschwindet. Führt ein Arzt diesen Test durch, muss er das für den Rechtsmediziner, der später eine Obduktion vornimmt, notieren. 8 bis 12 Stunden nach dem Tod bildet sich nach einem ordentlichen Schlag auf den Muskel noch ein schwacher Wulst, der bis zu 24 Stunden stehen bleibt.[10]

Elektrische Erregbarkeit
Auch mit Elektroreizen kann man sich rückwärts dem Todeszeitpunkt nähern. Dazu setzt man innen am oberen Augenlid einen elektrischen Impuls von 30 mA Wechselstrom an.

In den ersten 2,5 bis 3,5 Stunden nach dem Tod reagiert das halbe Gesicht darauf. Bis 4,5 Stunden nach dem Tod zuckt noch die Stirnseite des Auges mit, nach 5,5 Stunden reagieren nur noch unteres und oberes Lid. Zwischen 4,75 und 8,25 Stunden nach dem Tod bewegt sich noch das obere Lid (auch hier befinden wir uns fast wieder in der Ungenauigkeitsspanne von 5 Stunden), 5,5 bis 10 Stunden nach dem Tod zuckt nur noch ein kleiner Teil des Oberlids und ab 8,5 bis 13,5 Stunden beschränkt sich die Reaktion auf den Berührungspunkt des Elektroreizes. In Einzelfällen sind Muskeln noch bis zu 20 Stunden nach dem Tod elektrisch erregbar.[11]

In der Gerichtsmedizin

Eine Leichenöffnung – Obduktion, Autopsie oder Sektion genannt – muss immer dann sein, wenn die Todesursache unklar ist. Das gilt auch für Kranke, die zu Hause oder in Krankenhäusern unerwartet gestorben sind. Dann übrigens nennt man den Arzt, der schneidet, auch Pathologe. Unsere Krimi-Rechtsmediziner sind dagegen keine Pathologen.

Leichenöffnungen werden von Instituten für Rechtsmedizin durchgeführt, die in der Regel bei einer Universität angesiedelt sind. Staatsanwältin oder Richterin ordnen die Sektion an, die Ärzte des unabhängigen Instituts führen sie durch. Eine Sektion kostet den Staat zwischen 500 und 2000 Euro (Stand 2007). Dabei wird auch nach bestimmten Standardgiften (Alkohol, Beruhigungsmittel, Drogen) gesucht. Über besondere Maßnahmen, beispielsweise Gentests, entscheidet die Staatsanwältin. Die Obduktionsberichte gehen nur dem Auftraggeber zu, also zuerst der Staatsanwaltschaft, und sonst niemandem. Die Staatsanwaltschaft ordnet dann, wenn nötig, polizeiliche Ermittlungen an.

> § 87 StGB:
> (1) Die Leichenschau wird von der Staatsanwaltschaft, auf Antrag der Staatsanwaltschaft auch vom Richter, unter Zuziehung eines Arztes vorgenommen. Ein Arzt wird nicht zugezogen, wenn dies zur Aufklärung des Sachverhalts offensichtlich entbehrlich ist.

(2) Die Leichenöffnung wird von zwei Ärzten vorgenommen. Einer der Ärzte muss Gerichtsarzt oder Leiter eines öffentlichen gerichtsmedizinischen oder pathologischen Instituts oder ein von diesem beauftragter Arzt des Instituts mit gerichtsmedizinischen Fachkenntnissen sein. Dem Arzt, welcher den Verstorbenen in der dem Tod unmittelbar vorausgegangenen Krankheit behandelt hat, ist die Leichenöffnung nicht zu übertragen. Er kann jedoch aufgefordert werden, der Leichenöffnung beizuwohnen, um aus der Krankheitsgeschichte Aufschlüsse zu geben. Die Staatsanwaltschaft kann an der Leichenöffnung teilnehmen. Auf ihren Antrag findet die Leichenöffnung im Beisein des Richters statt.

(3) Zur Besichtigung oder Öffnung einer schon beerdigten Leiche ist ihre Ausgrabung statthaft.

(4) Die Leichenöffnung und die Ausgrabung einer beerdigten Leiche werden vom Richter angeordnet; die Staatsanwaltschaft ist zu der Anordnung befugt, wenn der Untersuchungserfolg durch Verzögerung gefährdet würde. Wird die Ausgrabung angeordnet, so ist zugleich die Benachrichtigung eines Angehörigen des Toten anzuordnen, wenn der Angehörige ohne besondere Schwierigkeiten ermittelt werden kann und der Untersuchungszweck durch die Benachrichtigung nicht gefährdet wird.

Es gibt inzwischen etliche Krimis, welche die Arbeit von Rechtsmedizinern ins Zentrum stellen und sie dabei auch in die Rolle operativer Ermittler stecken. Aber ein Gerichtsmediziner ermittelt nicht. Er ist auch nicht Teil der Polizei, kann also von der Polizei auch nicht ungeduldig abgekanzelt werden. Er befragt keine Zeugen und rennt nicht herum, um selbst Spuren zu sichern. Der Zeuge, den er zum Sprechen bringt, ist die Leiche.

An einer Obduktion sind immer zwei Rechtsmediziner beteiligt, zwei Obduzenten, denen ein Assistent hilft. Meistens wird parallel gearbeitet, einer schneidet den Bauch auf, einer sägt am Kopf, der Assistent reicht Organe an einen Obduzenten, der sie auf einem Seitentisch untersucht, und so weiter. Ausführlich und anhand von krassen Fällen nachzulesen in dem Buch *Dem Tod auf der Spur*[12] von Michael Tsokos, dem Chef der Rechtsmedizin der Berliner Charité.

Äußere Leichenschau

Die Autopsie beginnt mit einer genauen Begutachtung und Beschreibung der Leiche. Größe, Gewicht, Ernährungszustand und Hautfarbe werden ebenso notiert (meist ins Diktafon) wie Lage und Farbe der Totenflecken und Ausprägung der Totenstarre.

Die Obduzentin schneidet, wenn die Leiche am Fundort nicht entkleidet wurde, Lage für Lage die Kleidung des Toten auf (beispielsweise bei Vergewaltigungen), untersucht sie auf alles, was über die Todesumstände Auskunft geben könnte, und verpackt sie ebenso wie Schmuck und Tascheninhalte in beschrifteten Plastikbeuteln. Es kann auch sein, dass Polizisten der Kriminaltechnik dabei sind und von den Kleidern und dem Körper des Toten, wenn sie es nicht schon am Fundort getan haben, mithilfe von Klebestreifen Fasern abnehmen und sie für ihre Untersuchungen asservieren.

Dann misst die Obduzentin die Körpertemperatur, die zur Abschätzung des Todeszeitpunkts notwendig ist, und errechnet ihn mithilfe einschlägiger und probater Tabellen. Als Nächstes schaut sie nach Hautveränderungen, Narben, Tätowierungen, Pigmentflecken und anderen Auffälligkeiten. Sie sucht nach Verletzungen, Einstichstellen von Nadeln und Spuren äußerer Gewalteinwirkung. Sie kratzt unter den Fingernägeln Dreck hervor und asserviert ihn. Hat das Opfer den Angreifer gekratzt, findet sich darin Material für einen Genabdruck. Bei Sexualdelikten durchkämmt sie das Schamhaar, um fremde Haare zu finden. Sie macht Abstriche aus allen Körperöffnungen. Sie entnimmt Proben sämtlicher Körperflüssigkeiten und stellt sie für die Chemikerinnen bereit.

Wenn wir unsere Leserinnen in die Leichenhalle zur Sektion führen, sollten wir uns klarmachen, dass die Leichenstarre 6 bis 12 Stunden nach dem Tod voll ausgeprägt ist und sich erst etwa 36 bis 48 Stunden nach dem Tod gelöst hat; wenn es kalt ist (wie in der Leichenhalle), dann noch später.

> Am Vormittag nach dem Todestag kann Rechtsmedizinerin Dr. Mimi Brockdorf die Hand der Leiche nicht einfach hochheben und umdrehen, um Kommissar Holbein eine Strommarke am Mittelfinger zu zeigen. Die Finger lassen sich auch nicht einzeln bewegen und die Hand hängt nicht lasch herunter. Dr. Brockdorf kann die Leiche aber gut wie ein Brett insgesamt auf die Seite drehen.

Identifikation

Wenn bekannt ist, wer der Tote ist, identifiziert ihn vor der Sektion üblicherweise die Polizistin, die auch am Fundort der Leiche anwesend war. Nur in Ausnahmefällen bringt die Polizei dazu einen Verwandten in die Leichenhalle.

War eine Identifizierung am Fundort nicht möglich, etwa weil das Gesicht zerstört ist oder es sich um eine schwarze und aufgedunsene Wasserleiche handelt, müssen andere Mittel her: Deshalb nimmt man routinemäßig Fingerabdrücke von der Leiche, für den Fall, dass man einmal das Badezimmer oder das Auto findet, das der toten Person gehörte und einem Namen zuzuordnen wäre. Bei verwesten Leichen nimmt man Genproben.

Zähne

Auch das Gebiss hilft weiter. Zähne widerstehen sogar einem Feuer. Mit ihrer Hilfe kann man das Alter schätzen, das der Tote hatte, als er starb. Bei Kindern und Jugendlichen geht das sogar ziemlich genau. Der Grad der Abnützung der Backenzähne erlaubt ähnlich wie bei Pferden ebenfalls eine Annäherung. Außerdem bildet Zahnzement circaannuale Ringe (ungefähre Jahresringe).

Die Leute, die Zähne angucken, heißen Odontologen. Sie schauen sich natürlich auch Farbe, Abstände, Zahnlücken und Zahnarztbehandlungen an. Ganz schlaue Odontologen können bestimmte Lebensgewohnheiten erkennen: Spielte der Tote zu Lebzeiten Flöte oder Trompete, hat er Pfeife geraucht oder seine Zähne für bestimmte Tätigkeiten benutzt, zum Beispiel damit Fäden abgebissen.

Bestimmung des Alters

Es ist nicht leicht, das Alter eines Toten zu schätzen. Meistens greift man zu hoch. Ein Leichenbeschauer muss relativ viel Lebenserfahrung besitzen, um aus verschiedenen Merkmalen auf ein bestimmtes Alter zu schließen. Graue Haare allein sind nicht aussagekräftig. Jüngere Menschen haben rundere Wangen, nach dem 30. Lebensjahr sinkt das Fett im Gesicht nach unten, es kann ein Doppelkinn geben, es erscheinen Krähenfüße in den Augenwinkeln, Falten vertiefen sich, je älter man wird. Mit etwa 60 Jahren kriegt man vermehrt Falten vor und hinter der Ohrmuschel und am Hals. Männer haben ab etwa 50 Jahren Borsten in den Ohren und in den Augenbrauen. Im Auge zeigt sich der Arcus senilis, ein weißlicher Ring um die Iris ab 60 Jahren. Auch das Gebiss gibt Hinweise.

Im Prinzip ist es aber möglich, zusätzlich oder auch nur anhand der Knochen und Zähne das Alter eines Toten auf plus/minus 5 Jahre einzugrenzen. Bei Kindern und Jugendlichen bis 14 Jahre geht das mithilfe des Röntgenbilds der Handknochen anhand der Verknöcherung der Handwurzel ziemlich genau (Skelettreife). Bis zum 20. Lebensjahr haben Jugendliche an den Gelenken der großen Röhrenknochen außerdem knorpelige Wachstumsfugen, die danach verknöchern und nur noch als feine Linie erkennbar sind. Bei Älteren kann man sich wiederum die Knochendichte anschauen, die ab dem 30. Lebensjahr abnimmt. Ein Schnitt durch den Oberschenkelknochen offenbart spezielle Knochenstrukturen. Besonders genau sind diese Methoden nicht, und man kommt auch immer nur aufs biologische Alter, nicht unbedingt aufs kalendarische.[13]

Hämatome

Blaue Flecken – nicht zu verwechseln mit Leichenflecken – geben Aufschluss über das, was vor dem Tod passiert sein könnte. Sie bilden aber nicht die Form der Schlagwaffe ab. Denn Blut aus in tieferen Bereichen geplatzten Adern verteilt sich entlang der Sehnen. Lebt der Mensch noch, dann bilden blaue Flecken infolge der Blutansammlung kleine Erhebungen unter der Haut. Hat ein Opfer einen großen frischen blauen Fleck, der in lebendigem Gewebe entstanden ist, kann man davon ausgehen, dass seine Misshandlung einige Zeit vor dem Eintritt des Todes begann. Wenn ein Schlag viele Blutgefäße verletzt hat, breitet sich das Blut auch nach dem Tod im Gewebe aus und tritt als blauer Fleck unter Umständen an einer anderen als der Schlagstelle zum Vorschein. Ein Schlag auf den Oberschenkel erscheint dann als blauer Fleck am Knie, ein Schlag auf den Schädel als blaues Auge.

Bei tödlichen Schlägen in den Unterleib oder Bauch werden innere Organe und Blutgefäße verletzt, ohne dass sich an der Bauchdecke irgendwelche blauen Flecken zeigen. Blutergüsse zwischen den Schulterblättern deuten darauf hin, dass das Opfer gegen eine harte Oberfläche gedrückt wurde, Blutergüsse an den Armen weisen auf brutales Herumzerren hin, und weibliche Vergewaltigungsopfer haben oft Blutergüsse an den Innenseiten der Schenkel und an den äußeren Geschlechtsorganen.

Obgleich sich blaue Flecken beim Lebenden im Lauf der Zeit verändern – sie sind erst rot, dann werden sie blau, dann schwarz, dann braun, grün und gelb –, ist es nicht möglich, den Zeitpunkt der Verletzung anhand der Farbe zu bestimmen. Bei demselben Menschen können sich zwei gleichzeitig entstandene Blutergüsse unterschiedlich entwickeln. Findet man an einem Körper – vor allem bei Kindern – jedoch Blutergüsse ganz unterschiedlicher Färbungen und folglich Stadien, ist das ein deutlicher Hinweis auf eine andauernde und wiederholte Misshandlung.

Wenn sich Blutergüsse direkt unter der Hautoberfläche befinden, weil der Schlag weniger wuchtig war, bilden sie dagegen durchaus den verletzenden Gegenstand ab, etwa eine Gürtelschnalle oder eine würgende Hand, manchmal auch einen Autoreifen oder die Schläge durch geflochtene Peitschen oder Gürtel.

Aber auch viel kleinere subkutane Verletzungen kann die Rechtsmedizinerin erkennen. Beispielsweise Druckspuren an den Nasenflügeln, wenn jemand versucht hat, dem Opfer die Nase zuzuhalten, damit es den Mund öffnet und irgendetwas schluckt. Mithilfe eines Klebebands kann sie Genspuren des Angreifers von der Haut des Opfers abnehmen. Sie entdeckt an den Handgelenken auch Druckspuren von weichen Fesseln, etwa einem Wollschal.

Wunden

Die Gerichtsmedizinerin sollte auch kleinste Hautverletzungen oder Wunden entdecken und mit dem Vergrößerungsglas anschauen. Bei einem Einstichloch kann sie Länge und Verlauf des Einstichs nachverfolgen, wenn sie die Wunde aufschneidet. Sie kann unterscheiden, ob der Stich von einer Spritze oder dem Giftzahn einer Schlange stammt und so weiter. Das setzt allerdings stets eine gewisse Findigkeit der Rechtsmedizinerin voraus.

Schusswunden

Bei Schusswunden kann sie mit einem Metallstab den genauen Einschusswinkel darstellen. Das ist vor allem dann bedeutsam, wenn ein Kopfschuss wie Selbstmord aussieht und sich die Frage stellt, ob man sich selbst eine Schusswaffe in diesem Winkel an den Kopf halten kann. Ein Selbstmörder setzt sich die Waffe in der Regel immer leicht von unten an den Kopf. Auch das Einschussloch eines angesetzten Schusses zeigt, dass die Mündung etwas schräg angesetzt wurde. Die Zündungsgase haben die Wundränder unregelmäßig verbrannt. Außerdem findet man an seiner Hand Schmauchspuren und vielleicht an seinem Zeigefinger den Druckpunkt der Kimme oder andere Abdrücke bestimmter Charakteristika der Waffe.

Vergewaltigung

Wir wissen alle, dass Rechtsmedizinerinnen feststellen können, ob das weibliche Opfer vor dem Tod Geschlechtsverkehr gehabt hat. Bewegliche Spermien kann man bis 5 Stunden nach der Tat nachweisen, unbewegliche bis 24 Stunden, solange der Körper lebt. In der Scheide einer Toten können Spermien jedoch noch nach bis zu zwei Wochen gefunden werden. Die Rechtsmedizinerin macht einen Abstrich in der Scheide und legt das Material gleich unters Mikroskop. Weitere Präparate werden fürs Labor angelegt. Aber auch wenn das Ejakulat keine Spermien enthält, kann man das Enzym der Prostata nachweisen (Prostataphosphatase). Und man untersucht das Ejakulat auf Blutgruppensubstanzen, denn rund 76 Prozent der Menschen sind sogenannte Ausscheider, ihre Sekrete enthalten Merkmale ihrer Blutgruppe.

Innere Leichenschau

Hat die Rechtsmedizinerin den äußeren Zustand der Leiche begutachtet und dokumentiert, kann die innere Leichenschau beginnen. Und die ist nichts für empfindliche Menschen. Es riecht nach Schlachthaus und, wenn die Rechtsmedizinerin den Darm verletzt, nach Latrine. Leichen, bei denen der Verwesungsprozess eingesetzt hat, stinken nach verfaultem Fleisch. Routinierte Obduzenten gewöhnen sich daran. Gewöhnungsbedürftig ist auch das schmatzende Geräusch, wenn die Bauchdecke angehoben wird. Dabei spritzt übrigens in der Regel kein Blut. Das Blut in der Leiche hat keinen Druck mehr.

Der Schnitt

Mit einem scharfen Messer, das größer ist als ein Chirurgenmesser, führt die Gerichtsmedizinerin den typischen Schnitt aus, und zwar vom Kehlkopf bis zum Schambein. Zwei weitere Schnitte gehen vom oberen Schnittpunkt zu den Schultern, so dass ein Y entsteht.

Bei der Autopsie eines Patienten im Krankenhaus, manchmal auch bei Frauen, wird ein U-förmiger Schnitt am Unterleib gemacht und die Bauchdecke über das Gesicht hochgeklappt. So können die Angehörigen einen intakten Oberkörper sehen, wenn die Leiche im Sarg aufgebahrt wird.

Die Organe

Nach dem Y-Schnitt kann die Rechtsmedizinerin Haut und Muskeln vom Brustkorb heben und den Blick auf die Rippen und die inneren Organe freimachen. Ab dann sieht der Leichnam für die Dauer der Obduktion eher wie ein ausgeweideter Hase aus als wie ein Mensch. Man sieht im Fettgewebe Magen, Leber und Darm grünlich, braun oder gräulich glänzen.

Zuerst wird das ganze lange Gedärm herausgeholt und beiseitegelegt, damit die restlichen Organe nicht mit Fäkalien verunreinigt werden. Mit der Knochensäge werden die Rippen durchgesägt und das Brustbein abgenommen. Jetzt kommt man an Lungen, Luftröhre und Herz heran und kann sie herausnehmen. Darauf folgen Milz, Leber, Bauchspeicheldrüse, Magen und schließlich Nieren, Blase und Sexualorgane.

Die Organe werden gewogen, unter fließendem Wasser abgewaschen und, wenn nötig, von einer Assistentin oder der Obduzentin weiter seziert. Wenn verlangt, werden Gewebeproben entnommen, die im Labor chemisch untersucht werden sollen. Auch Rückenmark wird herausgeholt und konserviert. Die Gerichtsmedizinerin untersucht in einer festgelegten Reihenfolge Zunge, Halsschlagader, Speiseröhre, Kehlkopf, Luftröhre, Schilddrüse, Lungen, die großen Blutgefäße und das Herz, Magen, Darm, Nebennieren, Nieren, Milz, Bauchspeicheldrüse, Leber, Blase, Gebärmutter und Eierstöcke oder Hoden und zum Schluss das Gehirn.

Das Gehirn

Der zweite Schnitt wird quer über den Kopf geführt, von Ohr zu Ohr quer über den Scheitel. Die Kopfhaut wird nach vorn gezogen und übers Gesicht geschlagen. Dann wird der Schädeldeckel mit einer elektrischen Säge geöffnet, die übrigens keine Flex ist, also keine Kreissäge, sondern hin und her sägt, und abgehoben. Die Gerichtsmedizinerin holt das Gehirn heraus. Dabei muss sie die Sehnerven, die Arterien und das Rückenmark durchtrennen. Das Hirn wird gewogen und für weitere Untersuchungen in Formaldehyd aufbewahrt.

Weitere Verfahren

Man kann einen Leichnam auch in den Computertomographen legen und mithilfe der Streifenlichttopometrie ein genaues dreidimensionales Bild von der Oberfläche des Körpers und seinen Verletzungen anfertigen.

Der letzte Zeuge

Zuallererst geht es bei einer Obduktion darum zu klären, woran der Mensch gestorben ist. Beispielsweise vor Ausbruch des Feuers oder eben durch die Explosion (Ruß in der Lunge), an einem Autounfall oder an einer vorangegangenen Vergiftung (toxisches Lungenödem), als er enthauptet wurde (Blut in der Lunge) oder doch schon davor, welche Handlung also tatsächlich für seinen Tod verantwortlich ist. Die Polizei versucht dann, die Handlung einem Täter zuzuordnen.

Theoretisch sieht die Rechtsmedizin alles, was einem Körper vor und nach seinem Tod angetan wurde. Wer eine originelle Todesart und deren rechtsmedizinische Entlarvung plant, dem können wir die Eigenrecherche nicht abnehmen, aber ein paar Basics will ich nennen:

Petechien – die kleinen roten Blutpünktchen – im Gesicht und in den Augen sind ein Zeichen für den Innendruck, der beim Erwürgen oder Erdrosseln entsteht. Sie fehlen, wenn der Tod durch Herzstillstand – also reflektorisch – eingetreten ist und der Täter sofort losgelassen hat oder wenn dem Opfer ein Kissen aufs Gesicht gedrückt oder ein Plastiksack über den Kopf gestülpt worden ist und kein Kampf stattgefunden hat.

Wenn ein Opfer stranguliert wurde, untersucht die Gerichtsmedizinerin die Halsstrukturen. Der Kehlkopf könnte verletzt sein, die oberen Hörner des Schilddrüsenknorpels könnten gebrochen sein, ebenso die Hörner des kleinen Zungenbeins unter dem Kiefer, es könnte Blutungen unter den Muskeln gegeben haben.[14]

Bei Ertrunkenen schaut die Rechtsmedizinerin sich die Atemwege an, sucht nach Wasser in den Lungen und Kieselalgen im Blut. Findet sich nichts davon, war das Opfer schon tot, bevor es ins Wasser kam. Oder es ist beim Stimmritzenkrampf kein Wasser in die Lunge gelangt. Beim Tod in Süßwasser ist die Lunge aufgebläht, trocken und schaumig, beim Ertrinken in Salzwasser ist sie aufgebläht (➚ Ertrinken).

Bei Toten, die nach Bränden geborgen werden, schaut sie nach Ruß in der Lunge. Dann wird auch das Blut untersucht. Kohlenmonoxid weist darauf hin, dass der Mensch noch geatmet hat, als das Feuer ausbrach.

In Wundkanälen sucht man außerdem nach Metall, Splittern oder Verunreinigungen der Stichwaffe oder Kugel und womöglich fremdem Genmaterial. Bei Verkehrsunfällen kann die Gerichtsmedizinerin aus den Knochenbrüchen auf den Aufprallwinkel und die Abfolge der Verletzungen schließen.

Bei Herzversagen untersucht man Herz und Herzgefäße, eine vergrößerte Leber deutet auf Alkoholismus oder eine Leberentzündung hin oder auf eine Überdosis Paracetamol. Eine Entzündung der Nieren legt eine Vergiftung durch Metallsalze wie Quecksilber oder Blei nahe. Eine Gerichtsmedizinerin sollte außerdem eine gute Nase haben und ihren Geruchssinn bei der Sektion nicht mit Menthol zudecken. Dann kann sie Ammoniak, Karbolsäure oder Zyanid riechen.

Zum Begräbnis freigegeben

Eine rechtsmedizinische Sektion ist in der Regel nach längstens vier Stunden abgeschlossen. Auf keinen Fall wird die Leiche – wie man das in Krimis oft sieht – in die Kühlhalle geschoben und am folgenden Tag noch mal vorgeholt, etwa weil der Rechtsmediziner oder der ermittelnde Kommissar noch irgendeine Idee hat, die er nun überprüft sehen will. In Deutschland werden die Organe in Tüten verpackt und dem Toten beigelegt. Er wird zugenäht und dem Bestatter übergeben.

Teil 5 Die Fallanalyse

Profiler

Im Grunde tun Krimiautorinnen das, was auch Profiler tun: Sie erforschen Lebenssachverhalte und stellen sie dar. Sie fragen: Wie ist der Täter und wie ist der Fall gestrickt? Nur dass Profiler Statistiken bemühen und wir Autorinnen normalerweise unser psychologisches Einfühlungsvermögen. Ein Problem stellt sich für Krimiautorinnen außerdem: In Deutschland gibt es keine Profiler. Jedenfalls nicht die, die wir aus amerikanischen oder englischen Krimis kennen.

> Dr. Samantha Waters, genannt Sam, die Heldin der US-Serie *Profiler* (1996–2000), ist in der Lage, sich in Täter und Opfer hineinzuversetzen, um die versteckten Einzelheiten eines Verbrechens aufzuspüren. Sie vollzieht auch die abscheulichsten Gefühle von Täter und Opfer nach.

> Und ziemlich parapsychologisch geht es im *Polizeiruf 110 – Mit anderen Augen* (BR 2006) zu: Den unwilligen Ermittlern, Kommissarin Obermeier (Michaela May) und ihrem Kollegen, wird vom Chef ein Profiler aufgedrängt, weil die beiden mit einer Serie von Frauenmorden allein nicht zurande kommen, was man ihnen auch nicht verübeln kann, denn eigentlich stünde ihnen eine riesige Soko zu. Der Psychologe, der als Profiler arbeiten soll, wirkt reichlich verrückt und hellseherisch. Wenn er einen Tatort begutachtet, wird sein Blick glasig und er sieht vor seinem inneren Auge, was sich abgespielt hat. Dann braucht er nur zu deuten: »Graben Sie dort!«, und schon ist die Leiche gefunden. Er hat in den USA studiert und erzählt dem Kommissar, dass er als Kind dabei war,

als sein Vater seine Mutter erschoss. Am Schluss wird er vom Täter selbst erschossen. So wird eine absolut singuläre Profiler-Existenz beendet.

Solche Gestalten kommen als Ermittlerpersönlichkeiten den alten Genies wie Sherlock Holmes oder Pater Brown sehr nahe. Offenbar glauben wir, dass man dem Verbrecher nur durch Einfühlung in seine Gedankenwelt auf die Spur kommt; man muss nicht nur denken wie er, sondern auch so fühlen. Wir übertragen damit das, was eine Krimiautorin macht – sich einfühlen, um Täterpsychologie darzustellen –, auf die Figur des Profilers, dessen wahre Rolle in den Polizeiapparaten uns noch ziemlich unbekannt ist (Stand 2009), weshalb wir frei fantasieren. Mit solchen Profilern können wir die Figur des genialischen Einzelgängers mit Intuition im leidenschaftlichen Kräftemessen mit dem Verbrecher wieder in unsre Krimis einführen. Doch tatsächlich basiert das Wissen von Profilern über Täter nicht auf Einfühlung, sondern auf Statistik. In Deutschland sind Profiler weder Psychologen, noch versetzen sie sich tief in die Seele des Täters hinein (das tun sie vermutlich auch in den USA nicht).

»Herr Silberstein wird Sie unterstützen. Nach allem, was ich bis jetzt weiß, wird das dringend notwendig sein. Für ein Tötungsdelikt mit so einer perfekten Inszenierung könnte ein Triebtäter infrage kommen und da können wir froh sein …«

Och nein, dachte Bettina. Hoffentlich konnte sie den Profiler irgendwie ausbooten. Sie hatte keine Lust auf Diavorträge jeden Morgen und besserwisserisches Getue um Erkenntnisse, die jedem klar waren. Der Mann allein war schon schwer genug zu ertragen. Er wirkte mal wieder wie ein Förstersohn, der sich für den sonntäglichen Frühschoppen fein gemacht hatte, fast ahnte man die Waldesluft um ihn. (*Stein sei ewig*, Monika Geier, Argument/Ariadne 2003)

Das ist der zweite derzeit übliche Weg, in Krimis Profiler auftreten zu lassen. Sie stehen für banale Erkenntnisse und umständliches Theoretisieren und werden von den ermittelnden Kommissarinnen und Kommissaren abgelehnt. Nicht nur US-Profiler-Serien bestimmen derzeit unsere Vorstellung von Profilern, sondern auch der medienbekannte Polizeipsychologe und Professor an der Polizeihochschule Villingen-Schwenningen, Adolf Gallwitz, der, wie ich mich erinnere, auf der Criminale in Mosbach (2001) uns Krimiautorinnen erklärte, wie Tatorte aussehen – ordentlich oder unordentlich – und was ein Serienmörder-Equipment ist: Wer Klebeband, Schaufel und eine Waffe im Kofferraum mit sich führt, ist zumindest theoretisch darauf vorbereit, jederzeit ein Opfer unter seine Kontrolle zu bringen, zu fesseln und später zu begraben.

Derzeit scheint uns noch nicht sonderlich klar zu sein, wie Profiler arbeiten. Deshalb wird dieser Part etwas ausführlicher.

Die operative Fallanalyse

In Deutschland heißen Profiler Fallanalytiker. Die OFA besteht nicht aus einer Einzelperson, sondern aus mehreren Spezialisten, die beim jeweiligen Landeskriminalamt angesiedelt sind (20 Prozent Frauen). In den Bundesländern arbeiten insgesamt rund 50 Fallanalytiker, dazu noch einmal 16 beim BKA. Sie alle kommen in Deutschland pro Jahr etwa 50- bis 80-mal zum Einsatz, und zwar nur dann, wenn die Polizei mit ihren ausgefeilten Mitteln eine Tat nicht aufgeklärt bekommt.

Eine wichtige Aufgabe der Operativen Fallanalyse ist es außerdem, Datensätze über Serienverbrechen zu erstellen. Seit 2002 gibt es die Falldatei ViCLAS (Violent Crime Linkage Analysis System). Mithilfe dieser Datenbank werden Gewaltserien analysiert. Die Aufgaben der Fallanalytikerinnen sind zudem organisatorischer und vermittelnder Natur. Sie veranstalten Fortbildungen, sichten neuste kriminologische Methoden, beraten, reden in Gremien mit und schreiben Bücher.

Fallanalytiker sind Polizisten. Sie werden in fünf Lehrgängen ausgebildet und schließlich geprüft und zertifiziert. Psychologie spielt bei der Ausbildung eine untergeordnete Rolle. Gelegentlich werden bei einem Fall Polizeipsychologen hinzugezogen, doch nur ungefähr 10 Psychologen sind in Deutschland in OFA-Dienststellen eingebunden. Sie sind vor allem für Statistik und statistische Soziologie zuständig.[15]

Heutige Fallanalytiker analysieren mit statistischen und wissenschaftlichen Methoden Tatorte und Tathergang, beschreiben Verhalten und Beweggründe des Täters und geben Ermittlungsempfehlungen an die zuständigen Polizeidienststellen.

Täterprofile hat man früher allerdings auch schon erstellt. Doch erst ab 1950 wurden sie in den USA als Ermittlungsmethode genutzt. In Deutschland wurde im Jahr 1998 beim BKA die Abteilung Operative Fallanalyse (OFA) angelegt und danach von den Landeskriminalämtern übernommen. Anders als in den USA wird die Fallanalyse in Deutschland prinzipiell von einem Team gemacht. Fallanalytiker und Ermittler der zuständigen Polizeidienststelle rekonstruieren gemeinsam den Tatverlauf und erarbeiten daraus Schlüsse. In Deutschland glaubt man, dass gut moderiertes Gruppenwissen umfassender ist als das eines Einzelnen. Solche Sitzungen können durchaus einige Tage in Anspruch nehmen.[16]

Ablauf einer Fallanalyse

In Deutschland folgt man im Prinzip dem FBI-Schema: Zunächst braucht man Ausgangsmaterial, also Daten, Fotos und Untersuchungsbefunde vom Tatort. Das Team kann durchaus auch selbst den Tatort besichtigen. Das Verbrechen wird klassifiziert, der Tathergang wird minutiös rekonstruiert und nach Inszenierungen und Handschriften gesucht. Dann werden ein Täterprofil und Empfehlungen an die Ermittler erstellt. Die Polizei zieht mit diesen Vorgaben erneut los. Mit ihren Erkenntnissen kann die Fallanalyse modifiziert oder bestätigt werden. Bei diesem Prozess werden Informationen über bereits Verdächtige übrigens strikt ausgeklammert. Sie könnten den Blick auf objektive Gegebenheiten verstellen.

Unter Umständen können Ermittler zu sogenannten proaktiven Maßnahmen greifen. Das heißt, sie nutzen die Medien, um dem unbekannten Täter den Eindruck zu vermitteln, man habe ihn gleich, indem sie ein Täterprofil veröffentlichen. Unter Umständen gerät der Gesuchte derartig unter Stress, dass er sich bei der nächsten Polizeikontrolle am Straßenrand durch eine panische Überreaktion outet. Oder man spielt ihm Informationen zu, die ihn zu einem bestimmten Verhalten provozieren. Allerdings wird man kein vermeintlich typisches Opfer als Lockvogel aussetzen, damit er erneut zuschlägt, denn tatsächlich ist ein Sexualverbrecher nicht (!) auf einen bestimmten Opfertyp festgelegt (➶ Tätertypen).

Schritt 1: Ausgangsdaten

Dazu gehören folgende Elemente[17]:

- *Tatortdaten*: Wie sah der Tatort aus? Was hat man gefunden? Welches Wetter herrschte? Wie sieht die Umgebung aus? Wie kommt man da hin, wie kommt man weg? Wer wohnt in der Umgebung?
- *Tatortfotos und Tatortskizzen*: Sie schließen Fotos vom Tatort, aber auch Luftaufnahmen ein. Die Umgebung des Tatorts wird umfangreich dokumentiert.
- *Opferdaten*: Man versucht, so objektiv wie möglich Biographie und Lebensstil des Opfers zu erfassen. Dazu werden nahestehende Personen befragt. Man will die Dynamik des Geschehens abschätzen können.

Wenn das Opfer als wehrhafte Person bekannt war, dann könnte man eine plötzliche Eskalation am Tatort erklären und daraus wiederum Rückschlüsse auf die Persönlichkeit des Täters ziehen.

- *Forensische Daten*: Dazu zählen der Obduktionsbefund samt Fotos, Verletzungen des Opfers vor und nach dem Tod, Gegenwehrspuren und so weiter.
- *Erste Erhebungen*: Sie enthalten genaue Schilderungen, wie das Verbrechen entdeckt wurde, was während der ersten Stunden nach der Tat geschah, und vorliegende Ermittlungsergebnisse der Polizei.

Schritt 2: Entscheidungsprozess

In der zweiten Phase findet eine erste Einordnung und Bewertung des Täterverhaltens statt.

- *Mordklassifikation*: Handelt es sich um einen Einfach- oder Doppelmörder, einen Serienmörder, Amokläufer und so weiter? Bei den Motiven gibt es Beziehungstaten (wobei sich Täter und Opfer nicht unbedingt schon vorher gekannt haben müssen), die infolge eines emotionalen Konflikts geschehen. Bei den Bereicherungsdelikten geht es um Geld, Besitz oder auch einen Verdeckungsmord an einem Zeugen, durch den der Täter Freiheit zu erlangen meint. Bei einem Sexualdelikt müssen wiederum nicht notwendigerweise Sexualhandlungen im Vordergrund stehen. Symbolische Handlungen reichen für die Einordnung unter die Kategorie von Taten, bei denen der Täter sexuelle Fantasien umsetzt. Außerdem gibt es Gruppendynamische Delikte, die von zwei oder mehr Personen begangen werden, die beispielsweise einer Ideologie anhängen, zu der das Töten gehört.
- *Opferrisiko*: Dabei geht es um die Frage, ob das Risiko des Opfers hoch, mittel oder niedrig war, Opfer zu werden. Entscheidend dafür ist die soziale Gruppe. Prostituierte gehören zur Gruppe mit hohem Opferrisiko, Angehörige der Mittelschicht zu der mit niedrigem Risiko. Aber auch Körpergröße spielt eine Rolle oder die Frage, ob am Ort des Überfalls die Straßenbeleuchtung ausgefallen war oder das Opfer absichtlich einen dunklen einsamen Weg ging.
- *Täterrisiko*: Das Täterrisiko verhält sich komplementär zum Opferrisiko. Gehörte das Opfer der behüteten Mittelschicht an, ist der Täter ein hohes Risiko eingegangen, keinen Erfolg zu haben oder erwischt zu werden. Bei einem Stricher oder einer Drogenabhängigen war sein Risiko geringer.
- *Eskalation*: Man versucht abzuschätzen, was der Reihe nach passiert ist

und wo es vonseiten des Opfers oder Täters eine Eskalation gab. Wann ist beispielsweise die Vergewaltigung in einen Mord übergegangen? Dabei betrachtet man das Ausmaß der Gewalt während der Tat.

- *Zeitfaktoren*: Man geht der Frage nach, ob der Zeitpunkt der Tat Rückschlüsse auf den Lebensstil des Täters zulässt. Außerdem schätzt man die Dauer der einzelnen Phasen der Tat ab. Man probiert beispielsweise aus, wie lange es dauert, einen 70 Kilo schweren Körper 100 Meter weit zu schleifen. Die anderen Abschätzungen beruhen auf kriminologischem Wissen, etwa wie lange es dauert, jemanden zu erwürgen.
- *Ortsfaktoren*: Sämtliche Tatorte des Verbrechens werden betrachtet und räumlich und zeitlich miteinander in Beziehung gesetzt. Wo hat der Täter Kontakt mit dem Opfer aufgenommen, wo hat er es hingebracht, wo getötet, wohin die Leiche gebracht und so weiter? Welche Räume deckt er ab? Welche bevorzugt er? Welche innere Landkarte benutzt er für seine Aktionen und was für Rückschlüsse lassen sich dadurch auf seine Person ziehen?

Schritt 3: Verbrechensanalyse

Jetzt geht es um die zeitliche und psychologische Rekonstruktion des Verbrechens und ein genaues Abbild des Täter- und Opferverhaltens von der Kontaktaufnahme bis zur Behandlung der Leiche.

- *Tatrekonstruktion*: Das Verbrechen wird auf die Sekunde genau rekonstruiert. Das ist der Kern der Tathergangsanalyse. Dabei wird die Tat in Sequenzen zerlegt und betrachtet (sequenzielles Vorgehen). Und man achtet streng darauf, dass ein Handlungsschritt ausschließlich aus dem motiviert wird, was davor passiert ist, niemals aus dem Ergebnis hinterher. Denn das Verhalten von Täter und Opfer wird ja tatsächlich nur von dem bestimmt, was beide bereits erlebt haben, nicht von dem, was Ermittler als Ergebnis sehen.
- *Stressfaktor*: Unter Stress greifen Menschen auf eingeschliffene und vertraute Handlungsmuster zurück. Deshalb verrät das Verhalten des Täters unter Stress viel über seine Persönlichkeitsstruktur.
- *Handschrift* des Täters: Was hat der Täter getan, was er nicht hätte tun müssen? Das ist die Frage, die zur Handschrift führt, also dem, was er tat, um seine Fantasien umzusetzen, neben dem, was er tun musste, um sein Opfer zu kontrollieren und zu töten. Nicht immer ist eine Handschrift erkennbar. Aber wenn der Täter die Leiche auf bestimmte Art zurechtlegt, dann ist das so ein Element, das ihn personifiziert.
- *Ablauf des Verbrechens*: Wie organisiert war der Täter? Ist ihm das Ganze

während der Tat entglitten? Ist er geplant oder ungeplant vorgegangen? Wann genau ist ihm etwas außer Kontrolle geraten?

- *Auswahl des Opfers*: Ein Sexualverbrecher, der spontan eine Fremde attackiert, also extrem ungeplant handelt, hat eine völlig andere psychische Struktur als ein planender Täter, der sein Opfer lange ausspäht. Deshalb gilt die Auswahl des Opfers als sehr aussagekräftig für die Tätertypisierung (➶ Der planende Täter, Der impulsive Täter).
- *Kontrollausübung*: Die Frage, wie der Täter sein Opfer unter Kontrolle bringt, verrät viel darüber, welche verbalen und sozialen Fähigkeiten er hat, welchen Bildungsstand er besitzt und wo er sich üblicherweise bewegt. Lockt er sein Opfer mit List in seine Gewalt oder überfällt er es wortlos? Die weitere Frage ist, wie entschlossen, geplant oder chaotisch er später die Kontrolle über das Opfer aufrechterhält. Fesselt er es die ganze Zeit, um jedes Risiko einer Flucht auszuschließen, oder gelingt es ihm, es mit verbalen Drohungen oder falschen Versprechungen in seiner Nähe zu halten? Hat das Opfer die Flucht gewagt, als der Täter das Messer beiseitelegte, oder nicht? Das sind Fragen, die auch Rückschlüsse auf das Selbstbewusstsein und die Gewandtheit des Täters zulassen.
- *Inszenierung* am Tatort: Fantastische Inszenierungen am Tatort kennen wir aus Krimis, aber eine Inszenierung kann auch einfach nur der Versuch sein, ein anderes Tatmotiv oder einen anderen Tathergang vorzutäuschen. Ein Mord soll nach Unfall aussehen, was in der Regel auf eine Beziehungstat hindeutet: Ein Mann hat seine Frau erschlagen und will eine Vergewaltigung durch einen anderen vortäuschen, oder Angehörige wollen die Würde des Opfers schützen und beseitigen SM-Utensilien. Der Serientäter Horst David (verurteilt 1993) bemühte sich beispielsweise, Haushaltsunfälle vorzutäuschen, hinterließ allerdings seine Fingerabdrücke an etlichen Tatorten. Bei einer Inszenierung machen Täter oft Fehler, weil sie nicht wissen, wie ein Tatort typischerweise bei einem anderen Verbrechen aussieht.
- *Emotionale Wiedergutmachung und Depersonalisierung*: Vor allem jugendliche Täter versuchen eine Tat »wiedergutzumachen«, beispielsweise indem sie die Leiche hinlegen, als schliefe das Opfer. Oder mit dem Mord soll eine Vergewaltigung quasi ungeschehen gemacht werden. Hier liegt eine persönliche Beziehung von Täter und Opfer nahe. Andere Täter wollen die Persönlichkeit des Opfers verdrängen. Ist das Gesicht des Opfers zerschlagen, verstümmelt oder auch nur mit Kleidungsstücken bedeckt oder liegt das Opfer auf dem Bauch, dann spricht viel dafür, dass der Täter ein unpersönliches Opfer für seine sexuellen Fanta-

sien suchte. Die Depersonalisierung des Opfers weist entweder auf eine persönliche Beziehung hin oder auf einen nicht planend vorgehenden Täter.[18]

- *Motiv*: Was hat der Täter jeweils umzusetzen versucht? Hass gegen eine Person, Kompensation eigener Unterlegenheitsgefühle? Den einzelnen Handlungsabschnitten der Tat können unterschiedliche Motive zugrunde liegen: Demütigung, Kontrolle, Machtbefriedigung und so weiter. Es gibt meist nicht nur ein Motiv für die Tat. Allein schon, wenn eine Vergewaltigung durch einen Mord verdeckt werden soll, gibt es zwei Motive. Auch beim Raubmord muss nicht allein Geldgier das Motiv sein, es kann der Genuss beim Töten oder Hass auf einen bestimmten Personenkreis dazukommen. Daraus kann man wiederum auf die Persönlichkeit des Täters schließen.
- *Dynamik* des Angriffs: Wie aggressiv ist der Täter vorgegangen, hat er plötzlich Panik bekommen, weil ihm klar wurde, dass das Opfer ihn anzeigen wird, wenn er es nicht tötet, hat das Opfer sich gewehrt und er musste es deshalb vorzeitig töten? Das alles eröffnet Möglichkeiten, den Täter einzuschätzen. Wie schnell wird er gewalttätig, wie lange dominiert er verbal? Neigt er zu Angst, ist er nur vorsichtig, hat er sich durch eine Bemerkung des Opfers zur Raserei provozieren lassen? Ein Aspekt ist das Phänomen des Overkills, der exzessiven Gewalt gegen das Opfer, auch wenn es bereits tot ist. Das Übertöten tritt bei überbordender Aggression auf, wenn eine persönliche Beziehung zwischen Täter und Opfer bestand oder bei jungen Straftätern oder Raubmördern.

Täteranalyse

Ein komplettes Täterprofil (blond, gebildet, verheiratet, zwei Kinder, ist seiner Mutter ergeben, trinkt gern Kaffee und wohnt in L.) ist gewissermaßen der Sonder- und Idealfall der Analyse und macht Profiler zu den Wahrsagern der Kriminalistik. Wahrscheinlicher ist, dass die Fallanalytiker zunächst Gewohnheiten, Fähigkeiten, Motive und vor allem Schwächen des Täters beschreiben. Ein zu genaues Täterprofil engt ja auch die Perspektive der Ermittler ein. Das Frappierende dabei ist, dass die Fallanalytiker dem Täter mit der größten individuellen Abnormität (psychologisch nicht mehr nachvollziehbar) vor allem mit unpersönlichen statistischen Methoden (Auszählen von Fällen) auf die Spur kommen. Bestimmten Tatmustern können ganz bestimmte, scheinbar sehr individuell beschriebene Täter zugeordnet werden (➶ Tätertypen).

Täterprofil

Das Täterprofil, das unsere Fallanalytiker erstellen, handelt grundsätzlich folgende Punkte ab:

- *Anzahl der Täter, physische Charakteristika*: Alter, Geschlecht, Größe.
- *Mentaler Typus*: Intelligenz, Emotionalität, praktische Fähigkeiten, Fertigkeiten, Disziplin, Kontrollverhalten, Stressverhalten, Risikobewusstsein, Planungsvermögen, Umgang mit Kritik, kommunikative Fähigkeiten, mentaler Status (z. B. Underdog).
- *Umgang mit Autoritäten, Familienstand, Partnerschaften*: verheiratet, ledig, Beziehungserfahrenheit, sexuelle Erfahrungen, beziehungsbezogene Kommunikationsfähigkeiten.
- *Laufbahn, Ausbildung und Arbeit*: Schulabschluss, Schulerfahrungen, Studium, Abschlüsse, Ausbildung, berufliche Praxis, Beruf, Stellung und Sozialverhalten am Arbeitsplatz.
- *Vorstrafen*: polizeiliche Auffälligkeiten, gerichtliche Verurteilungen, Maßnahmen des Strafvollzugs.
- *Gewohnheiten/Freizeitaktivitäten*: Freizeitverhalten, Hobbys, Sportarten.
- *Verhalten vor der Tat*: Tagesablauf, Stressmomente, Alkohol- und Drogenkonsum, Verhalten, das der Tat unmittelbar vorausging.
- *Verhalten nach der Tat*: kontrolliertes oder auffälliges Verhalten, Alkohol- oder Drogenkonsum, Tarnungsverhalten.
- *Mobilität*: Führerschein, Fahrzeug.
- *Lebensraum/Wohnort*: Tatortentfernung, Struktur der Wohnumgebung, alleinstehend, Familie, Partnerschaft, Eltern, Einflüsse der Umwelt aufs Täterverhalten.
- *Ermittlungshinweise.*

Serienmörder

Sie sind kein Kennzeichen der westlich orientierten Welt. Es gibt sie überall. Etwa ein Drittel bis die Hälfte von ihnen läuft über Jahre oder Jahrzehnte frei herum. Eine einheitliche Definition von Serienmördern gibt es noch nicht lange. Das FBI spricht dabei von »drei oder mehr voneinander unabhängigen Ereignissen, die an unterschiedlichen Orten stattfinden und von einer emotionalen Abkühlung des Täters zwischen den Einzeltaten gekennzeichnet sind«. Der Düsseldorfer Kriminologe Stephan Harbort definiert das so: »Der voll oder vermindert schuldfähige Täter begeht alleinverantwortlich oder gemeinschaftlich mindestens drei vollendete und von einem jeweils neuen feindseligen Tatentschluss gekennzeichnete vorsätzliche Tötungsdelikte.«[19]

Von allen bekannten Raub- und Sexualmorden werden schätzungsweise 8 Prozent von Serientätern begangen. Rund 200 Serienmörder haben seit 1945 in Westdeutschland ihr Unwesen getrieben, davon schätzungsweise 3 Prozent Frauen. Sie haben im statistischen Durchschnitt 4 bis 5 Morde begangen[20]. Rund 40 Prozent von ihnen sind das, was man als Sexualstraftäter bezeichnet und früher Lustmörder oder Triebtäter genannt hat. Sexualmörder sind allerdings nicht die einzigen Serientäter, auch wenn sie für Krimiautorinnen die spektakulärsten sind. Harbort nennt sechs Typen von Serienmördern:

- *Sexualmörder*, die sich im Zusammenhang mit der Tat sexuell befriedigen,
- *Raubmörder*, die aus Habgier töten,
- *Beziehungsmörder*, die ihre Opfer im Verwandten- und Bekanntenkreis aussuchen,
- *Gesinnungsmörder*, die aus weltanschaulichen oder religiösen Gründen wiederholt morden (darunter fallen mordende Krankenschwestern), daraus aber weder sexuellen noch finanziellen Gewinn ziehen,
- *Auftragsmörder*, also klassische Killer, und sogenannte
- *Dispositionsmörder*, die situationsbezogen aus sexuellen oder finanziellen oder aus anderen Gründen bedenkenlos töten.

Bei den Tötungsarten bevorzugen Sexualmörder eine persönliche Handlung: sie erdrosseln, erwürgen, erschlagen oder erstechen ihre Opfer. Raubmörder schießen lieber (Distanzwaffen). Bei Beziehungstaten kommen vorzugsweise Überdosierungen von Medikamenten oder Drogen oder Gift zum Einsatz.

Serienraubmörder sind übrigens nicht notwendig Einzelgänger. In 60 Prozent der Fälle haben sie Mittäter. Der IQ von Serientätern ist auch keineswegs überdurchschnittlich, er liegt im allgemeinen Durchschnitt (um die 100). Wobei sich in den USA die unterdurchschnittlich intelligenten Serienmörder doppelt so lange der Polizei entziehen konnten (8 Jahre) wie die intelligenteren (4 Jahre).

Wenn der Täter an den Tatort zurückkehrt

Sexualmörder zeigen übrigens eine eindrückliche Auffälligkeit: Fast jeder Zweite kehrt an den Tatort zurück. Manche, um sich ein zweites Mal an der Leiche zu vergehen, andere, weil die Nähe zum Tatort und die Erinnerung sie erneut sexuell stimuliert. Oder aber sie wollen schauen, ob ihre Tat schon entdeckt wurde. Sie zeigen sich den Ermittlern gegenüber oft auch sehr hilfsbereit. Der Drang zur Herrschsucht, also der, die eigene

Umgebung zu kontrollieren und zu beherrschen, zeigt sich auch hier. Er ist der Hauptbeweggrund für solche Serientäter. Er erzeugt ein Triumphgefühl und ein Erfolgserlebnis, gepaart mit sexueller Befriedigung, wie sie der Täter nie zuvor erlebt hat. Einige Sexualmörder nehmen deshalb vom Tatort oder dem Opfer ein Andenken mit, um das Gefühl wiederzuerleben. Und wiederholen die Tat.

Aktionsradius

Ein wichtiges statistisches Merkmal eines Serientäters (Einbrecher, Vergewaltiger, Mörder) ist, dass er seine ersten Taten in vertrauter Umgebung begeht. Er hält aber meistens einen gewissen Abstand zu seiner Ausgangsbasis. Später erweitert er seinen Aktionsradius. Schließlich kehrt er mit einzelnen Taten wieder in die Nähe einmal benutzter Tatorte oder seiner Basis zurück.

Der britische Psychologe David Canter hat die Kreis-Hypothese Ende der achtziger Jahre entwickelt. Demnach kann man auf der Landkarte der Taten die beiden entferntesten Punkte auf eine Kreisbahn legen, in deren Mitte der Täter zu Hause ist. Doch das trifft eben vor allem in Deutschland in kaum der Hälfte aller Fälle zu. Zudem nimmt man Entfernungen subjektiv wahr. Einem Täter kann ein Fluss oder eine Autobahn als natürliche Grenze erscheinen, hinter der er agiert, auch wenn der Tatort dann näher an seinem Zuhause liegt, als er will. Man spricht von kognitiven Landkarten. Übrigens werden mehr Taten in der Nähe zum Wohnsitz des Täters begangen als weit weg. Die meisten Taten finden innerhalb eines Radius von zehn Kilometern zum Lebensmittelpunkt des Täters statt.[21]

Es muss allerdings nicht sein Wohnort sein, der im Mittelpunkt seiner Taten liegt. Er kann in einer Gegend morden oder vergewaltigen, wo er früher mal gewohnt hat, oder – wenn auch selten – an einer Strecke, die er regelmäßig fährt.

Bedrückend erkannt und inszeniert bereits 1958 im Spielfilm *Es geschah am hellichten Tag*, nach einer Idee von Friedrich Dürrenmatt: Dr. Matthäi (Heinz Rühmann) von der Zürcher Kantonspolizei wird zu einer Kinderleiche gerufen. Er spricht mit einem Psychiater, der glaubt, dass der Mörder einen Hass gegen Frauen hegt und wieder zuschlagen wird. Matthäi mietet sich in einer Tankstelle an der Landstraße nach Graubünden ein, wo auch zwei andere Mädchenmorde geschehen sind. Als Lockvogel setzt er die Tochter seiner Haushälterin ein. Der Täter (Gert Fröbe) macht sich auch wirklich an das Mädchen heran. Matthäi kann es in letzter Minute retten.

Tatmuster

Die Facettentheorie geht davon aus, dass Täter immer wieder die gleichen Methoden anwenden, um sich dem Opfer zu nähern, mit ihm Kontakt aufzunehmen und es zu kontrollieren (Waffe, Strick, Knebel). Welche Art von sexueller Beziehung sie zu ihm anstreben, wie sie auf das Verhalten des Opfers (seine Gegenwehr) reagieren, welche sexuelle Praxis sie anwenden, welche Gewalt sie ausüben, wie sie schließlich ihre Tat beenden und was sie danach tun, auch das läuft immer nach demselben Muster ab. Tendenziell gehört ein Täter, der fremde Frauen vergewaltigt und ihre Kleider zerreißt, nicht zu der Gruppe von Tätern, die eine Beziehung zu ihrem Opfer entwickeln und Komplimente machen, womöglich eine Verführung inszenieren.

Vier Phasen einer Tat

Das FBI hat den Ablauf einer Sexualstraftat in vier Phasen aufgeteilt.

- *Vor der Tat*: Der Täter ist frustriert, gestresst, unzufrieden, fantasiert, legt sich schon mal Waffen bereit, geht auf die Suche.
- *Die Tat*: Der Akt der Tötung konfrontiert den Täter mit den Folgen seiner Gewaltfantasien. Das kann Entsetzen auslösen oder Befriedigung.
- *Beseitigung der Leiche*: Hat der Täter sich nicht darauf eingestellt, dass sein Tun eine Leiche zur Folge hat, gibt er oft auf und stellt sich der Polizei. Ansonsten muss er entscheiden, was er mit ihr macht. Drapieren und liegen lassen, verstecken, begraben etc.
- *Nach der Tat*: Das Verhalten kann durchaus auffällig sein. Täter suchen die Nähe zum Tatort, helfen der Polizei, sind dabei, wenn die Leiche gefunden wird, und so weiter.

Tätertypen

Statistisch gesehen, existieren zwei Arten von Sexualstraftätern: Die einen greifen ihre Opfer in geschlossenen Räumen an, die anderen draußen. Nur 10 Prozent solcher Täter schlagen draußen *und* drinnen zu. Die Angreifer im Freien haben häufiger Vorstrafen im Bereich von Sexualdelikten und gehen brutaler und schlechter organisiert vor, die Angreifer innerhalb von Gebäuden gehen planvoller vor, sind besser organisiert und kontrollierter. Und sie waren häufiger wegen Einbruchsdelikten oder Diebstahls vorbestraft.

Nicht bestätigen konnten die Statistiker bisher, dass Sexualstraftäter immer einen bestimmten Frauentyp bevorzugen, etwa Blondinen mit langen Beinen. Immerhin 18 Prozent der in Deutschland bekannten Sexualmörder haben sowohl Männer (Jungs) als auch Frauen getötet, sowohl Kinder als auch Erwachsene.

Hingegen hat jeder Serienmörder, der aus Gründen eigener sexueller oder emotionaler Befriedigung tötet, eine bestimmte Handschrift, auch Persönlichkeitsprint genannt. Er vollzieht bestimmte Rituale; sie sind der Grund, warum er seine Tat begeht. Dazu zählen bestimmte Verletzungen des Opfers, der Umgang mit Kleidern des Opfers, postmortale Verstümmelungen, um nur einige zu nennen. In über der Hälfte der Fälle kann man allerdings Leiche und Tatort die Rituale nicht ansehen.[22]

Grundsätzlich unterscheidet die FBI-Typologie planende und nicht planende Sexualmörder. Übergreifendes Merkmal ist, dass sexuelle Gewaltfantasien bei beiden eine Schlüsselrolle spielen. Die Morde werden geistig mehrfach durchgespielt und dann mit großer Brutalität nach Drehbuch ausgeführt. Bereits begangene Taten spielen die Täter zur Stimulation im Kopf immer wieder durch.

Der planende Täter

Er verwendet viel Zeit darauf, ein geeignetes Opfer zu finden, das genau die Merkmale aufweist, die er braucht. Das mag von 100 beobachteten Frauen eine einzige oder keine sein. Der planende Sexualmörder besitzt soziale Kompetenzen, Charme, Überredungsgabe, ist durchaus eloquent, nähert sich seinem Opfer unter einem plausiblen Vorwand. Er ist bei der Tat kontrolliert. Häufig benutzt er sein eigenes Auto oder das des Opfers und begeht seine Taten an mehreren Orten. Das heißt, die Orte, wo er sein Opfer anspricht, wo er es misshandelt und wo man es schließlich findet, sind nicht identisch. Er bereitet vor, womit er sein Opfer kontrollieren will – Messer, Fesseln oder Knebel –, und genießt dessen Angst. Er will Macht spüren. Er hat seine eigene Waffe dabei und nimmt sie hinterher wieder mit, er entfernt die Leiche vom Tatort. Er versucht, keine Spuren zu hinterlassen.

Der planende Sexualmörder ist tendenziell der erstgeborene Sohn, die Familienverhältnisse sind stabil. Der elterliche Erziehungsstil erscheint ihm aber unberechenbar und widersprüchlich. Er ist durchschnittlich oder leicht überdurchschnittlich intelligent, hat einen durchaus qualifizierten Job, der allerdings oft unter seinen Fähigkeiten liegt, sein Lebenslauf weist Unstetigkeiten auf, Umzüge, Jobwechsel. Er ist sozial integriert und lebt mit einer Frau zusammen. Er hat ein Auto in gutem Zustand. Vor der Tat gab es meist irgendwie Stress in der Familie, der Ehe oder am Arbeitsplatz. Er gibt sich oft seinen Fantasien hin und nimmt Souvenirs von der Tat mit. Er sammelt Zeitungsausschnitte über den Mord. Vor und/oder nach der Tat trinkt er vielleicht Alkohol. Er hat ein Bewusstsein von der Schlechtigkeit seines Tuns und ergreift Maßnahmen, die ihm die nächste Tat schwerer machen. Er verkauft zum Beispiel das Auto oder zieht um oder wechselt den Job. Der Tatort erzeugt den Eindruck, als habe hier einer planvoll und kontrolliert gehandelt.

Der impulsive Täter

Beim ungeplanten Sexualmord sieht der Tatort dagegen aus, als hätte jemand gewütet. Alter oder Geschlecht sind selten Auswahlkriterien für die Tat. Das Opfer kann dem Täter durchaus bekannt sein. Er überfällt es plötzlich, womöglich aus dem Hinterhalt, oder mordet gleich nach Kontaktaufnahme. Es gibt keine nennenswerte Kommunikation zwischen ihm und dem Opfer. Sexuelle oder sadistische Handlungen vollzieht er gewöhnlich erst, nachdem er das Opfer getötet hat. Er verstümmelt häufig die Leiche, und er entpersönlicht sie, indem er das Gesicht bedeckt oder zerstört. Zuweilen pinkelt, scheißt oder ejakuliert er auf die Leiche. Meist lässt er sie am Tatort zurück, manchmal in eine Position gebracht, die für ihn symbolische Bedeutung hat. Er verwendet oft eine Waffe, die er am Tatort findet, und lässt sie zurück. Er gibt sich keine Mühe, keine Spuren zu hinterlassen. Im Gegenteil, er hinterlässt Tausende Spuren.

Der Impulsive ist eher kein erstgeborener Sohn, sondern in jüngeres Kind, sein Vater geht keiner geregelten Arbeit nach, er ist eher unterdurchschnittlich intelligent und hat unqualifizierte, unregelmäßige Jobs. Er neigt zu obsessiven finsteren Gedanken und befindet sich bei der Tat in einem verwirrten und gequälten Geisteszustand. Er lebt isoliert, vielleicht bei der Mutter, und zumindest die erste Tat geschieht nicht weit vom Wohnort entfernt. Oft hat er keinerlei sexuelle Erfahrungen und niemals sexuelle Intimität mit Gleichaltrigen erfahren. Er leidet manchmal an Wahnvorstellungen. Unter Stress agiert er impulsiv.

Im wahren Leben sind die Unterschiede zwischen den Typen allerdings nicht so groß, oder anders gesagt: Auch beim Planenden gibt es Elemente des impulsiven Mörders und umgekehrt. Oder ein Mörder entwickelt sich von einer ersten ungeplanten Tat hin zu einem planenden Wiederholungstäter. Oder ein Planender gerät so unter Verfolgungsdruck, dass er zunehmend ungeplant mordet. Außerdem können einem planenden Täter die Dinge auch einmal entgleiten, so dass er improvisieren muss.

Serienmörderinnen

Es sind bisher keine weiblichen Serienmörderinnen bekannt, die aus sexuellen Motiven gehandelt hätten. Was jedoch nicht heißt, dass sie beim Töten nicht auch eine der sexuellen ähnliche Befriedigung gefunden haben. Am nächsten kommt der klassischen Sexmord-Situation Aileen Wournos, die nach eigenen Angaben in der Zeit von 1976 bis 1991 in den USA sieben Männer beim Geschlechtsakt erschossen und ausgeraubt hat (Hinrichtung 2002).

> Von Gesche (Gesina) Gottfried wird die Aussage kolportiert: »Töten ist wie ein Orgasmus.« Anfang des 19. Jahrhunderts hat sie in Bremen 15 Menschen mit Mäusebutter (Fett mit Arsenkügelchen) vergiftet, darunter Ehemänner, eigene Kinder und ihre Eltern. Gesche Gottfried stammt aus der Unterschicht, hat ins bürgerliche Milieu geheiratet und leidet beständig unter Geldmangel. Die zahllosen Todesfälle in ihrer Umgebung erregen zunächst nur Mitleid. Ein Liebhaber heiratet sie sogar aus Dankbarkeit für ihre hingebungsvolle Pflege auf dem Totenbett, ohne zu wissen, dass sie ihn vergiftet hat. Gesche Gottfried findet allmählich Gefallen am Morden. Sie verteilt Mäusebutter an zahllose Freundinnen und Bekannte auch in so kleinen Dosen, dass die Opfer gar nicht oder erst nach Monaten sterben. Sie ermordet aber auch kurzerhand diejenigen, bei denen sie Geldschulden hat. Der behandelnde Arzt schöpft nie Verdacht. Entdeckt wird sie erst, als ein Mann die weiße Paste, die er im Essen findet, untersuchen lässt und darin Arsen festgestellt wird. Gottfried wird 1831 hingerichtet. Nach eigener Darstellung hat sie unter innerem Zwang gehandelt. Interpreten vermuten, dass es ihr gefiel, für die Schicksalsschläge, die sie selbst herbeiführte, allgemein Mitleid und Hochachtung zu ernten.[23]

Todesengel

Serienmörderinnen kommen außerdem vor als sogenannte Todesengel in Krankenhäusern oder der Altenpflege. Sie töten ohne sichtbaren Gewinn (also ohne Raub oder Aussicht auf Erbschaft). Sie gehören wie Gesche Gottfried zu der Sorte Menschen, die die Tötungshemmung mit der ersten Tat überwunden und dann gemerkt haben, dass die Kontrolle über das Leben anderer ihnen ein bestimmtes Belohnungsgefühl vermittelt, das sie anders nicht herstellen können.

Zwischen Februar 2003 und Juli 2004 bringt ein Krankenpfleger in Sonthofen 29 alte Menschen um. Er gibt Schwerkranken, deren Leiden er für sinnlos hält, erst einen Tranquilizer, dann ein Narkotikum. Beides schaltet Schmerzempfinden und Bewusstsein aus. Danach gibt er ihnen ein Mittel, das zur völligen Erschlaffung der Muskeln, auch der Atemmuskeln, führt.

Oder eine Krankenschwester in Wien drückt ihren Opfern mit dem Spatel die Zunge hinunter, was den Schluckreflex blockiert, und gießt dann Wasser in den Schlund des Opfers, das daran erstickt.

In Krankenhäusern fallen Todesengel nicht weiter auf. Meistens sind sie nicht sonderlich integrierte, sondern eher marginalisierte Kolleginnen und Kollegen, die das vermeintlich unerträgliche Leben eines Patienten beenden, eigentlich um sich selbst aus ihrer eigenen unglücklichen Lage zu erlösen. Sie fühlen sich schnell gekränkt, bedauern sich, möchten Anerkennung ihrer Leistungen und ihrer sozialen Moral, werden aber immer wieder mit ihrer Ohnmacht konfrontiert. Das passiert übrigens nur in Krankenhäusern, wo schon lange in der Belegschaft Konflikte schwelen, der Arbeitsablauf hakt und die Organisation mangelhaft ist; ein Angestellter oder eine Angestellte krankt daran mit und tötet Kranke.[24]

Diese Serienmörderinnen und -mörder leben ansonsten durchaus sozial integriert, pflegen einen Bekanntenkreis und werden von ihrem Umfeld als verantwortungsbewusst, hilfsbereit, engagiert und mitmenschlich beschrieben.

Pädokriminelle

Obgleich pädophil zunächst nur kinderfreundlich heißt, verstehen wir den Begriff heute als Bezeichnung für Menschen, die auf Kinder fixiert sind und an ihnen ihre Macht-, Gewalt- und Lustbedürfnisse mit sexuellen Übergriffen befriedigen. Politisch korrekt heißt so jemand Pädosexueller. Oft kommt die Vorliebe fürs Kind mit erzieherischem Brimborium daher, doch geht es dem Täter vor allem darum, das Kind so zu beherrschen und zu manipulieren, dass es seiner eigenen sexuellen Machtbefriedigung dient. Pädokriminelle behaupten gern, sie seien nur am Wohl des Kindes interessiert, und überspielen damit auch ein eigenes ungutes Gefühl dem Kind gegenüber oder ihr Bewusstsein von der Strafbarkeit ihres Handelns.

Fachleute unterscheiden diverse Tätertypen. Die einen sehen sich als Opfer der Verhältnisse und fühlen sich ihrem Leben ohnmächtig ausgeliefert. Sie schaffen Opfer, mit denen sie sich identifizieren können. So einer möchte selbst Kind sein, genießt aber als Erwachsener den Vorteil, dass er Kinder zu Opfern machen kann. Er spielt die Rolle des starken Beschützers und tarnt sich als Freund. Das steigert sein männliches Selbstwertgefühl. Schuldgefühle dem Opfer gegenüber hat er praktisch keine. Er lebt meist ohne Frau, isoliert und kontaktarm. Im Arbeitsleben ist er Einzelgänger.

Der andere Typ möchte das Kind in sich ausleben. So ein Mann kann mit der Eisenbahn spielen, am Computer daddeln oder aber sich Doktorspielen zuwenden. Er sucht die Nähe des Kindes und erotisiert es. Es gefällt ihm, dass das Kind ihn bewundert, er spielt den Freund und verführt das Kind zu sexuellen Handlungen. Er befindet sich auf einem eher kindlichen sexuellen Entwicklungsstand.

Und schließlich gibt es den Frauenhasser. Er hat in seiner Familie erlebt, dass Frauen dem Mann untertan sind, entweder leidvoll oder befriedigend. Frauen gegenüber will er dominant sein und keine Gefühle zeigen. In der Pubertät ist er bei Mädchen damit allerdings kläglich gescheitert. Leider waren sie in der Schule dann auch noch gescheiter als er. Er sucht ängstliche und gehorsame Mädchen, die noch nicht in die Pubertät gekommen sind. An ihnen kann er seine sexuellen Bedürfnisse notfalls mit Gewalt auslassen. Zugleich demütigt er das Weibliche.

Pädokriminellen begegnet man zuverlässig in Badeanstalten. Es sind die Männer, die erst herumstehen, sich dann Schaukeln und Rutschen nähern, einem kleinen Jungen oder einem kleinen Mädchen helfen, es von der Schaukel heben, unten an der Rutsche auffangen und zwar so, dass die Hand irgendwann zwischen die Beine des Kindes rutscht. Wenn Freibäder ihre Gäste auf Anschlägen und Handzetteln auffordern, solche Typen zu melden, dann verschwindet diese Klientel ziemlich schnell.

Übrigens gibt es auch Frauen, die Kinder demütigen und ihnen zu eigenem Lustgewinn an die Genitalien gehen. Sie sind durchaus auch Helferinnen von Kinderpornofotografen, liefern Kinder aus und sind bei Misshandlungen dabei.

Teil 6 Die Ermittler

Bullen oder Cops

»Sind wir eigentlich wirklich gute Bullen?«, fragt Axel Goller in die Runde. Typisch für ihn. Kaum sitzen alle beim Schichtbier nach Ende der Nachtschicht zusammen, muss Goller das Philosophieren anfangen. Sie haben eine anstrengende Nacht hinter sich.

Klaus Pollmann vom Ersten hatte im Bus auf dem Heimweg ein Telefonat mitgehört, bei dem ein halbwüchsiger Punk was von »den Bullen mal richtig die Hölle heiß machen« ins Handy flüsterte. Es war nicht nur darum gegangen, den »Bullen einzuheizen«. Das Wort »plattmachen« hatte Pollmann alarmiert. Und da er es nun schon mal mitbekommen hatte, machte er die Kollegen flott. Als dann kurz vor Mitternacht der fingierte Notruf einging, mit dem die Polizisten in die Punker-Falle gelockt und zum Zeitvertreib zusammengeschlagen werden sollten, war die Bullerei in Zugstärke ausgerückt. 17 Festnahmen. Ordentlich!

So könnte ein Polizist denken. Nur nicht in diesen Worten. »Bulle« sagt vielleicht ein 40-jähriger Immobilienhändler, wenn er im Freundeskreis von seinen Erlebnissen bei der Fahrzeugkontrolle berichtet, die 60-jährige Demonstrantin auf der Anti-AKW-Demo, der 18-jährige Gymnasiast oder Mitwirkende im Fernsehkrimi.

Nur, in den Ohren eines Punks hört sich der Ausdruck »Bulle« ungefähr so antik an wie »Polypen« oder »Polente«. Interessanterweise verwenden diejenigen, die überdurchschnittlich viel mit der Polizei zu tun haben, schlicht und einfach das Wort »Polizei«. Ansonsten sagt der unter 25-Jährige je nach sozialem Hintergrund eher »Cops« zu Polizisten. Ausgewiesene

Punks sagen wahrscheinlich »ACABs«. Das steht für »All cops are bastards« und wird unter Insidern so gut verstanden, dass man durchaus eine Anzeige wegen Beleidigung riskiert, wenn man zu einem Bullen »ACAB« sagt. Ältere Insider reden vermutlich von der »Schmier«, und »die Grünen« wird bis zur vollständigen Umstellung auf blaue Uniformen auch noch gut verstanden.

Diejenigen, die das Wort Bulle überhaupt nicht verwenden, sind Polizisten selbst. Und zwar nicht, weil es Schimpfwortcharakter hat, sondern weil es aus der Mode ist. Auch innerhalb der Polizei wird die Polizei zumeist als Polizei bezeichnet. Und ganz privat wird je nach Alter eher von der Schmier oder den Cops gesprochen.

Wenn es gilt, ein Augenzwinkern in den Ausdruck zu bringen, ist es heute bei der Polizei sehr viel üblicher, von »der Staatsmacht« zu sprechen als vom Bullen.

> Erzählt PHM Goller seinem Kollegen: »Kannst du dir das vorstellen? Da steht der Bürger an der Straße und winkt der Staatsmacht. Wir halten an, volle Beleuchtung auf dem Dach, und was glaubst du, was der will? ›Da liegt eine volle McDonalds-Tüte auf der Fahrbahn‹, beschwert er sich. ›Die sollte man mal wegräumen.‹«

Polizei spricht über die Polizei

Eine Polizistin, die nicht über sich selbst, sondern über eine andere Polizistin in dritter Person spricht, redet mit hoher Wahrscheinlichkeit von »Kollegin«. Das »Kollegin« oder »Kollege« ersetzt die Bezeichnung »Polizistin« oder »Polizist«.

> Ein Mann betritt das Polizeirevier. Er will den Nachbarn anzeigen, der regelmäßig die Zeitung aus der Röhre klaut. »Schönen guten Tag, Herr Wachtmeister«, begrüßt er den Polizeikommissar hinter dem Tresen. »Ich will da mal eine Anzeige machen«. Routine auf dem Revier. Als klar ist, was der Mann möchte, reicht ihn der Wachhabende an Polizeiobermeisterin Klinger weiter mit den Worten: »Gehen Sie mal mit der Kollegin mit. Die nimmt das auf.«

Also nicht »mit meiner Kollegin«, sondern »mit der Kollegin«. Auch andere Formulierungen für die Polizeiobermeisterin Klinger sind eher selten. Das gilt für »Frau Klinger« genauso wie »Polizeiobermeisterin« oder »Polizeiobermeisterin Klinger«. POMin Klinger ist, wie alle anderen Polizisten in dritter Person, eben »die Kollegin«. »Können Sie mal die Kollegen vorbeischicken«, bittet die Streifenbeamtin am Funk um Unterstützung, und selbst bei der Aufarbeitung von Urlaubserlebnissen in Polizeikreisen waren es »die Kollegen«, und nicht etwa »Kollegen von uns«, die den Stau abgesichert haben.

In Schriftstücken von Staatsanwaltschaft und Gericht wird der Polizist dagegen entweder mit seiner Funktion im Verfahren als »der Zeuge«, mit der Titel-Abkürzung und dem Namen, zum Beispiel »KOK Steinmann«, oder als »der Beamte« bezeichnet. Polizisten verwenden in schriftlichen Berichten üblicherweise die »KOK Steinmann«-Variante.

Polizei spricht mit der Polizei – persönlich

Was haben Polizisten, Dänen, Schweden, Bergsteiger und Sportler gemeinsam? Sie sind untereinander per Du, auch ohne dass sie sich kennen. Und dabei sind Polizisten mindestens so konsequent wie eine Fußballmannschaft auf dem Feld. Polizistinnen und Polizisten sprechen sich untereinander selbst dann mit dem vertraulichen Du an, wenn ein Über-Unterordnungs-Verhältnis besteht. Auch wenn sich am Tatort Kriminal- und Schutzpolizistin erstmals begegnen, sagen sie in nahezu hundert Prozent der Fälle nicht Sie zueinander.

Das Siezen beginnt üblicherweise oberhalb der Ermittlungsebene in der Polizeihierarchie. So wird eine Polizeirätin, die in der Personalverwaltung sitzt, sehr viel eher gesiezt als eine Polizeirätin, die als Dezernatsleiterin an Ermittlungen beteiligt ist.

»Was habt ihr denn da?«, fragt die KHKin von der KI 1 vielleicht den jungen Schutzpolizisten, der als Erster zum Tatort gekommen ist. »Hast du da drüben schon mal nach den Ausweisen gefragt?«, könnte sie nachhaken. Oder der junge PHM fragt die deutlich Ältere und Ranghöhere: »Brauchst du uns noch länger hier oder können wir abrücken?«

Polizei spricht mit der Polizei – Funkverkehr

Per Funk, zumal auf dem Haupt-Betriebskanal, sind wiederum alle Polizistinnen und Polizisten per Sie. Auch dann, wenn die langjährige Streifenkollegin auf Sichtweite ist.

> Die beiden Motorradpolizistinnen Sabine und Anne, im Dienstplan als KOMin Reifenauer und KHMin Panagiotidou ausgewiesen, haben sich vor mehr als einer Stunde in die engen Ledermonturen gezwängt, ihre Maschinen angeworfen und sind bei schönstem Sommerwetter in der Stadt auf Streife. »Sicherheit verbreiten«, heißt das bei der Motorradstaffel der Polizei.

Nicht nur die Straßencafés locken, auch der Eisstand am Reiterstandbild. Sabine blickt in den Rückspiegel. Die Kollegin hat sich zurückfallen lassen. Sabine muss sich auf ihrer BMW reichlich verdrehen, um Blickkontakt zu bekommen. Das Visier hat sie hochgeschoben.

»Hey, Anne, rück mal näher!«, ruft sie. Anne versteht nichts. Sie deutet aufs Funkgerät. Sabine drückt die Sprechtaste: »Vier, zwo, einundsiebzig von vier, zwo, vierundsiebzig. Verlegen Sie mal Richtung Reiterstandbild.«

Anne antwortet: »Verstanden«, und rückt auf gleiche Höhe auf.

»Kannst du mir Geld leihen? Ich hab keins dabei«, sagt Sabine zu Anne hinüber.

In ausgesprochen ländlichen Gebieten oder auf speziellen Einsatzkanälen wird die sogenannte Funkdisziplin schon mal weniger konsequent eingehalten. Im Regelfall gilt aber: Je mehr am Funk dranhängen, desto standardisierter hört er sich an.

Zu den festen Regeln im Funkverkehr gehört auch, dass immer zuerst die angerufene Station und dann die eigene genannt wird. Ein Adam auf der Funksuche nach seiner Eva würde keinesfalls »Hier Adam, Eva, bitte kommen!« sagen. Vielmehr funkt er: »Eva für Adam.« Durchsagen für eine Vielzahl von Stationen werden üblicherweise mit einem »Achtung« begonnen: »Achtung. Hier Adam mit einer Durchsage!« Dann steht das »Achtung« für »an alle« und die Durchsage beginnt mit dem Namen des Sprechers.

Ein Großteil des Funkverkehrs wird allerdings inzwischen digital abgewickelt. Das heißt, die Beamten tippen Zahlen und Buchstaben in die Tastatur des Funkgeräts. Zu hören ist die Übermittlung solcher digitalen Nachrichten allenfalls noch am charakteristischen »Tschak« im Funkverkehr. Etwa, wenn ein Beamter seiner Zentrale etwas sagen will. Der dann folgende Dialog könnte sich so anhören: »(Tschak) Einmal Cäsar, zwei LV KH, Ludwig (Tschak).« Damit sagt der Polizist seiner Zentrale, nachdem die sich gemeldet hat (Tschak): »Es war ein Verkehrsunfall (C) mit zwei leicht Verletzten (LV), die ins Krankenhaus (KH) gekommen sind. Die Polizisten werden am Unfallort nicht mehr benötigt (Einsatzstufe L).« Die Zentrale antwortet: »Verstanden (Tschak).«

Nicht standardisierte Meldungen, wie etwa die zwischen den beiden Motorradpolizistinnen im Beispiel, werden gesprochen.

Polizei und Bürger

Wir alle, also all jene, für die Polizisten da sind und mit denen sie dienstlich zu tun haben, werden im lockeren Polizeijargon üblicherweise als Bürgerin oder Bürger bezeichnet.

> Eine Polizistin berichtet im Aufenthaltsraum des Polizeireviers: »Ruft doch gestern ein Bürger an und beklagt sich über den Lärm in der Wohnung über ihm. Wir sind dann hin und tatsächlich, irgendwas hat fürchterlich gehämmert. Der aufgeregte Bürger war auch gleich zur Stelle und hat uns lang und breit über seinen Nachbarn aufgeklärt. Der wär immer so laut, würde nie grüßen und so weiter und so weiter.«

In offiziellerer Lesart, beispielsweise in Dienstanweisungen, wird aus dem Bürger, der in Kontakt mit der Polizei kommt, »das polizeiliche Gegenüber«. Ein Wortungetüm, das aber konsequent und, etwa beim Studium oder in der Sprache der Polizeiführung, regelmäßig Verwendung findet.

Sobald es um strafrechtlich relevante Sachverhalte geht, unterscheiden sich die Bürgerinnen und Bürger, also das polizeiliche Gegenüber, nach ihrer Stellung im Verfahren. Es gibt da den Anzeigeerstatter (auch AE abgekürzt), den Geschädigten (G), den Täter (T) und den Zeugen (Z). Sind mehrere Personen gleicher Funktion in die Geschichte verwickelt, werden sie durchnummeriert.

> Aus einem Polizeiprotokoll: »Zum Tatzeitpunkt hielten sich der Geschädigte und die beiden Täter (T 1 und T 2) in der Gaststätte Goldenes Lamm auf. Alle drei waren zunächst gemeinsam in die Gaststätte gekommen. Entsprechend den Angaben der Zeugin Hollmann (Z 1) und des Zeugen Greufner (Z 2) haben diese (G, T 1 und T 2) dann erhebliche Mengen Alkohol getrunken. Nach Aussage des AE soll es sich um jeweils mindestens 8 Schnäpse und vier halbe Liter Bier gehandelt haben.
>
> Kurz vor 23:00 Uhr geriet dann der G mit dem T 1 in Streit. Auslöser war nach Angaben des G eine abwertende Äußerung des T 1 über dessen Manneskraft. Als der G daraufhin den T 1 zum Verlassen des Schankraums aufforderte, um die Sache ›unter Männern‹ auszumachen, versetzte der bis dahin unbeteiligte T 2 dem G von hinten einen kräftigen Stoß, so dass dieser zu Boden ging. Beide, T 1 und T 2, traten anschließend den am Boden liegenden G mehrfach in den Bauch und gegen den Kopf.
>
> Der AE – Betreiber der Gaststätte – verständigte um 23:06 Uhr über Notruf die Polizei. Beim Eintreffen der Beamten um 23:13

> Uhr saßen die T 1 und T 2 mit dem G zusammen am Tresen. G, der stark aus der Nase blutete, lehnte zunächst jede Hilfeleistung ab und bezeichnete T 1 und T 2 gegenüber POMin Zölling als seine besten Freunde. Anschließend beschimpften die T 1 und T 2 gemeinsam mit dem G die Beamtinnen.«

Wir haben in der Geschichte also mindestens acht Handelnde, auf Polizeideutsch: mindestens zwei Kolleginnen (POMin Zölling und eine oder mehrere andere) und sechs polizeiliche Gegenüber (AE, G, T 1, T 2, Z 1 und Z 2).

Bürger und Justiz

Im Straf- und Bußgeldverfahren sind die Bezeichnungen für die Beteiligten durch die Ausdrücke vorgegeben, die das Gesetz verwendet. Die Begriffe Zeuge und Geschädigter (Verletzter) werden dabei nicht anders verwendet als im allgemeinen Sprachgebrauch auch.

Beschuldigter, Angeklagter oder Betroffener

Der Täter allerdings durchläuft im Strafverfahren verschiedene juristische Begriffsstufen. Zunächst ist er selbstverständlich unschuldiger Bürger. Wird er aber einer Straftat verdächtigt und wird gegen ihn ein Strafverfahren eingeleitet, so ist er ab sofort Beschuldigter. Vor Gericht wird aus dem Beschuldigten ein Angeklagter. Wird er verurteilt, wird aus ihm wieder ein ganz normaler Bürger – gegebenenfalls allerdings ein vorbestrafter Bürger. Und manch einer muss dann ja noch seine Zeit als Gefangener im Zuge der Abbüßung einer Haftstrafe hinter sich bringen. Nur der Vollständigkeit halber: Stellt sich in irgendeiner Phase des Verfahrens die Unschuld des Beschuldigten heraus, so wird das Verfahren eingestellt und er hat sofort wieder die Bürger-Position inne.

In Bußgeldverfahren – die meisten von uns kennen sie von Verkehrsordnungswidrigkeiten – heißt man als Tatverdächtiger Betroffener. Diese Stellung verliert man auch nicht in einem Gerichtsverfahren, und vorbestraft ist man nach einem Verfahren wegen einer Ordnungswidrigkeit, also einem Bußgeldverfahren, ohnehin nicht. Ärmer womöglich aber schon.

Wenn die Polizei erscheint

Beim Erstkontakt mit dem Bürger stellen sich, allen Versuchen von Gutes-Benehmen-Trainern innerhalb der Polizei zum Trotz, uniformierte Polizistinnen und Polizisten üblicherweise gar nicht vor. Sie kommen nach einem kurzen Gruß sofort zur Sache. »Man sieht ja, dass wir Polizisten sind«, ist die verbreitete Einstellung. Was ja auch stimmt.

> Es klingelt an der Tür. Fanny Fuchs öffnet. Vor der Tür steht eine uniformierte Polizistin. »Guten Tag. Gehört das Auto in der Einfahrt Ihnen?«

So kennen wir das. Da unterscheidet sich der Krimi-Alltag nicht vom wirklichen Leben. Echte Kriminalpolizistinnen dagegen sagen meist, wer sie sind, nämlich: »Kriminalpolizei«, und gehen dann zum oben beschriebenen Auftrittsprogramm der Schutzpolizistin an der Haustür über.

> Fanny öffnet die Tür. Zwei Frauen in Zivil blicken sie an. Eine zeigt von ferne einen Ausweis. »Kriminalpolizei. Guten Tag. Gehört das Auto in der Einfahrt Ihnen?«

Die Menschen sind verschieden, deshalb sind auch alle gesellschaftlich akzeptierten Begrüßungsformen im Polizeialltag denkbar. Die in Krimis oft gebrauchte Begrüßungs-Variante, bei der der Dienstsitz mitgenannt wird, also »Kriminalpolizei Berlin« oder »Kripo München«, hört man allerdings eher selten. Auch dass Namen und Dienstbezeichnung mitgenannt werden – »Guten Tag, ich bin Kriminalhauptkommissarin Gründler und das ist Kriminaloberkommissar Bendle« –, ist die Ausnahme.

Die Polizei

Ginge es um den Preis für die konsequentest falsche Polizei-Dienstbezeichnung der Nachkriegszeit, so käme die Jury nicht an der Fernsehserie *Derrick* (ZDF, ORF, SF, DRS, 1974–1998) vorbei. Der Titelheld trat in der Serie über Jahrzehnte als Oberinspektor auf – eine Dienstbezeichnung, die es bei der deutschen Polizei der Nachkriegszeit in dieser Form nicht gegeben hat und die vermutlich dem englischen Inspector entlehnt war. Derrick wurde im Übrigen auch bis zu seiner Pensionierung nie befördert. Zumindest das, so seinerzeit die Gewerkschaft der Polizei bei einer Tarifrunde, habe der Realität entsprochen.

Laufbahn und Dienstränge

In Deutschland gibt es für die Beamten, die uns hier interessieren, drei Laufbahnen: die mittlere, die gehobene und die höhere. Grundsätzlich gibt es auch noch die einfache Laufbahn, die allerdings nicht zuletzt wegen der im Grenzbereich zur Hartz-IV-Sozialleistung befindlichen Besoldungshöhe aus der Mode gekommen ist. Als Faustregel gilt: Für die mittlere Beamtenlaufbahn ist eine entsprechende Berufsausbildung, für die gehobene Laufbahn ein Fachhochschulstudium und für die höhere Laufbahn ein Universitätsstudium Zugangsvoraussetzung. Die Position in den drei Hierarchiestufen wird durch die Besoldungsstufe verdeutlicht. Sie ist in allen Bereichen, in denen Beamte eingesetzt sind, gleich, unabhängig davon, ob es sich um einen Beamten beim Regierungspräsidium, dem Oberschulamt, dem Finanzamt oder der Polizei handelt.

Die mittlere Laufbahn umfasst die Besoldungsgruppen A 7 bis A 9 Z, die gehobene Laufbahn die von A 9 bis A 13 und die höhere von A 13 bis A 16. Darüber hinausgehende Besoldungen für handverlesene Positionen werden nach einer eigenen Besoldungstabelle vergütet, die mit B bezeichnet wird.

In den meisten Bereichen, in denen Beamte eingesetzt sind, bestehen viele der Dienstbezeichnungen des mittleren Diensts aus Zusammensetzungen mit dem Wort »Sekretär«, die des gehobenen Diensts mit »Inspektor« oder »Rat« und die des höheren Diensts mit »Rat« oder »Direktor«. Der legendäre Oberinspektor Derrick wäre demzufolge nach A 10 besoldet worden.

Bei der Polizei sind die Beamten genauso eingestuft, haben aber andere Dienstbezeichnungen. Wenn die Polizisten Uniform tragen, kann man den Dienstgrad und die Besoldungsstufe an den Sternen auf den Schulterklappen ablesen. Geringfügige Unterschiede zwischen den Bundesländern sind möglich.

		Schutzpolizei				Kriminalpolizei	
Laufbahn	Besoldungs-gruppe	Dienstgrad		Sterne		Dienstgrad	
		Bezeichnung	Abkürzung	Farbe	Anzahl	Bezeichnung	Abkürzung
mittlere	A 7	Polizeimeister	PM	grün/blau*	2	Kriminalmeister	KM
mittlere	A 8	Polizeiobermeister	POM	grün/blau*	3	Kriminalobermeister	KOM
mittlere	A 9	Polizeihauptmeister	PHM	grün/blau*	4	Kriminalhauptmeister	KHM
mittlere	A 9 Z	Polizeihauptmeister mit Amtszulage	PHM Z	grün/blau*	4	Kriminalhauptmeister mit Amtszulage	KHM Z
gehobene	A 9	Polizeikommissar	PK	silber	1	Kriminalkommissar	KK
gehobene	A 10	Polizeioberkommissar	POK	silber	2	Kriminaloberkommissar	KOK
gehobene	A 11	Polizeihauptkommissar**	PHK	silber	3	Kriminalhauptkommissar**	KHK
gehobene	A 12	Polizeihauptkommissar**	PHK	silber	4	Kriminalhauptkommissar**	KHK
gehobene	A 13	Erster Polizeihauptkommissar	EPHK	silber	5	Erster Kriminalhauptkommissar	EKHK
höhere	A 13	Polizeirat	PR	gold	1	Kriminalrat	KR
höhere	A 14	Polizeioberrat	POR	gold	2	Kriminaloberrat	KOR
höhere	A 15	Polizeidirektor	PD	gold	3	Kriminaldirektor	KD
höhere	A 16	Leitender Polizeidirektor	Ltd. PD	gold	4	Leitender Kriminaldirektor	Ltd. KD

** Für beide Besoldungsgruppen gilt die gleiche Dienstbezeichnung.

* je nach Uniformfarbe

** Für beide Besoldungsgruppen gilt die gleiche Dienstbezeichnung.

Wie man aus der Tabelle ersehen kann, hätte Derrick als in A 10 besoldeter Kriminalpolizist die Dienstbezeichnung Kriminaloberkommissar führen müssen. Und um auf die Gewerkschaft der Polizei zurückzukommen: Da sich Derrick nie etwas hat zuschulden kommen lassen und auch alle seine Fälle lösen konnte, wäre zum Zeitpunkt der Pensionierung zumindest ein »Kriminalhauptkommissar« angezeigt gewesen.

Eine Besonderheit bei der Polizei war viele Jahrzehnte lang die sogenannte Einheitslaufbahn. Anders als etwa Beamte des Finanzamts mussten alle Polizisten ihren Dienst in der mittleren Laufbahn beginnen und konnten erst dann mit dem Studium an der jeweiligen Hochschule der Polizei beginnen, um die Qualifikation für den gehobenen Dienst zu bekommen. Obwohl inzwischen der sogenannte Direkteinstieg, also gleich das Studium an der Fachhochschule, möglich ist, kommen die meisten Polizisten immer noch über den mittleren Dienst.

Eine Kriminalpolizistin, die bei einem Mord am Tatort erscheint, kommt als Mitarbeiterin im Dezernat »Tötungsdelikte/Todesermittlungen« eher nicht aus dem mittleren Dienst. Sie könnte Kriminalkommissarin oder Kriminaloberkommissarin sein, es sei denn, sie wäre in leitender Funktion. Je nach Bundesland würde man bei einer über 25-Jährigen eher den Titel KOK als KK erwarten. Hätte sie erst spät den Aufstieg gemacht, womit in Beamtenkreisen der Wechsel vom mittleren in den gehobenen Dienst und das damit verbundene Fachhochschulstudium gemeint ist, kann sie durchaus auch als über 30-Jährige noch den Titel KK innehaben.

Als eine »die Untersuchung leitende Beamtin«, wie das juristisch heißt, wäre bestimmt eine Kriminalhauptkommissarin tätig. Bei einer Mordermittlung, insbesondere in einer Soko, wird die Leitung eher von einer Ersten Kriminalhauptkommissarin übernommen, falls nicht die Dezernatsleiterin den Fall übernimmt. Bei einer Dezernatsgröße von mehr als 20 Mitarbeiterinnen und Mitarbeitern ist die Chefin meist aus dem höheren Dienst und Kriminalrätin, wahrscheinlicher sogar Kriminaloberrätin.

Allzu hochrangig sollte die Ermittlerin als Protagonistin eines Krimis aber nicht angesiedelt sein, denn einer Theorie zufolge passieren bei spektakulären Mordermittlungen wie dem Kennedy-Mord oder dem an Olof Palme so schwerwiegende Ermittlungspannen, dass man sich fragt, ob da Laien am Werk waren. Das kann daran liegen, dass sich bei solch prominenten Fällen überall auf der Welt sofort die obersten Führungsebenen einschalten und die Ermittlungen zur Chefsache machen. Doch damit haben plötzlich all diejenigen das Sagen, die sich in den Niederungen der Ermittlungsarbeit nicht mehr so richtig auskennen, so gut ihre Behördentaktik und Kenntnisse in Personalplanungsstatistik oder Mittelbedarfsanalyse sonst auch sein mögen.

Polizei in Zahlen

Der überwiegende Teil der Polizistinnen und Polizisten wird bei der Schutzpolizei eingesetzt. Ihr Anteil an allen Polizeibeamten betrug im Jahr 2007 rund 80 Prozent.

Frauenanteil

Der Anteil der Frauen bei der Polizei in den alten Bundesländern, wo erst seit Mitte der achtziger Jahre Frauen uneingeschränkt Zugang zum Polizeidienst haben, liegt bei rund 14 Prozent. In den neuen Bundesländern ist der Frauenanteil mit über 20 Prozent deutlich höher. Bei den Neueinstellungen haben die Frauen mit rund 40 Prozent zumindest deutlich aufgeholt (Landtag von Baden-Württemberg, Drucksache 14/1486 vom 5.7.2007).

Verdienst

Die Höhe des Verdiensts richtet sich unter anderem nach den Besoldungsgruppen, dem Dienstherrn (Ost- oder Westdeutschland) und dem sogenannten Dienstalter der Beamtin. Da der Dienstherr der Beamten nicht in die Sozialkassen einzahlt wie bei anderen Arbeitnehmerinnen üblich, lassen sich die Bruttogehälter von Beamten und Angestellten nicht wirklich vergleichen. Um einen groben Eindruck zu bekommen, sind daher im Folgenden die Netto-Gehälter angegeben. Völlig unverbindlich, nur größenordnungsmäßig und für Unverheiratete.

Eine 20-jährige Polizeimeisterin hatte im Jahr 2007 ein Nettogehalt von rund 1300€ monatlich. Eine 27-jährige Kriminalkommissarin erhielt rund 1700€ überwiesen und die 45-jährige Kriminalhauptkommissarin in A 11 etwa 2500€. Die 50-jährige Erste Polizeihauptkommissarin und Leiterin eines Dezernates Tötungsdelikte hatte ca. 3200€ auf dem Konto. Da in den meisten Bundesländern keine Essenszuschüsse gezahlt werden und Weihnachtsgeld und dreizehntes Monatsgehalt weitgehend weggefallen sind, von Zuschüssen für Betriebsausflug, Dienstfeiern und so weiter ganz zu schweigen, bietet die Polizeilaufbahn keine reale Möglichkeit, schnell reich zu werden.

Ein geflügelter Zynismus in Polizeikreisen sagt, dass die Höhe der Besoldung präzise auf die Tätigkeit abgestimmt ist: Bei 41 Pflicht-Wochenstunden für Beamtinnen, bei den vielen Diensten zu ungewöhnlichen Zeiten und bei der nicht zuletzt oft auch psychisch belastenden Tätigkeit sei eine höhere Besoldung völlig unnötig, man habe sowieso keine Gelegenheit zum Geldausgeben. Dafür muss eine Polizistin aber auch keine überraschende Kündigung fürchten.

Wie von allen Beamten wird übrigens auch vom Polizisten erwartet, dass er sich sogar außerhalb des Diensts im Großen und Ganzen rechtstreu verhält. Verurteilungen wegen Straftaten im Zivilleben wirken sich über sogenannte Disziplinarverfahren auch auf Beförderungsmöglichkeiten aus. Wer zum Beispiel auf der Urlaubsfahrt einen Unfall mit Verletzten verschuldet und wegen fahrlässiger Körperverletzung verurteilt wird, muss mit dienstrechtlichen Konsequenzen rechnen. Üblich ist eine längere Beförderungssperre. Bei schweren Delikten kann eine Verurteilung selbst eine Entlassung aus dem Dienst nach sich ziehen.

Wirklich problematisch ist eine Besonderheit der Beamtenbesoldung vor allem für junge Polizisten. Wird jemand dienstunfähig, richtet sich die Höhe des Ruhegehalts nach dem Dienstalter. Das heißt: kurz dabei – sehr geringes Ruhegehalt, lange dabei – normales Ruhegehalt. Das gilt auch für Dienstunfälle. Selbst wenn sich die meisten Beamten gegen das entsprechende Risiko versichern, Fälle, in denen junge Polizisten nach einem Dienstunfall wegen geringer Ruhegehälter auf Sozialhilfe angewiesen sind, gibt es immer wieder.

Ein »erhöhtes Unfallruhegehalt« – auch das gibt es – wird nur gezahlt, wenn es sich bei dem Dienstunfall um einen sogenannten qualifizierten Dienstunfall handelt. Das ist dann gegeben (§ 37 Beamtenversorgungsgesetz), wenn »sich ein Beamter bei Ausübung einer Diensthandlung einer damit verbundenen besonderen Lebensgefahr aussetzt« oder den Dienstunfall »durch einen rechtswidrigen Angriff« erleidet.

Der Ablauf eines SEK-Zugriffs zum Beispiel hat deshalb möglicherweise nicht nur Folgen für den Angeklagten vor Gericht, sondern entscheidet vielleicht auch über die Höhe lebenslanger Ruhegehaltsansprüche einer verletzten Polizistin.

> Urteil des Verwaltungsgerichtes Stuttgart, 20.7.1993, 14 K 2760/92: Der Kläger nahm als Beamter des Spezialeinsatzkommandos (SEK) an einem Einsatz in einer Unterkunft teil, in der mit Betäubungsmitteln gehandelt wurde. Nach einem Scheinkauf erging der Zugriffsbefehl an die Beamten. Beim Eindringen der Beamten in die Zimmer des Wohnheims gelang es einem Verdächtigen, der bei seiner Festnahme bewaffnet war, aus dem im 1. Stock gelegenen

> Zimmer in den 4,10 m tiefer gelegenen asphaltierten Hof zu springen. Der als erster Zugriffsbeamter eingeteilte Kläger sah vom Fenster des Zimmers aus, wie sich der Flüchtende nach dem Aufprall auf dem Boden aufrichten wollte. Um die Flucht zu verhindern, folgte er dem Verdächtigen durch das Fenster. Er versuchte sich zunächst am Fenstersims hinunterzulassen und ließ sich dann in den Hof hinabfallen. Beim Aufprall zog er sich Frakturen der Sprunggelenke in beiden Beinen zu. Der Unfall wurde vom Innenministerium nicht als qualifizierter Dienstunfall anerkannt. Zwar sei der Polizeieinsatz für den Polizisten grundsätzlich mit einer Lebensgefahr verbunden gewesen, da der Verdächtige bewaffnet gewesen sei und Rauschgifttäter häufig und ohne Zögern von ihren Waffen Gebrauch machten. In der konkreten Unfallsituation habe jedoch für den Kläger keine besondere Lebensgefahr bestanden. Mit dem Sprung aus dem Fenster sei allenfalls eine gewisse Gesundheitsgefährdung verbunden gewesen.

In diesem Fall hat der Polizist schließlich vor Gericht seinen höheren Ruhegehaltsanspruch doch noch durchsetzen können. Sinngemäß urteilten die Richter, dass die Festnahme eines bewaffneten Rauschgifthändlers für Polizisten immer lebensgefährlich sei, egal ob am Fenstersims hängend oder auf dem Fußboden laufend. Wie das Urteil gelautet hätte, wenn sich später herausgestellt hätte, dass der Dealer keine Waffe bei sich trug, haben die Richter nicht gesagt.

Übrigens hat es auch für den Verdächtigen in diesem Fall einen erheblichen Unterschied gemacht, ob er eine Waffe dabeihatte oder nicht. Nach dem Gesetz (§ 30a Abs. 2 BtMG) gibt es für bewaffnete Dealer nämlich eine deutliche Strafverschärfung.

Die Vorgesetzten

Wie schon das Urteil im Streit zwischen dem Polizisten und dem Innenministerium, also dem Mitarbeiter und den Vertretern seines Chefs, zeigt, ähnelt das Polizistenleben in vielerlei Hinsicht dem anderer Berufstätiger. Vielfach leiden Polizisten unter dem Eindruck, dass ihre Vorgesetzten – je weiter über ihnen, desto ausgeprägter – sie nicht mehr als Menschen, sondern als zu bewältigendes Personalproblem wahrnehmen. Auch darin unterscheidet sich der Polizeiberuf nicht von anderen Beamtenlaufbahnen oder den meisten Jobs überhaupt. Weil Verdienst und Karrierechancen als Anreiz für den Polizeiberuf ausscheiden, kann Frust entstehen. Auch dass neue Vorgesetzte ihre Duftmarken setzen und in regelmäßigen

Abständen einfach mal alles anders machen, ist im Polizeiapparat nicht anders.

So kann über die Karriere einer Polizistin plötzlich entscheiden, ob sie viel oder wenig Dienstsport getrieben hat, und dann wieder, ob sie Fälle schnell oder langsam bearbeitet. Dann hängt ein paar Monate das Fortkommen vor allem davon ab, wie viele Fortbildungen sie besucht hat, bevor anschließend der neue Vorgesetzte die Bereitschaft, auch am Wochenende Dienst zu tun, für entscheidend hält. Hinzu kommen Umorganisationen, Neustrukturierungen, neue Vorgaben unter Verteufelung der bisherigen und die vielen – sehr vielen – Umzüge von einem Büro ins andere.

Wir können uns vorstellen, dass auch Kommissarinnen und Kommissare sich reichlich das Maul zerfetzen über ihre Chefs und ihre Arbeitsbedingungen, vielleicht viel eher noch, als dass sie sich Details aus ihrem Familienleben erzählen. Ein Mord, die wohl häufigste Krimistraftat weltweit, würde aber wahrscheinlich auch in Realität das Gesprächsthema »Personal-Management-Ideen einer neuen Vorgesetzten« in den Hintergrund drängen.

Wie fern in vielen Dingen Krimis sonst auch von der Realität sein mögen: Es gibt heute eine ganze Reihe von Krimiserien, die zumindest die Behördenstimmung und den Umgang von Vorgesetzten mit Mitarbeitern gut treffen. Und wenn sich beim abendlichen Krimi dieser Behörden-Mix aus Kafka und Komödie ins Wohnzimmer schleicht, dann hat das schon viele Polizisten vor dem Fernseher zu einem spontanen »Wie bei uns!« verleitet.

Schutzpolizei – Kriminalpolizei

Der uniformierte Polizist ist Laufbursche des Kriminalpolizisten. Er sperrt den Tatort ab, trägt die schweren Sachen, führt Besucher ins Zimmer und holt den Kaffee. Und weil es gerade passt: Geheimagenten sehen gut aus, ihre kriminellen Gegenspieler hören klassische Musik, reiche Leute auch. Wie alle Opernstars haben auch Zuhälter einen österreichischen Dialekt und Detektive finden immer dort einen Parkplatz, wo sie ihn brauchen. Sie müssen nie fünfmal um den Block und dann bei Kaufland ins Parkhaus fahren.

Eines dieser Klischees ist nicht nur ein Klischee, sondern falsch: Uniformierte Schutzpolizisten sind auf keinen Fall Untergebene der Kriminalpolizei! Wenn der uniformierte Polizist der Kollegin von der Kripo einen Kaffee holt, dann aus Höflichkeit und weil sie bei ihm zu Besuch ist. Schutzpolizei und Kriminalpolizei sind innerhalb der Landespolizei zwei getrennte Untergliederungen. Sie arbeiten etwa unter dem Dach der Polizeipräsidien oder eines Landeskriminalamts zusammen.

Es gibt zwischen den beiden Bereichen kein hierarchisches Verhältnis. Sie haben nur unterschiedliche Aufgaben. Während die uniformierte Polizei für die Verkehrslenkung und -überwachung, den Streifendienst und Sofortmaßnahmen (➶ Erster Angriff der Polizei) und für die Bearbeitung von weniger aufwändig zu ermittelnden Ordnungswidrigkeiten und Straftaten zuständig ist, wird die Kriminalpolizei praktisch ausschließlich zur Bearbeitung von Straftaten eingesetzt, bei denen Spezialwissen erforderlich ist oder umfängliche Ermittlungsaufgaben anfallen.

Es ist einerseits Sache der Polizei, die öffentliche Sicherheit und Ordnung aufrechtzuerhalten (z. B. bei Kneipenschlägereien einschreiten). Andererseits verfolgt sie Straftaten (z. B. Tötungsdelikte).

Auch wenn noch heute der Kriminalpolizist im *Bullen von Tölz* (Sat 1, ORF, 2002–2009) oder den *Rosenheim-Cops* (ZDF, erste Folge 2002) seinen uniformierten Kollegen von der Schutzpolizei zum Kaffeeholen schickt: Die Realität sieht in Bayern bereits seit dem Ende des Zweiten Weltkrieges anders aus.

Je nach regionaler Regelung bearbeiten Beamte der Schutzpolizei auch Straftaten. Die Aufgabenzuweisung folgt dabei üblicherweise dem Schema: vergleichsweise kurze Bearbeitungsdauer, dann Schutzpolizei, längere Bearbeitungsdauer, dann Kriminalpolizei. Und es kann auch vorkommen, dass Schutzpolizisten in Zivil Dienst tun. Sie gehören dennoch nicht zur Kriminalpolizei.

Für viele angehende Polizistinnen findet heute die Entscheidung, Revier oder Kripo, bereits im Lauf der Ausbildung statt. Nach einheitlichem Grundstudium schließen sich getrennte Studiengänge für die gehobene Laufbahn in der Schutz- oder in der Kriminalpolizei an. Das war früher anders, und bis heute ist der lange Zeit übliche Weg zur Kriminalpolizei über den Streifendienst nebst Zusatzlehrgängen auch noch nicht völlig ausgestorben. Sowohl daran, dass nur 20 Prozent der Polizisten zur Kripo gehören, als auch am Werdegang über die Zusatzlehrgänge mag es liegen, dass bei Kriminalpolizisten gelegentlich elitäres Denken zu finden ist. Andererseits empfinden Schutzpolizisten ihre zivil arbeitenden Kollegen schon mal als Sesselpupser fernab des harten Streifendienstalltags.

Offene Aversionen sind auf beiden Seiten aber die seltene Ausnahme. Zumal heute auch innerhalb der Polizei die Kripo üblicherweise nicht als Elite empfunden wird. Die Vorstellung, jeder Polizist strebe eine Tätigkeit bei der Kripo an, ist lange überholt. In der Praxis hängt die Entscheidung für oder gegen die eine oder andere Laufbahn sehr viel eher damit zusammen, ob man sich vorstellen kann, zum Beispiel monatelang Akten in Wirtschaftsstrafsachen zu wälzen, oder ob man doch lieber den viel abwechslungsreicheren, wenn auch unspezialisierten Dienst auf dem Revier tun möchte. Letztlich ist das Verhältnis zwischen Schutz- und Kriminalpolizei genauso kollegial (oder nicht) wie zwischen zwei Parallelklassen in der Schule oder in der Firma zwischen dem Innen- und Außendienst. Manche suchen die Abgrenzung, manche brauchen sie nicht.

Grundsätzlich eint alle Polizisten, übrigens über die Landesgrenzen hinweg, das Wir-Gefühl, wenn es um das Verhältnis zum Bürger oder, noch deutlicher, um das zu Straftätern geht. Einen Kollegen vor den Augen eines Nicht-Polizisten blöd anzumachen gehört daher zu den schlimmeren Fehltritten im Polizeialltag.

Kripo, Bepo, Soko, SEK, MEK

Üblicherweise meinen wir die Landespolizei, wenn wir von Polizei reden. Das sind die Polizistinnen in Uniform und die Kriminalpolizistinnen, wie wir sie kennen. Daneben gibt es aber auch die uniformierte Bundespolizei und die in zivil arbeitenden Beamtinnen des Bundeskriminalamts, der Zollfahndung, der Steuerfahndung und so weiter.

Landespolizei

Die Polizeien der Bundesländer haben sich bis heute einige Unterschiede erhalten, weisen aber eine nahezu parallele Struktur auf. Vor allem die Unterscheidung zwischen Kriminal- und Schutzpolizei ist einheitlich.

Schutzpolizei der Länder

Die typische Schutzpolizeibeamtin findet sich in einem Polizeirevier. Sie ist vielfach erste Anlaufstelle für die Bevölkerung, tritt ihr im Straßenverkehr zu nahe, kommt bei Einbrüchen, Hausstreitigkeiten oder Ruhestörung und ermittelt in weniger aufwändig zu ermittelnden Strafsachen.

Spezialisierung bei der Schutzpolizei

Innerhalb der Schutzpolizei gibt es weitere Untergliederungen. Zum Beispiel die Wasserschutzpolizei (Wapo) und besondere Aufgabenbereiche, die im Polizeijargon Staffeln genannt werden, nämlich die Hunde-, Reiter-, Motorrad- oder Hubschrauberstaffeln.

In größeren Polizeidirektionen kann es weitere Spezialisierungen geben.

Zum Beispiel: Polizisten in Präventions-Dienststellen, in Stellen der Verkehrsüberwachung, der Verkehrserziehung, Gewerbepolizisten, Spezialisten für die Unfallaufnahme und so weiter. Gilt es – etwa bei großen Sportveranstaltungen –, eine Vielzahl von Schutzpolizisten unter einheitlicher Führung einzusetzen, werden sie in sogenannten Einsatzhundertschaften zusammengefasst. In manchen Regionen gibt es diese Einsatzhundertschaften auch als feste Dauereinrichtung mit einem entsprechenden Personalstamm.

Bis in die siebziger Jahre waren die sogenannten Überfallkommandos in Fernsehkrimis in beständigem Einsatz, so etwa die S.W.A.T.-Teams (Special Weapons and Tactics) der deutschen Nachkriegszeit. Sie kamen bei Banküberfällen (daher der Name »Überfall«) oder ähnlichen Lagebildern mit hohem Personalbedarf zum Einsatz. Heutzutage rücken in solchen Fällen SEK, MEK oder andere Spezialeinheiten aus.

Bereitschaftspolizei

Neben den ausschließlich den Ländern unterstehenden Polizeieinheiten gibt es, als eigenständige Polizeieinheit, die Bereitschaftspolizei. Es sind vor allem Großeinsätze wie Demonstrationen oder Fußballspiele, für die die Bereitschaftspolizei (Bepo) ausgebildet und ausgerüstet ist. Sie ist spürbar militärischer geprägt als etwa der auf den Einzeldienst ausgerichtete Streifendienst. Die Bereitschaftspolizei verfügt unter anderem über Wasserwerfer und gepanzerte Fahrzeuge und tritt meist in größerer Anzahl auf.

Die Einheiten werden regelmäßig auch länderübergreifend eingesetzt, etwa zur Begleitung von Atommülltransporten. In einigen Bundesländern ist die Bereitschaftspolizei auch für einen wesentlichen Teil der Ausbildung des mittleren Polizeidienstes zuständig und daher feste Durchgangsstation auf dem Weg zur Polizistin. Zuweilen werden Bereitschaftspolizistinnen in Unterstützung der Schutzpolizei bei andauernden Maßnahmen, etwa in Zusammenhang mit Kontrollen von Rauschgiftumschlagplätzen, eingesetzt.

Zu den Spezialeinheiten der Bereitschaftspolizei zählen seit einigen Jahren die Beweissicherungs- und Festnahmeeinheiten (BFE), in Bayern Unterstützungskommando (USK) genannt, die vor allem für das Aufspüren und Festnehmen von Gewalttätern in Menschenansammlungen eingesetzt werden.

SEK

Vor allem auch in der öffentlichen Wahrnehmung haben die Spezialeinsatzkommandos (SEK) einen besonderen Status. Die hochspezialisierten Zugriffseinheiten kommen unter anderem bei Banküberfällen mit Geiselnahme und ähnlich spektakulären Fällen, sogenannten Sonderlagen, zum Einsatz. Es geht dabei meist um die geplante Festnahme von besonders gefährlichen Straftätern. Kennzeichnend für den SEK-Einsatz ist – im Gegensatz zu den MEK-Einheiten – eine »statische Lage«. Dafür sind die SEK-Beamten ausgerüstet und ausgebildet. Solche SEKs, die der Schutzpolizei zugerechnet werden, gibt es in jedem Bundesland. Die Angliederung an die Bereitschaftspolizei oder die Landeskriminalämter ist von Land zu Land unterschiedlich.

In den Medien (Zeitungen, Nachrichtensendungen) taucht häufig der Begriff »Sondereinsatzkommando« auf, was auch daran liegt, dass selbst Pressestellen bei der Polizei zuweilen nicht so genau wissen, was SEK eigentlich heißt. Doch auf politischer Ebene der Polizei vermeidet man Begriffe, die an den nationalsozialistischen Wortschatz mit seinen Sonderbehandlungen erinnern.

Kriminalpolizei der Länder

Hauptaufgabe der Kriminalpolizei ist die Ermittlung in Strafsachen. Insbesondere werden Delikte, zu deren Bearbeitung Spezialwissen erforderlich ist, die langwierige Bearbeitungszeiten haben oder die besonders schwerwiegend sind, durch die Kripo verfolgt.

Dienststellen und Büros

Die Dienststellen der Kriminalpolizei sind in erster Linie Büros, in denen telefoniert, besprochen, vernommen und geschrieben wird. Geschrieben vermutlich am meisten. So bevorzugt auch die Leiterin des Dezernates Tötungsdelikte, die zwei Bewerber zur Auswahl hat und von denen einer gut schießen und der andere gute Berichte schreiben kann, mit Sicherheit den schreibenden Bewerber. Das eine braucht man nämlich im Kripo-Dienst immer, das andere vermutlich nie.

Büros sind so etwas wie das räumliche Herzstück der Ermittlungen. Dort laufen die Ergebnisse der kriminalpolizeilichen Arbeit zusammen. Wer als Krimiautorin mal sehen möchte, wie die Büros aussehen, kann bei der nächstgelegenen Kriminalpolizeidienststelle um einen Besuchstermin bitten. Man muss nicht unbedingt vereidigte Geheimnisträgerin oder Mitglied einer privaten Putzkolonne sein, um ungestört die Diensträume anschauen zu können. Selbst wenn in der Nähe kein Dezernat Tötungsdelikte greifbar ist, bei den Diebstahlsermittlern sieht es auch nicht anders aus. Wem der Kontakt zur Polizei zu mühsam ist, schaut sich die Räume im nächstgelegenen Finanzamt an. Weil die Räume für Polizei und Finanzamt üblicherweise von der gleichen Liegenschaftsbehörde verwaltet werden, sehen sie auch irgendwie gleich aus.

Anders als beim Finanzamt gibt es bei den Kripo-Dienststellen oft Arrestzellen für Gefangene, die etwa aus der Untersuchungshaft zur Vernehmung vorgeführt werden. Außerdem müssen die Dienstwaffen in besonders gesicherten Räumlichkeiten verwahrt werden. Bei Mordermittlungen ist das Abbilden von Beziehungen zwischen Zeugen und Opfer auf Flipchartpapier an den Wänden der Büros ebenso üblich wie das Anpinnen von Tatort- oder Fundort-Fotos. Am Gesamterscheinungsbild der Kripo-Büros ändert das aber nichts. Großraumbüros wie in amerikanischen Krimis sind hierzulande bei der Kripo grundsätzlich unbekannt.

In den technischen Abteilungen wie der KT oder dem Erkennungsdienst und so weiter sieht es meistens nach einer Mischung aus Chemiesaal in der Schule und Untersuchungsraum im Gesundheitsamt aus. Auch das ist eher unspektakulär.

Es wäre zwar nicht ausgeschlossen, dass Kriminalpolizistinnen in großen, hellen Büros mit dicken Teppichen, Ledersesseln, indirekter Beleuchtung und mahagonivertäfelten Aktenschränken untergebracht sind. Nur hat man es noch nie erlebt. Das gilt auch für Büros, die so aussehen wie die Chefetagen von Versicherungsgesellschaften.

Sonderkommissionen brauchen meistens reichlich Platz. Vor allem benötigt die Soko während der Besetzungsspitzen zu Beginn der Ermittlungen große Besprechungs- und Lageräume. Dies ist vielfach der Grund, warum spektakuläre Sonderkommissionen zuerst nicht bei der Polizei, sondern beispielsweise in Landratsämtern, Gemeindegebäuden oder sonst wo ausgelagert arbeiten. In vielen Kripo-Gebäuden fehlt es ganz einfach an den entsprechenden Räumlichkeiten. Erst wenn die Zahl der Soko-Mitglieder reduziert wird, zieht man ins Polizeigebäude um.

Dienstwaffen in Diensträumen

Jungs zwischen 6 und 12 Jahren, die Polizist werden wollen, geben als Grund in der Mehrzahl entweder »mit Blaulicht fahren« oder »eine Pistole haben« an. Das mit dem Blaulicht könnte auch klappen, aber steigen sie als Erwachsene wirklich bei der Polizei ein, steht ihnen in Bezug auf die Pistole eine Enttäuschung bevor.

Die Waffe daheim in der Kommodenschublade aufzubewahren, wie wir es aus manchen Krimis kennen, scheitert im Polizeialltag schon an der Tatsache, dass Dienstwaffen nur im Dienst getragen werden dürfen und nach Dienstende im amtlichen Waffenschrank aufbewahrt werden müssen. Das gilt auch für die Kripo. Und wer nicht gerade bei Alarmeinheiten wie dem MEK oder dem Kriminaldauerdienst tätig ist, läuft auch im Büro nicht mit dem Pistolenhalfter unter dem Arm oder am Gürtel herum. Das sieht nämlich nicht nur so aus, als habe der Betreffende die Entwicklungsstufe 6 bis 12 noch nicht überwunden, sondern ist vor allem reichlich unbequem.

> Klassische Situation vorm Abrücken zur Durchsuchung: Alle ihre Schlüssel holen, Raucher noch mal zum Rauchen, die andern aufs Klo. Kommissar Teubner hat ein Schnellziehholster am Gürtel und begibt sich in die Kabine. Einen Moment später knallen Gürtel und Pistole auf den Boden. Die Waffe eiert unter der Zwischenwand durch. Kommentar aus der Nebenkabine: »Brauchst du die noch?«

Üblicherweise werden Dienstwaffen (mit Halfter) tagsüber im Schrank, Schreibtisch oder Waffenschrank verwahrt.

Dezernat für Tötungsdelikte

Die Dezernate für die entsprechenden Ermittlungen heißen in den Bundesländern unterschiedlich. Verbreitet findet sich die Grobeinteilung der Kriminalpolizei in Kriminalpolizeiinspektionen (KPI). Dabei ist die Ermittlung von Kapitaldelikten sehr oft der KPI I zugeordnet. Weil die Polizei ihre Dezernate dann auch noch durchnummeriert, ergeben sich Bezeichnungen wie D 1.1 (Dezernat 1 der Kriminalpolizeiinspektion 1). In den Organigrammen steht dann die Erläuterung der jeweils zugewiesenen Aufgaben. Und erst hier kommen die unterschiedlichen Zusätze wie »Tötungsdelikte«, »Verbrechen gegen Leib und Leben« und so weiter zum Tragen. »Mordkommission« heißen Dezernate eigentlich nie. Zumal eine Mordkommission fallbezogen und temporär arbeiten würde und nicht dauerhaft deliktbezogen.

Mordkommission, Soko, Ermittlungsgruppe

Eine Mordkommission setzt sich aus Beamten des Dezernats (z. B. mit der Bezeichnung »Tötungsdelikte«) zusammen. Sie ermittelt in einem konkreten Fall unter der Leitung eines Kriminalpolizisten. Die Mitglieder der

Mordkommission (MK) sind üblicherweise von anderen Aufgaben weitgehend freigestellt und bilden daher eine Unterabteilung auf Zeit. Die MK wird also gebildet, um Ermittlungskräfte zielgerichtet und losgelöst von anderen Aufgaben einsetzen zu können.

Auch die Sonderkommission (Soko) ermittelt in einem konkreten Fall von schwerer Kriminalität. Wir kennen Sokos nicht nur bei Mordermittlungen, sondern auch bei Kindesentführungen, Brandanschlägen und ähnlichen Verbrechen. In der Soko wird unter zentraler Leitung eine größere Zahl an Beamtinnen und Beamten zusammengeführt. Anders als bei der Mordkommission kann eine Soko auch mal eine Mischung von Schutz- und Kriminalpolizeikräften sein, etwa, wenn für Öffentlichkeitsmaßnahmen oder zur Unterstützung von großangelegten DNS-Untersuchungen viele Polizistinnen und Polizisten benötigt werden.

Dagegen werden Ermittlungsgruppen eingerichtet, wenn es nicht um die Bearbeitung eines konkreten Falles, sondern die eines Deliktfelds geht. So ist die »Ermittlungsgruppe Fahrraddiebstahl« in Polizeidirektionen genauso zu finden wie die »EG Schleuser« oder die »EG Navi«, die sich mit dem Diebstahl von Navigationsgeräten aus Autos beschäftigt. Eine EG muss nicht hierarchisch gegliedert sein, sondern kann sich auch aus mehreren Sachbearbeitern der Polizei zusammensetzen. Die Ermittlungsgruppe wird temporär und deliktbezogen gebildet.

In der Praxis werden aber auch innerhalb der Polizei die Begriffe Mordkommission und Sonderkommission schon mal unpräzise verwendet. Das ist zum Teil durch den Verlauf der Ermittlungen vorgegeben. So benennt sich ein zunächst als Soko gegründetes Ermittlerteam nicht in Mordkommission um, nur weil keine unspezialisierten Ermittler mehr an den Ermittlungen beteiligt sind.

In der Öffentlichkeit hat sich der Begriff Mordkommission als Dezernatsbezeichnung hartnäckig gehalten, und es ist nicht ausgeschlossen, dass sich eine Polizistin in der Realität als »von der Mordkommission kommend« bezeichnet, aber eben nur dann, wenn sie innerhalb des Dezernats derzeit einer solchen angehört.

Dagegen ist der Begriff Soko, der etlichen Fernsehserien den Namen gibt, eigentlich falsch. Die Teams ermitteln nämlich von Woche zu Woche oder Monat zu Monat in neuen Fällen und sind damit deliktbezogen tätig. Deshalb müssten sie Ermittlungsgruppe und nicht Soko heißen. Das scheint allerdings bisher keinen Fernsehzuschauer zu stören.

Aufgaben
Die Arbeit in den Mord- oder Sonderkommissionen ist aufgeteilt und hat einige feststehende Funktionsbereiche. So gibt es die Leitung, bei der alle gewonnenen Erkenntnisse zusammenlaufen und die auch die Vorgaben für die Ermittlungen macht. Sie ist außerdem Ansprechpartner für die Staatsanwaltschaft.

> In einer Anlage zu den Richtlinien für das Straf- und Bußgeldverfahren heißt es:
>
> > »Sind in einem konkreten Fall mehrere Polizeibeamte unter einem weisungsbefugten Beamten eingesetzt (z. B. Sonderkommission), richtet der Staatsanwalt Weisungen grundsätzlich an den weisungsbefugten Beamten. Dieser gibt die Weisung an die ihm unterstellten Bediensteten weiter und veranlasst ihre Durchführung.«

Neben der Leitung gibt es Dokumentationsbeamte, die sicherstellen, dass die Ermittlungshandlungen und eingehenden Informationen protokolliert werden, keine der vorhandenen Infos untergeht und die Erkenntnisse ausgewertet und zusammengeführt werden.

Die übrige Ermittlungsarbeit wird aufgeteilt. Während ein Teil der eingesetzten Polizisten in der heißen Phase vorrangig Hinweise aus der Bevölkerung entgegennimmt, kümmern sich andere um das Umfeld des Ermordeten oder gehen einzelnen Hinweisen nach. Sie werten Spuren aus, wie das heißt. Das kann der Hinweis aus der Bevölkerung sein, man habe eine Person, »die wie der Ermordete aussieht, kurz vor der Tat im Ausland gesehen«, oder »das rote Auto, nach dem gesucht wird, sieht aus wie das vom Freund meiner geschiedenen Frau«. Anders als im Krimi bewegt sich ein Großteil der realen Ermittlungsarbeit bei spektakulären Mordermittlungen häufig auf einem Bogen, der sich von konkreten Zeugenhinweisen über gut gemeinte Nichtigkeiten bis hin zu übler Nachrede spannt. Oft wird nach dem Bekanntwerden von Mordfällen in der Presse berichtet, eine Sonderkommission sei auf soundso viele Personen aufgestockt worden. Das spiegelt aber nicht unbedingt die Bedeutung wieder, die man der Sache beimisst. Meistens hat es damit zu tun, dass nach der Medienberichterstattung sehr viele Hinweise aus der Bevölkerung eingehen, die in kurzer Zeit abgearbeitet werden müssen.

Spezialisierungen

Wie ihre uniformierten Kolleginnen und Kollegen auch, können die ermittelnden Beamten der Kriminalpolizei auf spezialisierte Abteilungen zurückgreifen. Vielerorts wird als Bindeglied zwischen den Maßnahmen der Schutzpolizei und der Kripo ein Kriminaldauerdienst (KDD) eingesetzt. Er ist unter Umständen die erste Kripo, die an einem Leichenfundort auftaucht. Zu den kriminalpolizeilichen Spezialisten gehören vielfach der Erkennungsdienst, die Kriminaltechnik oder Spurensicherung, Dezernate für Vermögensabschöpfung, EDV-Ermittlungen, Zeugenschutz und die Führung von sogenannten Vertrauenspersonen (➶ Verdeckte Ermittler).

MEK

Werden die SEKs der Schutzpolizei besonders bei statischen Lagen eingesetzt (Banküberfall mit Geiselnahme), liegt die Kernaufgabe der Mobilen Einsatzkommandos (MEK) in der Observation und Festnahme von »in Bewegung befindlichen« Straftätern. Deshalb sind die MEKs besonders für die technische Observation von Fahrzeugen, Personen oder Handys ausgerüstet.

Die Observation von Straftätern, die sich gegen eine Verfolgung schützen wollen, ist in der Praxis nicht so einfach, wie es im Krimi aussieht. Ein einzelnes Fahrzeug, das in einer ländlichen Gegend auf Sicht hinter dem Zielobjekt herfährt, fällt dem routinierten Rauschgiftdealer unbedingt auf. Und sich an den Bistrotisch neben den Waffenhändler zu setzen, einen Kaffee zu bestellen und die Ohren aufzuhalten reicht meist nicht aus, um das Entscheidende zu erfahren. Das braucht in der realen Welt Spezialisten und ist vielfach auch nicht ungefährlich.

Ein nicht unerheblicher Teil der Ermittlungstätigkeit der MEKs spielt sich im rechtlich schwierigen Bereich der unmittelbaren Persönlichkeitssphäre ab. Wer im mobilen Einsatzkommando tätig ist, muss also das rechtliche Risiko von Maßnahmen einschätzen können, und das unter stressigen Bedingungen. Wie der Kollege vom SEK aufseiten der Schutzpolizei braucht der MEK-Beamte deshalb für den Zugriff neben absoluter körperlicher Fitness einiges an geistigen Fähigkeiten. Übrigens wurden im Gegensatz zu den SEKs, die bis heute eine Männerdomäne sind, bei den MEKs von Anfang an auch Kriminalpolizistinnen eingesetzt.

Und nebenbei: Die Überwachung und Verfolgung von Zielpersonen wird im Polizeialltag überwiegend als Observation bezeichnet. Observierung, obwohl in Wörterbüchern ebenfalls als zutreffend zugelassen, wird in amtlichen Schriftstücken eher nicht verwendet.

Das Landeskriminalamt

Die Landeskriminalämter waren zunächst vorrangig als koordinierende Behörden auf Länderebene tätig. »Lochen, Kopieren, Abheften« wurde LKA denn auch lange Zeit übersetzt. Von diesem Ruf haben sich die Landeskriminalämter inzwischen weitgehend befreit. Heute besteht eine der wesentlichen Leistungen des jeweiligen LKA in den Spezialdiensten, die sie für die anderen Polizeidienststellen vorhalten. Das sind vor allem die Kriminaltechnische Untersuchung (KTU) mit Spezialisten für Fingerabdrücke etc. und die Abteilungen für Finanzermittlungen in Zusammenhang mit der Bekämpfung der Geldwäsche.

Im Lauf der Jahre wurden auch mehr und mehr operativ ermittelnde Abteilungen dort angesiedelt, darunter die sogenannten Profiler (↗ Fallanalyse). Überregionale und umfangreiche Ermittlungen bei Tötungsdelikten, organisierter Kriminalität, Wirtschaftsdelikten, Rauschgiftkriminalität oder dem Staatsschutz zieht ein LKA dann schon mal an sich. Das geht nicht immer ohne Reibung mit den örtlichen Dienststellen. Befindlichkeiten entstehen dabei allerdings weniger auf der Ermittlerebene. Für die Leiterin einer Polizeidirektion ist es aber schon bedeutsam, ob die 20-Personen-Truppe zu ihrer Direktion gehört oder personell beim LKA angesiedelt wird.

Solche Probleme stellen sich in den Stadtstaaten Berlin, Bremen und Hamburg nicht. Dort gehört die gesamte Kriminalpolizei zum jeweiligen LKA.

Bundespolizei

Die historisch aus der bundesdeutschen Bahnpolizei und dem Bundesgrenzschutz zusammengeführte Bundespolizei ist mit rund 40 000 Beschäftigten (Bundespolizei 2009) im Alltag deutlich präsenter als im Krimigeschehen. Das mag vor allem daran liegen, dass die Bundespolizei mit Mordermittlungen nichts zu tun hat. Es sind vor allem Sicherungsaufgaben, die die BPol wahrnimmt, zum Beispiel im Eisenbahnverkehr oder polizeiliche Kontrollen im Bereich Außengrenzen. Weil es immer weniger echte Außengrenzen gibt, kennen wir die BPol in der Grenzpolizeifunktion vor allem von Flughäfen oder als Teil der Küstenwache.

Die mit Abstand bekannteste Untergliederung der BPol dürfte die GSG 9 sein. Man könnte sagen, wie die SEKs bei den Schutzpolizeien der Länder, stellt die GSG 9 die Spezialeingreiftruppe der BPol dar. Die Abkürzung GSG 9 (Grenzschutzgruppe 9) rührt noch aus der Zeit des Bundesgrenzschutzes. Wegen des legendären Einsatzes dieser Truppe bei der Geiselbefreiung in Mogadischu (1977) wurde der Name bis heute beibehalten. Aufgaben und Ausstattung der GSG 9 gleichen weitgehend denen der SEKs der Bundesländer.

Bundeskriminalamt

Hauptaufgabe des BKA ist die Koordinierung der nationalen Verbrechensbekämpfung. Ein nennenswerter Teil der Mitarbeiterinnen und Mitarbeiter ist daher mit ganz profaner Schreibtischarbeit beschäftigt. Allerdings hat das BKA auch einige operative Einheiten, die vor allem bei bedeutenden Ermittlungen im Bereich internationaler Kriminalität und bei schwerwiegenden Wirtschaftsstraftaten tätig werden. In den vergangenen Jahren ist die Terrorismusbekämpfung entsprechend dem Willen der Politik zunehmend zur zentralen Aufgabe des BKA geworden.

Auch die Büroräume des BKA sehen nicht nach Vorstandsetage aus und BKA-Beamtinnen und -Beamte reisen auch nicht ausschließlich mit dem Hubschrauber. Sie sitzen meist in ganz normalen Büros am Computer und beantragen auf einem Dienstreiseantragsformular ihre Fahrt mit dem Zug oder Pkw, wenn sie außerhalb zu tun haben. Wie alle anderen Polizistinnen auch.

Ortspolizeibehörden

Weil die Gemeinden zur Aufrechterhaltung der öffentlichen Sicherheit und Ordnung polizeiliche Aufgaben wahrnehmen, gibt es sogar eine Polizei auf kommunaler Ebene. Die Zuständigkeit dieser Ortspolizei liegt etwa im Jagdwesen, in der Marktordnung, den gemeindlichen Regelungen zur Sperrzeitverordnung, dem Halten von Tieren oder im Versammlungsrecht. Im Normalfall trifft die Bürgerin, sofern sie nicht gerade eine Demonstration anmeldet, Vertreterinnen der Ortpolizeibehörde an der abgelaufenen Parkuhr. Gibt es regional geringe Unterschiede bei den Landespolizeien, sind diese im Bereich der Ortspolizeien gerade zu riesig.

Was der Volksmund »Politesse« nennt, heißt in Amtsdeutsch, je nach Land und Gemeinde, mal »Außendienstmitarbeiterin des Gemeindlichen Vollzugsdienstes« (GVD), mal »Stadtpolizistin« oder auch mal »Mitarbeiterin der Ortspolizeibehörde«, »Ordnungspolizistin«, »Angehörige des Kommunalen Ordnungsdienstes« oder »Kommunalpolizistin«. Die Aufzählung ist sicher nicht einmal vollständig. Auch im Aussehen gibt es deutliche Unterschiede. »Politessen« (es bleibt übrigens unklar, ob es in der männlichen Form »Politess«, »Politesser«, »Politesserich« oder »Politesse – männlich« heißen müsste) tragen in manchen Gegenden Abzeichen an der Kleidung, anderswo Dienstjacken und wieder woanders eine komplette Uniform. Die kann grün, blau, grau oder eine Mischung aus allem sein. Ortspolizistinnen sehen also quer durch Deutschland unterschiedlich aus. Die Bußgelder fürs Falschparken sind aber überall gleich hoch.

Zollfahndung

Die Zollfahnderinnen sind so etwas wie die Kriminalpolizei des Zolls und gehören nicht zu den Landesverwaltungen, sondern zum Bund. Von Haus aus ist die Zollfahndung schwerpunktmäßig für die Bekämpfung des grenzüberschreitenden Schmuggels zuständig. Dass die echten Außengrenzen in den vergangenen Jahrzehnten deutlich abgenommen haben, macht sich allerdings auch bei der Zollfahndung bemerkbar. Die beiden Stichworte Zigaretten und Rauschgift decken vermutlich mehr als 90 Prozent der Zollfahndungstätigkeit ab. Subventionsbetrug oder die Brandwein- und Mineralölsteuerhinterziehung haben dagegen einen verschwindend geringen Anteil an den Ermittlungsverfahren des Zolls insgesamt.

Zollfahnderinnen sind bewaffnet und rechtlich bei ihrer Tätigkeit Polizisten praktisch gleichgestellt. Zu den Dauereinrichtungen in der Zusammenarbeit zwischen Zoll und Polizei gehören etwa die Gemeinsamen Ermittlungsgruppen Rauschgift (GER) und die Abteilungen der Zentralen Finanzermittlungen in den Landeskriminalämtern, die mit der Auswertung von Geldwäscheverdachtsanzeigen betraut sind. Die Zollfahndung unterhält im Zollkriminalamt unter anderem auch eine große KTU. Daneben werden im operativen Bereich Observationseinheiten Zoll (OEZ) und Zentrale Unterstützungsgruppen Zoll (ZUZ) eingesetzt, die sich die Aufgaben Observation und Zugriff bei gefährlichen Tätern aufgeteilt haben.

Wenn wir im Fernsehen Razzien (➶ Durchsuchung oder Razzia) auf großen Baustellen sehen und hören, da werde nach Schwarzarbeitern gefahndet, dann sehen wir meistens Leute mit der Aufschrift »Zoll« auf den Lederjacken. Doch handelt es sich hier nicht um Zollfahnder, sondern um Mitglieder der Finanzkontrolle Schwarzarbeit, also um Kontrolleure. In der zum Zoll gehörenden FKS werden seit dem Wegfall der Grenzen Mitarbeiterinnen und Mitarbeiter zur Bekämpfung der Schwarzarbeit und nicht etwa gegen Schmuggler eingesetzt. FKS-Beamtinnen tragen vielfach Uniform und sind bewaffnet. In eingeschränktem Umfang haben auch sie Polizeirechte, sind aber begrifflich und rechtlich nicht Zollfahnderinnen, sondern, wie der Name sagt, Kontrolleurinnen im Schwarzarbeitsbereich.

Steuerfahndung

Ist die Zollfahndung die Kripo des Zolls, so ist die Steuerfahndung die Kriminalpolizei des Finanzamtes. Die Steuerfahndung (Steufa) gehört zur Landesverwaltung und verfolgt Steuerhinterziehung. Auch Steuerfahnderinnen sind im Bereich ihrer Aufgaben der Polizei rechtlich faktisch gleichgestellt. Mit ihrer Ausbildung und dem Fachwissen, das dem von Steuerberatern vergleichbar ist, sind sie echte Spezialistinnen für Wirtschaftsdelikte. Weil sich bei steuerstrafrechtlichen Ermittlungen vielfach auch Überschneidungen mit anderen Wirtschaftsdelikten oder der Geldwäsche ergeben, arbeiten Steuerfahndung und Polizei eng zusammen. Auch wenn ansonsten die Polizei nicht die Steuerhinterziehung und die Steuerfahndung nicht den Mord bearbeitet.

Die Steufa wird gern mit dem Finanzamts-Außendienst, also der Betriebsprüfung verwechselt. Während sich Betriebsprüfer aber vorher ankündigen und im Auftrag des Finanzamts kontrollieren, erscheint die Steuerfahndung unangekündigt und ermittelt im Auftrag der Staatsanwaltschaft Straftaten.

Die Staatsanwaltschaft

Es gab mal eine Zeit, da war der Protagonist einer Krimihandlung ein einfacher Kommissar Keller (*Der Kommissar*, ZDF, 1969–1976). Dann ermittelte (eher ein Ausrutscher) ein Oberinspektor namens Derrick. Ende des zwanzigsten Jahrhunderts beherrschten schließlich Kriminalhauptkommissare das Ermittlungsgeschehen. Inzwischen treten mehr und mehr Staatsanwälte als wichtige Nebenfiguren auf. Und seit 2005 gibt es eine TV-Serie, *Der Staatsanwalt* (ZDF, 10 Episoden), in der ein Oberstaatsanwalt mit seinem Sohn, einem Kriminalhauptkommissar, zusammen ermittelt. Manchmal forscht er dabei in ganz andere Richtung als sein Sohn bei der Polizei, und das obendrein, um sehr persönliche Fragen zu klären, und nicht selten unter schwindelerregendem körperlichem Einsatz.

Die Staatsanwältin als Ermittlerin

Im Krimi, keine Frage, geht irgendwie alles. In Wirklichkeit ist eine Staatsanwältin aber keine Über-Polizistin und macht schon gar nicht deren Arbeit. Und je mehr Realitätsnähe unser Krimi haben soll, desto schwieriger wird es, die Arbeit einer Staatsanwältin leichtgängig unterhaltend zu schildern. Staatsanwaltschaftliche Tätigkeit ist Juristerei in Reinform, spannend und mitten im Leben spielend. Aber die meiste Aktion hat die Staatsanwältin dort, wo der übliche Krimi endet: bei der Auswertung der polizeilichen Ermittlungsunterlagen, dem Erstellen der Anklage, bei Entscheidungen zur Haft des Beschuldigten, beim Zugriff auf Vermögenswerte und so weiter. Und vor allem vor Gericht. In dem Verfahrensstadium, in dem der übliche Krimi spielt, dem Zeitraum zwischen Entdeckung der Tat und Ermittlung des Täters, liegt im wirklichen Leben der Aktionspart überwiegend bei der Polizei.

> Richtlinien für das Straf- und Bußgeldverfahren Abschn. 1 Nr. 3:
>
> I Der Staatsanwalt soll in bedeutsamen oder in rechtlich oder tatsächlich schwierigen Fällen den Sachverhalt vom ersten Zugriff an selbst aufklären, namentlich den Tatort selbst besichtigen, die Beschuldigten und die wichtigsten Zeugen selbst vernehmen. Bei der Entscheidung, ob er den Verletzten als Zeugen selbst vernimmt, können auch die Folgen der Tat von Bedeutung sein.
>
> II Auch wenn der Staatsanwalt den Sachverhalt nicht selbst aufklärt, sondern seine Hilfsbeamten (§ 152 Abs. 1 GVG), die Behörden und Beamten des Polizeidienstes (§ 161 Abs. 1 StPO) oder andere Stellen damit beauftragt, hat er die Ermittlungen zu leiten, mindestens ihre Richtung und ihren Umfang zu bestimmen. Er kann dabei auch konkrete Einzelweisungen zur Art und Weise der Durchführung einzelner Ermittlungshandlungen erteilen …

Staatsanwaltschaft und Polizei haben zwar dasselbe Ziel, arbeiten aber in unterschiedlichen Bereichen. So wie bei einer großen Fluglinie der Verwaltungsdirektor zwar der Chef der Piloten ist, aber selbst nicht die 747 fliegt, so ist die Staatsanwaltschaft »Herrin des Verfahrens«, wie es in der Rechtsordnung heißt, übernimmt aber nicht die polizeiliche Ermittlungsarbeit.

Ein Staatsanwalt hat Jura studiert, dabei Scheine in Zivil-, Straf-, Verwaltungsrecht und so weiter gemacht, Staatsexamen absolviert und als Referendar in diversen Rechtsbereichen praktische Erfahrung gesammelt. Fund- und Tatort erkennen, praktische Maßnahmen der Beweissicherung ergreifen, Zeugen aufspüren, Tatabläufe rekonstruieren, Identitätsfeststellungen durchführen, Täter überwältigen, festzunehmen und so fort, all das hat er nicht gelernt. Und es macht schon einen großen Unterschied, einen wild um sich schlagenden Menschen festzunehmen oder zu beurteilen, ob die Festnahme juristisch geboten und letztlich rechtens war.

Werdegang

Nach dem Studium und dem erfolgreichen (um in den Staatsdienst übernommen zu werden, sogar sehr erfolgreichen) ersten und zweiten Staatsexamen beginnt die Juristin üblicherweise ihren Dienst in der Justizverwaltung (Grundrechtsabteilung, Zivilrecht, Gerichte, Staatsanwaltschaften, Strafvollstreckung). Es bleibt also zunächst offen, ob sie als Richterin oder Staatsanwältin endet. Je nach Bundesland ist dann innerhalb der Justizbehörden der weitere Werdegang unterschiedlich. In Baden-Württemberg durchläuft die junge Juristin sowohl die Station der Staatsanwältin als auch die der Richterin. Entscheidet sie sich für die Laufbahn als Staatsanwältin, bearbeitet sie als Dezernentin einer Abteilung Fälle eines bestimmten Deliktbereichs. Ihre Vorgesetzte ist eine Oberstaatsanwältin als Abteilungsleiterin. Darüber kommt gegebenenfalls eine Hauptabteilungsleiterin und dann die Leiterin der Staatsanwaltschaft.

Das Gehalt einer Staatsanwältin als Beamtin im Landesdienst richtet sich nach Dienst- und Lebensalter, Familienstand, Besoldungsstufe und so weiter. 2008 lag der monatliche Nettoverdienst einer ledigen Staatsanwältin von 30 Jahren etwa bei 2700 €, der einer 40-Jährigen bei etwa 3300 € und der einer 50-Jährigen bei 3600 €, Beförderungen mit eingerechnet.

Am Tatort

Spuren sichern und Zeugen vernehmen gehört zu den Aufgaben der Polizei. Sie legt das Ergebnis ihrer Ermittlungen der Staatsanwaltschaft vor, die es juristisch bewertet und entscheidet, ob weitere Ermittlungsmaßnahmen notwendig sind oder Anklage erhoben wird. Und ergibt sich dann, dass die Beweislage zur Anklageerhebung nicht ausreicht oder der Beschuldigte unschuldig ist, stellt die Staatsanwaltschaft das Verfahren ein. Am Tatort muss sie für keine der Entscheidungen gewesen sein.

Das alles gilt für die meisten Verfahren, von Einbruch über Diebstahl, einfache Körperverletzung und Hehlerei bis hin zu Betrug oder Urkundenfälschung. Nur wenn anzunehmen ist, dass in der aktuellen Ermittlungsphase in rascher Abfolge richterliche Entscheidungen herbeigeführt werden sollen und neben kriminalistischem auch juristischer Sachverstand gefragt ist, erscheinen Staatsanwälte vor Ort. Etwa bei Geiselnahmen, Banküberfällen oder größeren Wirtschaftsdelikten. Und bei Tötungsdelikten, zumal solchen mit Mordverdacht. Hier gelten besondere Regeln.

Richtlinien für das Straf- und Bußgeldverfahren, Textziffer 33:

I Sind Anhaltspunkte dafür vorhanden, dass jemand eines nicht natürlichen Todes gestorben ist oder wird die Leiche eines Unbekannten gefunden, so prüft der Staatsanwalt, ob eine Leichenschau oder eine Leichenöffnung erforderlich ist. Eine Leichenschau wird regelmäßig schon dann nötig sein, wenn eine Straftat als Todesursache nicht von vornherein ausgeschlossen werden kann. Die Leichenschau soll möglichst am Tatort oder am Fundort der Leiche durchgeführt werden.

II Lässt sich auch bei der Leichenschau eine Straftat als Todesursache nicht ausschließen oder ist damit zu rechnen, dass die Feststellungen später angezweifelt werden, so veranlasst der Staatsanwalt grundsätzlich die Leichenöffnung. Dies gilt namentlich bei Sterbefällen von Personen, die sich in Haft oder sonst in amtlicher Verwahrung befunden haben.

III Die Leichenschau nimmt in der Regel der Staatsanwalt vor. Die Vornahme der Leichenschau durch den Richter und die Anwesenheit des Richters bei der Leichenöffnung sollen nur beantragt werden, wenn dies aus besonderen Gründen [...] erforderlich ist.

IV Der Staatsanwalt nimmt an der Leichenöffnung nur teil, wenn er dies nach seinem pflichtgemäßen Ermessen im Rahmen einer umfassenden Sachaufklärung für geboten erachtet. Eine Teilnahme des Staatsanwalts wird in der Regel in Betracht kommen in Kapitalsachen, nach tödlichen Unfällen zur Rekonstruktion des Unfallgeschehens, bei Todesfällen durch Schusswaffengebrauch im Dienst, bei Todesfällen im Vollzug freiheitsentziehender Maßnahmen oder in Verfahren, die ärztliche Behandlungsfehler zum Gegenstand haben.

Geht es um die Frage der Leichenschau und Leichenöffnung, liegt normalerweise

- die erste Entscheidung beim Arzt. Hält dieser eine unnatürliche Todesursache für denkbar, folgt
- als Zweites die Einschätzung der Polizei, ob eine Straftat von vorneherein ausgeschlossen werden kann. Ist ein Tötungsdelikt nicht sicher auszuschließen, trifft letztlich
- die dritte und abschließende Entscheidung die Staatsanwaltschaft. Sie wird aber nicht zu jeder Leiche gerufen.

In zwanzig Dienstjahren hat Kommissar Holbein viele Leichen gesehen, zerstückelte Tote bei Verkehrsunfällen, Verweste, Aufgeblähte, Skelettierte, Erhängte mit blauen Gesichtern ... Daran gewöhnt man sich nie! Sie überleben in Holbeins Alpträumen. Aber der hier sieht friedlich aus.

Er liegt im Bett einer einfachen Mietwohnung und scheint zu schlafen. So haben ihn auch seine Kinder gefunden. Alle schon lange erwachsen und seit Jahrzehnten ausgezogen. Neben dem Bett neun Tablettenschachteln und bestimmt an die zwanzig Durchdrückstreifen. Alle leer. Der alte Mann hat es wohl ernst gemeint.

Dr. Kuhlmann, der Hausarzt des Verstorbenen, sagt, bereits den Inhalt von einem Streifen hätte er nicht überlebt. »Nicht in seinem Zustand.« Die Tabletten, ein blutdrucksenkendes Herzmedikament, sind den Schachtelaufdrucken zufolge schon über fünf Jahre alt und stammen wohl noch von der verstorbenen Frau. »Mehr als ein, zwei Wochen hätte er bestimmt nicht mehr gelebt«, meint der Arzt, »dazu war die Krankheit zu weit fortgeschritten. Und dann die Schmerzen in letzter Zeit.«

Alle wissen, was er meint. Die zweite Tochter, gerade erst eingetroffen, nachdem ihr Bruder sie mitten in der Nacht angerufen hat, spricht es aus: »Es war bestimmt besser so. Er wollte einfach nicht mehr.«

In Alltagskategorien gedacht, stellt Dr. Kuhlmann einen Totenschein aus, auf dem »nicht natürliche Todesursache« angekreuzt ist. KOK Teubner vom Dezernat 1.1 der Kriminalpolizei vermerkt in seinem Bericht:

- Verstorbener ist identifiziert (Aussageniederschrift Sohn, Tochter und Hausarzt)
- Todesursache mutmaßlich Tablettenvergiftung – keine weiteren Anzeichen (Feststellung Arzt)
- Herkunft der Tabletten durch Zeugenaussage geklärt
- Bekannte Vorerkrankungen (Aussageniederschrift Sohn, Tochter und Hausarzt)
- Todesumstände deuten auf Suizid hin
- Motivlage erkennbar
- Keinerlei Anhaltspunkte für eine Straftat erkennbar.

Das Ergebnis der Ermittlungen hat er bereits vorab telefonisch dem Bereitschaftsstaatsanwalt durchgegeben, und der hat entschieden: keine staatsanwaltschaftliche Leichenschau.

In Krimi-Kategorien gedacht, ist Dr. Kuhlmann aber vielleicht schon lange mit der verheirateten Tochter des Verstorbenen liiert. Er hat die Vorerkrankung des Toten nur erfunden, die Tablettenschachteln stammen aus seiner Praxis, und beide gemeinsam, Arzt und Tochter, haben dem alten Mann einen Giftcocktail gemixt. Dem Sohn und der anderen Tochter hat man ein paar Wochen lang was vorgespielt. Denn der Vater ist nicht etwa arm, wie es die einfache Mietwohnung nahelegt, sondern reich, aber geizig. In Realität bliebe die Tat wahrscheinlich zunächst unentdeckt, denn der Bereitschaftsstaatsanwalt hätte keine Leichenschau beantragt. Er erscheint nicht einmal am Fundort. Der Arzt als Spezialist für die Todesursache und die Polizei als Fachleute für die Spurensichtung hätten sich zu eindeutig festgelegt.

In der Soko

In den Soko-Räumen lässt sich die Staatsanwältin sehr viel öfter sehen als im übrigen Dezernat. Das heißt nicht, dass die Staatsanwältin Polizeiarbeit macht. Nur wird sie bereits während der polizeilichen Ermittlungshandlungen laufend über den Stand informiert und nimmt deshalb auch regelmäßig an Soko-Besprechungen teil. Das Krimibild der Staatsanwältin, die bei Mordermittlungen nur zu den Pressekonferenzen erscheint, ist also ebenso realitätsfern wie das der Staatsanwältin, die anstelle des Kommissars die Polizeiarbeit erledigt.

Aufgaben der Staatsanwaltschaft

Die Staatsanwältin verfolgt Straftaten und leitet verantwortlich die Ermittlungsverfahren. Sie entscheidet nach dem Ergebnis der Ermittlungen, ob sie das Verfahren einstellt oder Anklage erhebt. Sie ist in einer Hauptverhandlung Anklagevertreterin und letztlich auch in die Strafvollstreckung eingebunden.

Man liest gelegentlich, die Staatsanwaltschaft sei ein Kopf ohne Hände, weil sie letztlich die Ermittlungen nur leitet, aber eben in den meisten Fällen nicht selbst vornimmt. Handeln tut die Staatsanwaltschaft nämlich durch ihre Ermittlungspersonen, wie das juristisch heißt.

> § 152 Gerichtsverfassungsgesetz:
> (1) Die Ermittlungspersonen der Staatsanwaltschaft sind in dieser Eigenschaft verpflichtet, den Anordnungen der Staatsanwaltschaft ihres Bezirks und der dieser vorgesetzten Beamten Folge zu leisten. [...]
> (2) 1 Die Landesregierungen werden ermächtigt, durch Rechtsverordnung diejenigen Beamten- und Angestelltengruppen zu bezeichnen, auf die diese Vorschrift anzuwenden ist ...

Polizeibeamte sind Ermittlungspersonen der Staatsanwaltschaft. In der gleichen Funktion sind zum Beispiel auch Steuerfahnder und Zollfahnder tätig. Staatsanwältinnen nehmen neben Richterinnen und Verteidigerinnen eine besondere Stellung im Rechtssystem ein. Sie sind Organe der Rechtspflege. Man versteht darunter, dass die StAin nach der Rechtsordnung zur Neutralität verpflichtet ist und eben nicht nur Belastendes, sondern auch Entlastendes zu ermitteln hat. Trotz ihrer Neutralitätspflicht unterliegen Staatsanwältinnen anders als Richterinnen aber den Weisungen ihres Dienstvorgesetzten, sind also gegebenenfalls nicht völlig frei von politischer Einflussnahme.

> § 146 Gerichtsverfassungsgesetz:
> Die Beamten der Staatsanwaltschaft haben den dienstlichen Anweisungen ihres Vorgesetzen nachzukommen.

Durchsuchungsbeschluss und Haftbefehl

Sogar in den Fernsehnachrichten heißt es gelegentlich, die Staatsanwaltschaft habe einen Haftbefehl ausgestellt. Und in Krimis begegnen wir immer noch den Durchsuchungsbefehlen. Richtig ist: In Deutschland beantragt die Staatsanwaltschaft und das Gericht erlässt. Das ist nicht überall auf der Welt gleich. Selbst innerhalb Europas sind die Zuständigkeiten und Aufgaben zwischen Polizei, Staatsanwaltschaft und Gericht nicht einheitlich geregelt. Es gibt Staaten, in denen der Dienstvorgesetzte der Polizei in einer Art Staatsanwalt-Vertretung Durchsuchungen anordnen kann, und Länder, in denen die Staatsanwaltschaft die Untersuchungshaft anordnet. Welche Varianten es in der Welt gibt, merkt man, wenn man viele Krimis konsumiert, selbst dann, wenn sie in Deutschland spielen. Dank der Krimi-Globalisierung finden sich die gängigsten Spielarten ausländischer Rechtssysteme plötzlich in den *Rosenheimcops* (ZDF) oder im *Tatort* (ARD) wieder.

Problematisch wird es, wenn der Krimi-Polizist nach eigenem Gutdünken entscheidet, welche Grundrechte des Einzelnen er aufhebt. Das kratzt dann schon an unserem demokratischen Rechtsverständnis. Ein die staatliche Allmacht auslebender Polizist tut auch im Krimi weh. Grundsätzlich bedarf jeder Eingriff in die Grundrechte des Bürgers entweder seiner Zustimmung oder aber einer richterlichen Anordnung. Anträge auf solche Gerichtsbeschlüsse sind der Staatsanwaltschaft vorbehalten. Die Polizei kann die Beantragung von richterlichen Durchsuchungsbeschlüssen oder Beschlagnahmeanordnungen zwar anregen und tut das auch, gegenüber dem Ermittlungsrichter tritt aber die Staatsanwaltschaft auf.

So kann die Beamtin vom Dezernat für Tötungsdelikte zwar eine Genanalyse bei einem der Verdächtigen für sinnvoll halten und das auch an die Staatsanwaltschaft weitergeben. Die Entscheidung trifft aber grundsätzlich die Staatsanwältin.

> § 81e Strafprozessordnung:
> (1) An dem […] erlangten Material dürfen auch molekulargenetische Untersuchungen durchgeführt werden, soweit sie zur Feststellung der Abstammung oder der Tatsache, ob aufgefundenes Spurenmaterial von dem Beschuldigten oder dem Verletzten stammt, erforderlich sind; hierbei darf auch das Geschlecht der Person bestimmt werden. Feststellungen über andere als die in Satz 1 bezeichneten Tatsachen dürfen nicht erfolgen; hierauf gerichtete Untersuchungen sind unzulässig …

> § 81f Strafprozessordnung:
> (1) Untersuchungen nach § 81e Abs. 1 dürfen ohne schriftliche Einwilligung der betroffenen Person nur durch das Gericht, bei Gefahr im Verzug auch durch die Staatsanwaltschaft und ihre Ermittlungspersonen (§ 152 des Gerichtsverfassungsgesetzes) angeordnet werden …

Teil 7 Wirtschaftsverbrechen

Wenn man es genau bedenkt, gibt es eigentlich nur zwei Mordmotive: Eifersucht und Geldgier. Bei beiden geht es um Besitz, von dem wir uns Kontrolle über unser Leben und Schicksal versprechen. Geld, vor allem Vermögen, spielt in unseren Krimis eine große Rolle: Da finden wir Erbschleicher, Konkurrentinnen um den reichen Mann oder den Job genauso wie Brandstifter oder Patentdiebe.

Es gibt aber auch Straftaten, die ganz unmittelbar auf Geld und sonstiges Vermögen zielen: nämlich Wirtschaftsdelikte und die Taten der organisierten Kriminalität. »Cui bono«, »Wem zum Nutzen?«, ist die Frage, die den Ermittlern den Weg zum Täter weist. Und »Follow the money«, so bringen es heute US-amerikanische OK-Fahnder bei der Bekämpfung der organisierten Kriminalität auf den Punkt. Genau deshalb fällt bei der Bekämpfung des Terrorismus oder des Rauschgift-, Waffen- und Menschenhandels auch sofort das Wort »Geldwäsche«.

Betrug und Geldwäsche

Steffen möchte schnell reich werden. Für skrupellos genug hält er sich. Als Jugendlicher hat er Handtaschen geklaut und ist auch mal in Autos eingebrochen und hat die Navis rausgeholt. Aber das bringt nicht viel ein. Also eine Bank überfallen? Das bringt auch höchstens ein paar zehntausend Euro. Mit dem Rauschgifthandel ist es genau dasselbe. Man hat zwar schnell mal ein paar Tausender auf der Hand, aber wenn es schiefgeht, sitzt man für ein paar Jahre im Knast. Nein, Steffen stellt sich etwas in größerem Stil vor. Betrüger, das wär's. Die ergattern Millionen und kommen meistens mit Bewährungsstrafen davon.

Eine schöne Wirtschaftsstraftat, bei der es um richtig viel Geld geht, taugt auch für einen Krimi mit Mord und Totschlag. Gute Ideen für solche Geschichten kann man übrigens finden, wenn man im Internet auf der Seite des Bundesgerichtshofs die Entscheidungen der Strafsenate in Wirtschaftsstrafsachen aufruft. In den Urteilsbegründungen ist meist gut beschrieben, wie die Täterinnen und Täter vorgegangen sind, es sei denn, es geht im Urteil nur um Formalien. Die Suchstichworte lauten: Betrug, Untreue, Bestechung, Vorteilsnahme, Geldfälschung, Computerbetrug, Subventionsbetrug, Kapitalanlagenbetrug, Versicherungsmissbrauch, Kreditbetrug, Bankrott, Wucher und Bestechlichkeit im geschäftlichen Verkehr.

Geldwäsche

Die Beute in Sicherheit bringen, das versteht man, kurz gesagt, unter Geldwäsche, wenn es sich bei der Beute um Geld oder andere Vermögenswerte handelt. Das könnte etwa so laufen – und so auch schiefgehen:

> Auf dem Autobahnparkplatz wirken die Sattelzüge aus Litauen und Polen zur Fahrbahn hin wie Schallschutzwände. Es ist ziemlich still bei Nadine in der Kabine. Sie ist deshalb froh, dass die Kollegen der Versuchung widerstehen und keine privaten Plaudereien am Funk veranstalten. Zwar besteht bei den Headsets, mit denen das MEK üblicherweise arbeitet, nicht wirklich die Gefahr, dass jemand im Vorübergehen Funkgeräusche hören kann, aber man weiß ja nie.
>
> Die Obs-Einheiten haben vor drei Minuten Sichtkontakt zu Fahrzeug 1 gemeldet, und gerade kommt die Meldung »Sichtkontakt zu Fahrzeug 2«. Es geht los.
>
> Fahrzeug 1, ein dunkler Audi A 8, fährt an Nadines Laster vorbei und hält auf dem Pkw-Parkplatz vor den Toilettenhäuschen. Münchner Kennzeichen, ein Mietwagen, haben die Kollegen schon abgeklärt. Das gilt auch für den silbernen Daimler mit Stuttgarter Kennzeichen, Fahrzeug 2, der fast unmittelbar folgt. Die Observationsfahrzeuge der Polizei sind natürlich nicht mit abgebogen, sondern auf der Autobahn geblieben. Sie werden vier Kilometer weiter abseits der Fahrbahn Stellung beziehen.
>
> Die Zielpersonen in den beiden Fahrzeugen machen es wie immer: Der Fahrer bleibt hinter dem Lenkrad, der Beifahrer neben dem Fahrzeug, die Fondsinsassen gehen in die Toilette. Glaubner, der aus dem Audi, hat seinen Koffer dabei. In ihrer Einsatzzentrale, heute im Inneren eines italienischen Lkws, verfolgt Nadine auf dem Monitor, wie die beiden Männer vor den Urinalen Aufstellung

nehmen. Die Hose knöpft sich aber keiner auf. Kaum haben die beiden Männer festgestellt, dass sie alleine sind, übergibt Glaubner den Koffer dem Mann neben sich. Gesprochen wird kein Wort, und die beiden schicken sich auch sofort wieder an, das WC zu verlassen.

Verdammt, die Zeit wird knapp!, denkt Nadine. Sie wartet auf die Meldung der Zentralen Einsatzleitung, auf das »Okay von allen Objekten«. Erst dann kann sie zugreifen. An neun Orten in Deutschland werden in diesen Minuten gleichzeitig Türschlösser geknackt; Bewaffnete stürmen in Räume, Menschen werden auf den Boden geworfen und von vermummten Gestalten in Schach gehalten. Die MEKs sind da schon nicht zimperlich, aber die SEKs gehen noch konsequenter vor.

Glaubner hat inzwischen das Auto erreicht und steigt ein.

»Anfrage: Zugriff?«, fragt Kristiane quäkig aus dem Kopfhörer.

»Negativ!«, antwortet Nadine nachdrücklich. Jetzt nur nicht durchdrehen! Der Audi mit Glaubner, um einen Koffer leichter, schiebt sich aus der Parkbucht und verschwindet Richtung Autobahn.

»Eins in Bewegung Richtung BAB«, meldet Nadine an die anderen.

Der Daimler steht noch, als plötzlich »Delta von Alpha« aus dem Funkgerät kommt, dann die Nachricht: »Maßnahmen erfolgt. Sie können starten.«

Sekunden später fahren vier Kilometer entfernt mehrere abseits geparkte MEK-Fahrzeuge wieder auf die Autobahn. Auf zweien sind jetzt Blaulichter montiert. Innen liegen die Polizeikellen griffbereit. Um zu verhindern, dass Gegenstände aus dem Auto geworfen werden, geleiten die Einsatzfahrzeuge Glaubner unter Sicht auf den nächsten Parkplatz. Der Zugriff steht unmittelbar bevor und lässt den Zielpersonen keine Chance zu entkommen.

Das gilt auch für die Daimler-Besatzung. Nadines Durchsage: »Achtung, hier Delta. Zugriff!«, bringt zehn schwerbewaffnete Mekkis in Bewegung. Gleich darauf liegen die Zielpersonen aus dem Stuttgarter Fahrzeug gefesselt auf dem Asphalt des Parkplatzes. Glaubners Koffer steht ein wenig abseits. Bis Nadine aus dem Lkw gesprungen ist, hat Kevin den Deckel geöffnet. Bündelweise Bargeld lächelt die Polizisten an: viereinhalb Millionen.

»Ich bin Dr. Kreigeli, Rechtsanwalt Dr. Kreigeli, aus Baden-Baden«, ruft der Urinalpartner von Glaubner. Trotz der Schließen an den Händen bemüht er sich um Würde. »Hören Sie, Sie haben kein Recht, mich so zu behandeln. Und das Geld rühren Sie nicht an, hören Sie! Ich habe hier Geld für einen Mandanten in Empfang genommen.«

Nadine muss ein Lächeln unterdrücken, so viel Genugtuung verspürt sie. »Herr Dr. Kreigeli, bevor Sie jetzt Erklärungen abgeben: Gegen den Herrn, der gerade weggefahren ist, besteht der dringende Verdacht des gewerbs- und bandenmäßigen Menschenhandels, und gegen Sie, Herr Dr. Kreigeli, besteht der Verdacht der Geldwäsche. Als Beschuldigter, das wissen Sie, müssen Sie keine Angaben zur Sache machen.«

Für Geldwäsche kann man in Deutschland bis zu fünf, in besonders schweren Fällen sogar bis zu zehn Jahre ins Gefängnis gehen. Meist sind da Mafia und organisierte Kriminalität auch nicht weit. Amerikanische Steuerfahnder sollen den Begriff Geldwäsche erfunden haben, weil Al Capone seinerzeit Drogen- und Schmuggelgelder in Wäschereien investiert und auf diese Weise ihre illegale Herkunft verschleiert haben soll.

Beschäftigt man sich rechtlich mit Geldwäsche, dann muss man auch die Abschöpfung von illegal erworbenem Vermögen ansprechen. Würde der Staat nämlich dem Täter das illegal erworbene Geld überlassen, bräuchte es niemand zu waschen. Bei Polizei, Steuerfahndung und Staatsanwaltschaft sind deshalb zunächst eine ganze Reihe von hochspezialisierten Ermittlern tätig, die gemeinsam nichts anderes im Sinn haben, als illegal erworbenes Vermögen aufzuspüren und den Kriminellen wegzunehmen. Die Botschaft soll eindeutig sein: Verbrechen lohnt sich nicht.

Stellt sich heraus, dass die Täter bei der Beiseiteschaffung des Beutegelds Helfer hatten, können die Helfer unter Umständen als Geldwäscher bestraft werden. Der Täter selbst wird in Deutschland nicht auch noch wegen Geldwäsche, sondern nur wegen der Tat als solcher bestraft. Glaubner aus unserer Geschichte wird sich also wegen Menschenhandels und Dr. Kreigeli wegen Geldwäsche verantworten müssen.

Strafbar ist nach deutschem Recht Geldwäsche dann, wenn das illegale Vermögen aus einer Tat stammt, die im Strafgesetzbuch in § 261 genannt ist. Dazu zählen alle Kapitaldelikte, Rauschgifthandel und die meisten gewerbs- oder bandenmäßig begangenen Taten vom Betrug oder Menschenhandel bis hin zur Steuerhinterziehung. Juristinnen sprechen da von Katalogtaten und von inkriminierten Geldern, die aus diesen Katalogtaten herrühren.

Klassische Formen der Geldwäsche: Man gibt das Geld einem Dritten, der es unter seinem Namen auf die Bank trägt. Oder man gründet einen Gewerbebetrieb, der viel Bargeldgeschäfte macht, eine Bäckerei, einen Autohandel oder eine Gaststätte. Oder man gründet Auslandsfirmen, denen man das Geld gibt, oder man überlässt es seinem Anwalt und so weiter. Wichtig ist für den Täter nur, dass er eine schlüssige Erklärung vorhalten kann, wenn Polizei oder Steuerfahndung nach der Herkunft von Geldern fragen und sich die Erklärung »Es stammt aus Straftaten« nicht anbietet – nicht nur wegen der drohenden Bestrafung, sondern weil die Ermittler das Geld sonst sofort konfiszieren würden. Bei solchen Geschichten geht es jedenfalls um sehr viel Geld, ein hochkriminelles Umfeld und die Gefahr hoher Haftstrafen für alle Beteiligten.

Das Bankgeheimnis

Im Krimi gelangt die Polizei auf teilweise recht phantasievolle Weise an Kontodaten. Forsches Auftreten hilft da, manchmal ein Appell, ein tiefer Blick in die Augen eines Bankmitarbeiters und so weiter. Oder man erfährt auch mal über private Kontakte von Kontoständen, Bankkontoauszügen oder Aufzeichnungen über Geldbewegungen. Im Krimi ist es für Polizistinnen jedenfalls oft ganz schön schwierig, an Bankdaten heranzukommen. In Wirklichkeit gar nicht.

Es gibt im Strafverfahren keinen Unterschied zwischen der Bank und allen anderen Geschäftspartnern des Beschuldigten oder des Mordopfers. Das Bankgeheimnis gilt in Deutschland wie in den allermeisten anderen westlichen Staaten bei Straftatenermittlungen nicht. Nur einige wenige Staaten haben im internationalen Rechtsverkehr die Auskunftsverpflichtung ihrer Banken beschränkt, und dann kommen da auch deutsche Ermittler nicht heran. Geht es um Kapitaldelikte wie Mord oder Rauschgifthandel, gibt bei Vorlage des richterlichen Beschlusses jede deutsche und übrigens auch jede Schweizer Bank den Ermittlungsbehörden Auskünfte. Das entspricht nicht nur geltendem Recht, sondern auch dem Rechtsverständnis von Banken und ihren Mitarbeitern. Sie verstehen sich grundsätzlich als Dienstleister und keinesfalls als Helfershelfer von Schwerkriminellen.

Hält die ermittelnde Kriminalpolizistin Bankauskünfte für beweiserheblich, regt sie bei der Staatsanwaltschaft die Beantragung eines richterlichen Beschlusses an. Mit dem Beschluss sucht sie die Bank auf. Dort bekommt sie die verfahrensrelevanten Unterlagen. Seit kurzem ist es üblich, gespeicherte Daten wie etwa die Kontobewegungen über mehrere Jahre hinweg auf CD und nicht mehr als Papierausdruck zu übermitteln.

Das Steuergeheimnis

Im Gegensatz zum Bankgeheimnis gibt es selbst bei Strafermittlungen ein Steuergeheimnis. Und das wird auch richtig ernst genommen. Der Grund: Dem Finanzamt gegenüber ist der Bürger zur Aussage und zur Wahrheit verpflichtet, der Polizei gegenüber aber nicht.

Das Finanzamt verpflichtet seine Bürger zu sehr vielen Angaben. Beispielsweise darf das Finanzamt bei Eheleuten, für die das Ehegattensplitting gilt (was weniger Steuern bedeutet), davon ausgehen, dass sie zusammen leben, wenn sie gemeinsam frühstücken und den Beischlaf vollziehen. Leben sie nämlich dauerhaft von Tisch und Bett getrennt, käme der Grundtarif (was steuerlich ungünstiger ist) zur Anwendung. Für falsche Angaben in der Steuererklärung droht das Gesetz bis zu fünf, in besonderen Fällen sogar bis zu zehn Jahre Gefängnis an. Würde man nun den Hehler einerseits unter Strafandrohung zwingen, das illegal erworbene Geld in der Steuererklärung anzugeben, und ihn dann wegen Hehlerei bestrafen, käme das einem Zwang zur Selbstbezichtigung gleich. Und weil das gegen die Verfassung wäre, gibt es das Steuergeheimnis.

Das geht aber nicht unendlich weit. An vielen Stellen ist das Steuergeheimnis durchaus geöffnet. Geht es etwa um die Verfolgung von schweren Straftaten, geben die Finanzämter oder die Steuerfahndung regelmäßig Auskunft. Übrigens auch, wenn die Steuerfahndung im Zuge von Steuerhinterziehungs-Ermittlungen auf andere Straftaten stößt. Gerade bei der Verfolgung von Wirtschaftsdelikten sind gemeinsame Ermittlungen von Polizei und Steuerfahndung gängige Praxis.

Teil 8 Zwangsmaßnahmen

Polizeireporterin Suse öffnet die Haustür und steht zwei fremden Männern gegenüber. Beide nicht älter als Mitte dreißig, gutaussehend und mit ernstem Gesichtsausdruck.

»Sind Sie Suse Marquardt?«, fragt der eine zur Begrüßung, der andere setzt ein »Kriminalpolizei« hinzu.

Suse staunt. Zwar hat sie mit dem Besuch der Polizei gerechnet, aber das Pärchen vor ihr überrascht sie doch. Beide tragen dunkle Anzüge, Krawatten, elegante Schuhe und zu allem Überfluss zieht einer auch noch eine Metallmarke an einer dünnen Kette aus der Hosentasche. Wie im Film, denkt Suse. Fehlen nur die Trenchcoats.

»Wir müssten Sie bitten, zum Verhör mitzukommen«, sagt der eine. »Sie wissen schon, es geht um …«

Suse reagiert sofort. Sie wirft die Tür zu, läuft zum Telefon und wählt 110. »Schnell«, ruft sie, »da wollen mich zwei falsche Polizisten entführen.«

Suse hat Geistesgegenwart bewiesen. Nicht die elegante Kleidung der Polizisten hat sie misstrauisch gestimmt, auch nicht die Polizeimarke, sondern die Wortwahl.

Zwar treten Polizeibeamte wirklich nicht sonderlich elegant auf (Ausnahmen bestätigen die Regel), und das hat nicht nur mit *Tatort*-Vorbildern zu tun, sondern auch mit der Tätigkeit. Auch wenn kriminalpolizeiliche Ermittlungsarbeit vielfach am Schreibtisch und Computer stattfindet, hat sie Seiten, die Körpereinsatz fordern. Wer möchte gerne im hellen Anzug Kellerräume durchsuchen oder in Pumps einem Drogendealer hinterherlaufen? Und in vielen Milieus würden die Damen und Herren Polizisten in gehobener Businesskleidung arg auffallen. Aber ein bisschen was mit Fernsehvorbildern hat die Kleidung der Zivilpolizei auch zu tun. Bei den

Drogenfahndern konnte man Ende der Achtziger beobachten, dass plötzlich weite Hose, T-Shirt und lockeres Jackett getragen wurden. Es war die Zeit von *Miami Vice* (ARD, ab 1986). Und selbstverständlich gibt es auch Kriminalbeamtinnen und -beamte, die im Dienst so aussehen, als kämen sie aus der Vorstandsetage einer Großbank.

Es war also nicht die Kleidung, die Suse stutzig gemacht hat. Die Polizeimarke ist es aber auch nicht. Das Vorzeigen der Kriminaldienstmarke ist zwar aus der Fernsehkrimilandschaft fast verschwunden – nur ganz gelegentlich sieht man, Amerika lässt grüßen, aufklappbare Mäppchen, die oben einen Ausweis und unten den Polizeistern haben –, aber solche Mäppchen gibt es bei der Polizei nicht, dafür die Kriminaldienstmarke. Bei der Polizei sind ovale, bei Zoll- und Steuerfahndung teilweise auch runde Dienstmarken üblich.

> Die Polizei will ein Haus durchsuchen. Kaum haben vorn die Polizisten was von Polizei gesagt, will ein Mann durch die Hintertür das Haus verlassen. Die beiden absichernden Kriminalpolizistinnen treten ihm in den Weg, zeigen ihre Dienstmarken und rufen: »Halt, Kriminalpolizei, bleiben Sie stehen!« Der Mann rennt weiter und wird von den beiden Polizistinnen zu Boden geworfen. Tut zwar weh, ist aber für die Kripobeamtinnen rechtlich abgesichert. Denn mit der Marke hat sich die Staatsmacht zu erkennen gegeben. Wenn die Aufregung rum ist, kann sich der Mann die Dienstausweise zeigen lassen.

Die Kriminaldienstmarke bringt anstelle der Uniform den ersten Anschein der Polizeifunktion zum Ausdruck. Sie ist der Sheriffstern für die Hosentasche. Will sich der Beamte allerdings persönlich legitimieren, muss er – spätestens auf Verlangen und wenn es die Situation zulässt – den Dienstausweis vorzeigen. Viele zücken daher gleich ihren Dienstausweis.

Ob beim Erstkontakt mit den Bürgern Dienstmarke oder Ausweis gezeigt wird, ist regional unterschiedlich und hängt auch von dem Einsatzbereich der Polizei ab. Vor allem von Ausländern wird die Kriminaldienstmarke sehr viel eher als Polizeiabzeichen erkannt als der Dienstausweis. Es gibt also Polizisten, die den Ausweis, und andere, die eine Dienstmarke zeigen.

Verhören oder vernehmen

Es war das Wort »Verhör«, das Polizeireporterin Suse misstrauisch gemacht hat. Denn »das Verhör« ist im juristischen Sprachgebrauch nicht vorhanden, erinnert es doch an NS-Diktatur und staatliche Willkür. Zumindest die Juristen. Ansonsten hört man selbst in den *Tagesthemen* inzwischen wieder, dass in Deutschland Zeugen »verhört« werden. Einem Polizisten würde das nicht über die Lippen gehen. »Vernehmung« heißt das für ihn. Das lernt man bei der Polizei von Anfang an. So wie keine Sanitäterin von einer Bahre spricht, wenn sie die Trage für Lebende meint, spricht keine Polizistin von Verhör, wenn es um eine Vernehmung geht. Gesetze und juristischer Sprachgebrauch kennen noch Varianten wie »Einvernahme«, »vernehmen«, »zur Sache hören«.

> Auszug aus einer Ermittlungsakte: Die Zeugin hatte bereits zuvor in der Vernehmung vom 11. Mai Angaben zur Sache gemacht. Dabei waren ihr die Aussagen des Beschuldigten vorgehalten worden, die dieser anlässlich seiner Einvernahme im April gemacht hatte. Dazu war die Vernehmungsniederschrift vom 12. April in Auszügen zitiert worden. Es schien insofern nicht sachdienlich, die Zeugin erneut zur Sache zu hören. Ausweislich des Vernehmungsprotokolls (Niederschrift vom 11. Mai) kann die Zeugin ohnehin keine weitergehenden Angaben machen.

Festnehmen und verhaften

Der Unterschied zwischen Festnehmen und Verhaften ist dagegen nicht nur atmosphärisch.

> Schon als kleiner Junge hat Polizeihauptmeister Axel Goller davon geträumt: Er hat die Handschellen in der Hand und sagt: »Sie sind verhaftet. Sie brauchen nichts zu sagen, aber alles, was Sie von jetzt an sagen, kann vor Gericht gegen Sie verwendet werden.«
>
> Fanny Fuchs schaut ihn prüfend an. »Gut. Aber dann will ich erst mal telefonieren. Einen Anruf habe ich ja.«
>
> Verdammt, denkt PHM Goller. So geht das nicht.

Wirklich nicht! Bei freiheitsentziehenden Maßnahmen geht es in Realität schon sehr formal zu. Wie immer bei Eingriffen in Grundrechte liegt die Entscheidung bei einer Richterin. Zunächst trägt die Staatsanwältin einem

Gericht alle Gründe vor, welche die Anordnung der Untersuchungshaft rechtfertigen, dann beantragt sie den Erlass eines Haftbefehls. Die entscheidenden Regelungen zur Festnahme oder Verhaftung finden sich in der Strafprozessordnung, beginnend mit dem § 112.

Danach kann die Untersuchungshaft angeordnet werden, wenn jemand des Mordes, des Totschlags, der schweren Körperverletzung oder der besonders schweren Brandstiftung dringend verdächtig ist. In anderen Fällen kann die Untersuchungshaft angeordnet werden, wenn noch weitere Umstände hinzukommen. Das sind in der Regel entweder die Verdunkelungs- oder aber die Fluchtgefahr. Verdunkelungsgefahr besteht, wenn davon auszugehen ist, dass der Beschuldigte Beweismittel beiseiteschafft oder fälscht oder Zeugen beeinflusst.

Unter Fluchtgefahr verstehen Juristen, dass »bei Würdigung der Umstände des Einzelfalls die Gefahr besteht, dass der Beschuldigte sich dem Strafverfahren entziehen werde«. In der Praxis spielt für die Einschätzung der Fluchtgefahr vor allem eine Rolle, ob der Verdächtige in Deutschland einen Wohnsitz hat und ob familiäre und soziale Bindungen bestehen.

Flucht- und Verdunkelungsgefahr

Eigentlich scheint es ziemlich egal zu sein, ob jemand wegen Flucht- oder wegen Verdunkelungsgefahr verhaftet wird. Für den Beschuldigten macht es aber einen gewaltigen Unterschied. Während nämlich die Fluchtgefahr durch die Hinterlegung einer Kaution gemildert und deshalb der Haftbefehl ausgesetzt werden kann, ist das bei Verdunkelungsgefahr so gut wie ausgeschlossen. Ein Betrüger, dessen Haus die Polizei durchsucht, wäre nicht gut beraten, wenn er sich dabei erwischen ließe, wie er schnell noch belastende Papiere durch den Reißwolf schickt. Auf das Ende der Ermittlungen und den Beginn der Gerichtsverhandlung würde er dann mit großer Wahrscheinlichkeit im Gefängnis warten müssen. Gegen Kaution käme er nicht heraus.

Kautionen

Eine generelle Möglichkeit, bis zur Verhandlung gegen Kaution auf freiem Fuß zu bleiben, wie im angelsächsischen Recht, gibt es in Deutschland nicht. Vor allem bei Mordverdächtigen, um im Krimialltag zu bleiben, besteht gar keine Möglichkeit, den Haftbefehl gegen Sicherheitsleistung außer Vollzug setzen zu lassen.

Der Haftbefehl

Hält die Richterin die Untersuchungshaft für gerechtfertigt, erlässt sie einen schriftlichen Haftbefehl. Es ist üblich, dass Haftbefehle ein kräftig rotes Deckblatt haben. Das ist zwar nirgends vorgeschrieben und muss auch nicht so sein, es ist nur sehr verbreitet. So ist überliefert, dass routinierte Beschuldigte, vor denen eine Polizistin steht und sagt, sie habe einen richterlichen Beschluss dabei, zuerst einmal ängstlich fragen, ob er denn rot sei.

Wenn ein richterlicher Haftbefehl durch die Polizei ausgeführt wird, heißt das nach dem Gesetz: verhaften. In allen anderen Fällen heißt es: festnehmen. Selbstverständlich können Polizei und Staatsanwaltschaft jemanden festhalten, bis die Staatsanwaltschaft einen Haftbefehlsantrag gestellt und das Gericht darüber entschieden hat. Dann spricht man von vorläufiger Festnahme. Vorläufig deshalb, weil zwar nach Einschätzung der Polizei oder der Staatsanwältin die Voraussetzungen für einen Haftbefehl vorliegen, der richterliche Haftbefehl aber noch nicht vorliegt.

Nach einer vorläufigen Festnahme ohne richterlichen Beschluss kann man in Deutschland längstens bis zum Ablauf des auf die Festnahme folgenden Tages festgehalten werden. Rein rechnerisch also höchsten 47 Stunden 59 Minuten und 59 Sekunden (wenn man in der Sekunde nach Mitternacht vorläufig festgenommen wurde). Allerdings schreibt das Gesetz auch vor, dass der Festgenommene am Festnahmeort unverzüglich dem Richter vorgeführt werden muss. Die Gerichte, allen voran das Bundesverfassungsgericht, haben es in der Vergangenheit sehr übel vermerkt, wenn Polizisten sich bei der Kontaktaufnahme mit der Staatsanwaltschaft und damit auch mit der Vorführung vor dem Richter viel Zeit gelassen haben. Das selbst dann, wenn die Fristen, die das Gesetz maximal zugesteht, längst noch nicht abgelaufen waren.

Cops in harten Krimis legen einen Verdächtigen oder unwilligen Zeugen schon mal für eine Nacht auf Eis, um ihn richtig weichzuklopfen. Das heißt, jemand wird ohne dringenden Tatverdacht und richterlichen Beschluss einfach mal so einen Tag im Polizeigewahrsam gelassen, um ihn redewilliger zu stimmen. So etwas wäre aber in Realität vor allem eines: reichlich unklug. Weil die Folgen solch massiv rechtswidriger Polizeistaatsaktionen für den Polizisten gegebenenfalls um einiges heftiger sind als für den eine Nacht Eingesperrten, macht sich der Polizist angreifbar und vor allem erpressbar. Außerdem würde alles, was der Eingesperrte nach so einer Aktion aussagt, anschließend in minutiösen juristischen Analysen auf Verwertbarkeit geprüft werden müssen und voraussichtlich einem Verwertungsverbot anheimfallen.

Allerdings dürfen die Beamtinnen eine erste Sichtung der Beweismittel und die notwendige Schreibarbeit zur Beantragung eines Haftbefehls noch erledigen, bevor der Festgenommene dem Haftrichter vorgeführt wird. Als Faustregel gilt, dass die meisten vorläufig Festgenommenen innerhalb von 12 bis 24 Stunden vorgeführt werden. Der Messerstecher eher früher, der Wirtschaftskriminelle eher später. Das hat mit dem Umfang der Schreibarbeit zu tun, die Polizei und Staatsanwaltschaft bei der Begründung des dringenden Tatverdachts und des Haftgrunds aufwenden müssen.

Festnahme

> »Halt, Sie werden meine Mandantin nicht mitnehmen«, empört sich der Anwalt. Dr. Klaus Maria Neuenstedt ist in Höchstform. »Sie erklären mir jetzt auf der Stelle, was für angebliche Beweise Sie haben. Sonst bleibt meine Mandantin Fanny Fuchs hier.« Im Eifer des Gefechts packt er den Arm der Polizistin, die neben der Festgenommenen steht, und versucht sie wegzuziehen. »Andernfalls werde ich Ihnen«, droht Neuenstedt, »ein Verfahren wegen Freiheitsberaubung anhängen, das sich gewaschen hat.« Er zwängt sich zwischen Fanny Fuchs und die Polizistin.
>
> Handschellen rasten ein, und die Polizistin sagt: »Sie sind wegen Störung einer Amtshandlung festgenommen, Herr Dr. Neuenstedt. Die Kollegen bringen Sie jetzt aufs Revier. Sie werden Sie wieder laufen lassen, wenn Sie hier nicht mehr stören können.«

Der Polizei ist nämlich, auch im juristischen Sprachgebrauch, eine Festnahme ohne den Zusatz »vorläufig« möglich.

> § 164 Strafprozessordnung:
>
> Bei Amtshandlungen an Ort und Stelle ist der Beamte, der sie leitet, befugt, Personen, die seine amtliche Tätigkeit vorsätzlich stören oder sich den von ihm innerhalb seiner Zuständigkeit getroffenen Anordnungen widersetzen, festzunehmen und bis zur Beendigung seiner Amtsverrichtungen, jedoch nicht über den nächstfolgenden Tag hinaus, festhalten zu lassen.

Gemeinhin gilt bei der Polizei: Wer nur meckert, kann bleiben, wer Eingreifen androht, wird ermahnt, und wer tatsächlich eingreift, wird festgenommen.

Der Weg in die Untersuchungshaft

Schritt 1: Nach der Verhaftung oder Festnahme

Im Strafprozessrecht ist die Festnahme oder Verhaftung ein rein juristischer Vorgang. Bevor dann aber in der Praxis jemand tatsächlich von der Polizei abgeführt wird, muss ihm die Festnahme/Verhaftung erklärt werden. Dabei geht es weniger darum, dem Verdächtigen den Unterschied zwischen Verhaftung und Festnahme zu erläutern. Das Wort »erklären« geht hier auf die Erklärung zurück, die von Amtspersonen abgeben wird. Dem Betroffenen wird also gesagt, dass er festgenommen/verhaftet ist und warum. Im Gegensatz zum angelsächsischen Recht muss man ihn hier übrigens noch nicht über die Aussageverweigerungsrechte belehren, solange ihm keine Fragen gestellt werden.

Allerdings wird die festgenommene Person vor dem Abführen und Schließen durchsucht. Weil für die Polizisten schon ein Kugelschreiber oder Schlüssel zur Gefahr werden kann (von Messern ganz zu schweigen), ist die Durchsuchung der Bekleidung vorgeschrieben. Das hört sich in Deutschland zum Beispiel so an: »Sie sind wegen Mordverdachts vorläufig festgenommen. Stellen Sie sich bitte hier mit dem Gesicht Richtung Wand, strecken Sie die Arme aus.«

Nach der Rechtslage dürfen Festgenommene nur von Personen gleichen Geschlechts durchsucht werden. Allerdings gilt das nicht, wenn es aus Sicherheitsgründen erforderlich ist, dass sofort durchsucht wird. Dann sind aber allenfalls oberflächliche Durchsuchungen erlaubt. In der Praxis lassen deshalb männliche Polizisten, die eine Frau festgenommen oder verhaftet haben, zunächst Mäntel oder Jacken ablegen, unter denen Waffen verborgen sein könnten. Die Polizisten tasten dann die Rock-/Hosentaschen nach Gegenständen ab. Im Übrigen verlassen sie sich darauf, dass danach die Schließen (➶ Handschellen) hinreichend Schutz gegen plötzliche Angriffe bieten. In Ausnahmefällen könnten die Polizisten auch mal eine Unbeteiligte bitten, behilflich zu sein. Oder sie warten, bis eine Kollegin eintrifft.

Handschellen

Nach der Durchsuchung der Kleidung werden der Person Handschellen angelegt. Er wird »geschlossen«, wie das im Polizeijargon heißt. Die Metallringe werden demzufolge Schließen und nicht etwa Handschellen genannt. Aber anders als bei den Begriffen, Verhör/Vernehmung oder Razzia/Durchsuchung ist es auch nicht völlig daneben, Polizisten im Krimi von Handschellen sprechen zu lassen.

Nach wie vor sind im Polizeialltag Metallschließen üblich, die in einer kleinen Tasche am Gürtel getragen werden können. Gelegentlich benutzen Polizistinnen und Polizisten aber auch Plastikbinder. Vor allem wenn viele Festnahmen erwartet werden, etwa bei Demonstrationen, haben sie den Vorteil, dass sie leicht sind und in großer Menge transportiert werden können. »Geschlossen wird hinten«, ist Grundsatz bei der Polizei. Soll die Fesselung nämlich Gegenwehr und Flucht verhindern, ist sie eigentlich nur sinnvoll, wenn die Hände auf dem Rücken geschlossen werden. Werden die Hände vorne gefesselt, hindern sie Ungeübte zwar am Weglaufen, nicht jedoch entscheidend an der Gegenwehr.

Im seltenen Ausnahmefall, wenn etwa eine ganz kleine schmächtige Tatverdächtige von zwei ganz großen starken Polizisten festgenommen wird, kann eine Fesselung vor dem Körper in Betracht kommen. Im Fernsehen schließt man Festgenommene aus optischen Gründen eher vor dem Bauch, zumal die Fesselung auf dem Rücken gleich deutlich entwürdigender wirkt.

Dass sich Polizist und Verdächtiger zusammenschließen, also Hand an Hand nebeneinander schlendern, ist allenfalls üblich, wenn ein Strafgefangener vorgeführt wird, der als ungefährlich gilt und nur daran gehindert werden soll wegzulaufen. Im Polizeialltag kommt die Fesselung Mann an Mann nicht vor.

Wenn der Festgenommene in den Polizeiwagen einsteigt, legt ihm die Polizistin übrigens immer eine Hand auf den Kopf und schiebt ihn unterm Autodach nach innen. Sonst stößt der Gefangene fast unweigerlich mit dem Kopf am Holmen an. Im Polizeiauto wird der Gefangene zwar im Regelfall angeschnallt, nicht aber angekettet oder Ähnliches. Es gibt ja Kindersicherungen an den Hintertüren. Auf der Fahrt sitzt eine Polizistin hinten neben ihm, die andere fährt.

Polizeigewahrsam

Der Gefangene wird dann nicht sofort ins Gefängnis, also die Justizvollzugsanstalt, gebracht, sondern zunächst in den Polizeigewahrsam. Ob der eine Zelle innerhalb des Polizeireviers ist oder ob es einen zentralen Polizeigewahrsam, also so etwas wie ein zentrales Polizeigefängnis, gibt, hängt von den regionalen Gegebenheiten ab. Dort wird ihm alles abgenommen – Uhr, Gürtel, Schnürsenkel, Feuerzeug, Streichhölzer, Zigaretten und so weiter – und in Plastikkästchen aufbewahrt. Die Zelle ist in der Regel sehr karg. Das heißt, es gibt kein Klo, nur ein Loch im Boden, die Spülung ist so nahtlos wie möglich in die Wand eingelegt, die Pritsche ist aus Beton,

Decken liegen darauf, es gibt oft kein Fenster, sondern nur Glaskacheln, und so weiter.

Schritt 2: Kontakt mit dem Richter

Spätestens am Tag nach der Festnahme oder Verhaftung muss der Gefangene einem Richter vorgeführt werden. Gewöhnlich nennen wir diese Leute Haftrichter, die amtliche Bezeichnung lautet jedoch Ermittlungsrichter.

> § 115 Strafprozessordnung:
> (1) Wird der Beschuldigte auf Grund des Haftbefehls ergriffen, so ist er unverzüglich dem zuständigen Richter vorzuführen.
> (2) Der Richter hat den Beschuldigten unverzüglich nach der Vorführung, spätestens am nächsten Tage, über den Gegenstand der Beschuldigung zu vernehmen.
> (3) 1 Bei der Vernehmung ist der Beschuldigte auf die ihn belastenden Umstände und sein Recht hinzuweisen, sich zur Beschuldigung zu äußern oder nicht zur Sache auszusagen.
> 2 Ihm ist Gelegenheit zu geben, die Verdachts- und Haftgründe zu entkräften und die Tatsachen geltend zu machen, die zu seinen Gunsten sprechen.
> (4) Wird die Haft aufrechterhalten, so ist der Beschuldigte über das Recht der Beschwerde und die anderen Rechtsbehelfe [...] zu belehren.

Das passiert übrigens normalerweise nicht in einem Gerichtssaal, sondern im Büro der Ermittlungsrichterin. Neben den Hauptakteuren, der Richterin und dem Beschuldigten, können die Verteidigerin und die Staatsanwältin teilnehmen. Polizistinnen können auf Wunsch der Staatsanwältin und mit Einverständnis der Richterin ebenfalls an der Verhandlung teilnehmen, müssen es aber nicht unbedingt. Zumeist ist es so, dass die ermittelnden Kriminalpolizistinnen den Beschuldigten aus Polizeigewahrsam oder Gefängnis bei der Richterin vorführen und später wieder zurückbringen. Ergibt sich bei der Vernehmung, dass der Haftbefehl aufgehoben oder der Ergriffene nicht die in dem Haftbefehl bezeichnete Person ist, so ist der Ergriffene freizulassen. So steht es in § 115a der Strafprozessordnung.

Welcher Richterin der Beschuldigte vorgeführt wird, entscheidet sich danach, an welchem Ort er verhaftet wurde. Besser ist es für ihn, wenn er an dem Ort verhaftet wird, an dem die für den Haftbefehl zuständige Richterin sitzt.

> Der Strichjunge Tommy wird als derjenige ermittelt, der sich in Stuttgart zuletzt in der Wohnung des verstorbenen Unternehmers Dieter Fuchs aufgehalten hat und nun unter dringendem Verdacht steht, Dieter bei Sexspielen erstickt und danach einige Wertgegenstände aus der Wohnung mitgenommen zu haben. Das Amtsgericht Stuttgart hat deshalb Haftbefehl erlassen. Tommy konnte sich jedoch noch nach Berlin absetzen, wird dort aber entdeckt und verhaftet. Nun muss er nach Stuttgart zurückgebracht werden.

Doch keinesfalls kann er sofort in ein Polizeiauto gesetzt und zur zuständigen Richterin nach Stuttgart gefahren werden. Das Gesetz schreibt nämlich vor, dass der Verhaftete spätestens am Tag nach seiner Festnahme am Ort der Ergreifung vorzuführen ist. Die Regelung stammt aus einer Zeit, da Autos noch nicht so gebräuchlich waren. Aber auch heute hätte man nicht genug Polizisten, um Verhaftete individuell quer durch Deutschland zu chauffieren. Der Beschuldigte müsste dann unter Umständen tagelang auf die Vorführung bei der Richterin in Stuttgart warten. Und das entspricht eben nicht der Rechtsordnung. Deshalb wird er am Ergreifungsort vorgeführt, also in Berlin.

Hat die Richterin in Berlin *nach der Vernehmung* Bedenken gegen die Aufrechterhaltung der Haft, so teilt sie dies der für den Haftbefehl zuständigen Richterin in Stuttgart unverzüglich und auf dem nach den Umständen angezeigten schnellsten Wege mit. Wird der Haftbefehl nicht aufgehoben, bedeutet das für den Verhafteten, dass er in den zuständigen Gerichtsbezirk nach Stuttgart gebracht werden muss. Als Gefangener. Und das ist nicht immer eine angenehme Reise.

Verschuben

> Tommy wird nun verschubt, wie das in Justizkreisen heißt. Dafür wird er in den »von Gefängnis zu Gefängnis-Fahrplan« aufgenommenen. Eine Route Berlin – Stuttgart kennt der Fahrplan nicht. Allerdings gibt es zwei Tage nach seiner Verhaftung einen Transport in die Justizvollzugsanstalt (JVA) Magdeburg. Von dort geht einen Tag später eine Fuhre nach Braunschweig. Von dort geht es über Rosdorf bei Göttingen nach Halle und dann nach Chemnitz, bevor Tommy, mit Zwischenstationen in Nürnberg, Würzburg und Heilbronn in der JVA Stuttgart landet. Zwei Wochen nach seiner Ergreifung.

Für den Gefangenen ist das ziemlich unangenehm. Von Deutschland sieht er aus dem vergitterten Fenster des Transporters nicht viel. Dafür muss er ständig wechselnde Zellen und Zellengenossen erdulden. Oftmals fährt er für die regulären Mahlzeiten zu früh ab oder kommt zu spät an. Die sogenannten Durchgangszellen sind meistens nicht die komfortabelsten, und er hat auch keine Möglichkeit, in den jeweiligen Gefängnisläden Zigaretten und Ähnliches einzukaufen. Wird ein Täter allerdings sehr dringend am Ort der Ermittlungen in Stuttgart gebraucht, kann er auch schon mal persönlich von den Stuttgarter Ermittlerinnen in Berlin abgeholt werden.

Unter Polizisten erzählt man sich, es habe schon Täter gegeben, die sich im Tausch gegen ein Geständnis abholen ließen, nur um die Unannehmlichkeiten der Verschubung zu umgehen.

Schritt 3: Kontakt mit Angehörigen und Anwalt

»Einen Anruf habe ich!«, erklärt Fanny Fuchs energisch.

»Nein, haben Sie nicht«, antwortet Kommissar Holbein. »Wenn Sie einen Anwalt wollen, dann rufen wir für Sie einen an. Ihre Angehörigen verständigen wir auch.«

In der Tat, den aus amerikanischen Krimis bekannten einen Anruf nach der Festnahme gibt es in Deutschland nicht.

§ 114b Strafprozessordnung:

(1) Von der Verhaftung und jeder weiteren Entscheidung über die Fortdauer der Haft wird ein Angehöriger des Verhafteten oder eine Person seines Vertrauens unverzüglich benachrichtigt.
Für die Anordnung ist der Richter zuständig.

(2) Außerdem ist dem Verhafteten selbst Gelegenheit zu geben, einen Angehörigen oder eine Person seines Vertrauens von der Verhaftung zu benachrichtigen, sofern der Zweck der Untersuchung dadurch nicht gefährdet wird.

Es ist also zulässig, jemanden vorläufig festzunehmen, ihn tags darauf der Richterin vorzuführen und bis dahin keinen Angehörigen über die Festnahme zu informieren. Will der Beschuldigte einen Anwalt sprechen, wird einer benachrichtigt. Ihm bleibt es dann überlassen, die Angehörigen zu benachrichtigen.

Der Beschuldigte darf auch telefonieren, aber nur in Anwesenheit der Polizei und wenn Polizei und Staatsanwaltschaft damit einverstanden sind und die Richterin es erlaubt hat. Besteht die Gefahr, dass der Beschuldigte Nachrichten weitergibt, die das Verfahren behindern würden, darf er nicht telefonieren.

Schritt 4: Untersuchungshaft

Die Untersuchungshaft ist eine harte Probe für einen freiheitsgewohnten Menschen, viel härter als eine Gefängnisstrafe. Kontakt zu anderen Häftlingen, Hofgänge mit anderen, Besuche, Telefonate, das Recht zu arbeiten oder Fitnessräume zu besuchen, gibt es während der U-Haft nicht. Manche U-Häftlinge sehnen schon deshalb ihren Prozess herbei, auch wenn sie wissen, dass sie zu einer Haftstrafe verurteilt werden, weil sie danach als Strafgefangene wieder ein paar Rechte genießen. U-Haft bedeutet eine weitestgehende Kontaktsperre nach außen und ist der größte Eingriff in die persönliche Freiheit über längere Zeit, die unser Rechtsstaat erlaubt. Telefonieren oder mailen ist komplett unmöglich. Alle ein- und ausgehenden Briefe laufen über das Gericht oder die Staatsanwaltschaft, und nur wenn die Ermittler dem Gericht gegenüber keine Einwände gegen einen Besuch vorbringen, kann ein Anverwandter alle paar Wochen mal kommen. Vielfach unterliegt der aber obendrein der sogenannten Besuchsüberwachung. Das heißt, eine Beamtin sitzt mit in der Besucherzelle und schreitet ein, sobald die Gefahr besteht, dass beim Gespräch mit Angehörigen unzulässig Informationen ausgetauscht werden. Und wer will schon in einem kargen Raum unter den Augen und Ohren einer Beamtin seinem Partner oder seiner Partnerin »Ich vermisse dich« oder »Ich liebe dich« sagen müssen?

Auch bei der Wahl des Untersuchungsgefängnisses, die Staatsanwältin und Richterin treffen, kann man Glück oder Pech haben. Das fängt bei der Einzelzelle an und hört beim Essen auf.

Eigentlich hat nämlich der Untersuchungsgefangene Anspruch auf eine Einzelzelle. Er darf mit Mithäftlingen nur zusammengelegt werden, wenn er das selbst so will oder wenn er suizidgefährdet ist. In Wirklichkeit ist die Einzelbelegung in der JVA aber die absolute Ausnahme. Die Gefängnisse sind überbelegt, deshalb werden auch U-Haft-Zellen mehrfach belegt. Es sein denn, man hat das Glück, in einem der besseren Gefängnisse zu landen.

Außerdem darf sich der Untersuchungshäftling selbst verpflegen. Er muss den Gefängnisfraß nicht essen, er kann sich Speisen und Getränke aus einer Gaststätte auf die Zelle liefern lassen. Auf eigene Kosten natürlich. Aber auch das liest sich besser, als es ist. Denn

- im Gefängnis besteht ein absolutes Alkoholverbot,
- der Gefängnisleiter wählt die Gaststätte aus, die liefern soll,
- und es gibt keine Garantie, dass das Essen noch warm ist, wenn es sämtliche Sicherheitsüberprüfungen überstanden hat.

Die Unterschiede sind groß. Und es ist nicht egal, mit wem man seine Tage verbringt. Die Unterschiede sind so groß, dass Beschuldigte schon mal eine Aussage anbieten, wenn sie dafür in ein anderes Untersuchungsgefängnis kommen.

Durchsuchung oder Razzia

> Abends im Fernsehen (*Panorama*, ARD, 14.2.2008) sieht Polizeireporterin Suse eine schmale Straße in friedlicher Wohngegend, davor Kastenwägen. Aus dem Seiteneingang kommen mehrere Leute. Die Kamera zoomt. Es sind ein Mann – »Den hab ich doch schon mal gesehen!« –, eine Frau und mehrere Leute vom Typ Staatsmacht. Aus dem Off hört Suse: »... die Razzia bei Zumwinkel [u. a. Vorstandsvorsitzender der Deutschen Post, 1990–2008] sei Teil eines Ermittlungsverfahrens gegen mehrere Beschuldigte ...«

Mancher horcht irritiert auf: Ist das Wohnhaus des Postvorstandes eine Örtlichkeit, wo gewerbsmäßig Unzucht getrieben wird, um in der Sprache des Polizeigesetzes zu bleiben? Oder haben wir uns nur verhört, und es war gar nicht von Razzia die Rede, sondern von Durchsuchung? Doch nein, die Nachrichtenmedien behaupten mehrfach ausdrücklich, es habe eine Razzia stattgefunden. Von Durchsuchung ist überhaupt nicht die Rede.

> *dpa*, 13.3.2009, 15:50 Uhr: »Ende Januar war Zumwinkel wegen Hinterziehung von knapp einer Million Euro Steuern vom Bochumer Landgericht zu zwei Jahren Haft auf Bewährung verurteilt worden. Er hatte ein Geständnis abgelegt, kurz danach aber öffentlich die Art der Ermittlungen heftig kritisiert. Im Gedächtnis haften bleibt die Aktion, die er selbst später als öffentliche Hinrichtung bezeichnet hatte: Vor laufenden Kameras wurde er am 14. Februar 2008 in seiner Villa in Köln-Marienburg nach einer morgendlichen Razzia von der Staatsanwaltschaft zum Verhör mitgenommen.«

Bei dieser Wortwahl hatte Zumwinkel guten Grund, sich in eine Ecke von Drogenkriminalität und gewerbsmäßiger Unzucht gedrängt zu fühlen.

> Aus alten Filmen kennt Suse die Szene: Großstadt, dunkle Hauswände, mit Brettern vernagelte Geschäfte, viele Häuser zeigen Zeichen des fortgeschrittenen Verfalls. Menschen huschen durch die Nacht. Plötzlich laute Motorengeräusche, Trillerpfeifen, schlagende Autotüren, Marschtakt, knappe Befehle. Eine große Zahl Uniformierter scheucht Menschen zusammen. Ein paar stürmen in Hauseingänge und im Vordergrund ruft einer der Uniformierten: »Nehmt alle mit, die blaue Wimpel tragen. Dass mir keiner der verdammten Revanchisten abhaut.« Zwei Mädchen drücken sich beiseite. »Mein Gott«, flüstert die eine, »schon wieder eine Razzia.«

Das jedenfalls wäre die Razzia gewesen, die dem Wort arabischer Herkunft für Kriegszug, Raubzug und Angriffsschlacht gerecht wird. Suchen dagegen bei uns Ermittlungsbeamte in den Räumlichkeiten des Tatverdächtigen in einem konkreten Verfahren nach Beweismitteln, ist das keine Razzia, sondern eine Durchsuchung.

Bis vor ein paar Jahren hat auch die Nachrichtensprache das Wort Durchsuchung noch gekannt und verwendet. Aber Razzia klingt eben reißerischer: nach viel Polizei und viel Verbrechen. Wenn es um Steuerhinterziehung durch den Vorstand irgendeiner Bank geht, ist das allerdings keine Razzia, sondern eine Durchsuchung.

Es gibt auch in Deutschland heute noch zulässige Polizeiaktionen, die als Razzia bezeichnet werden können. Bei einer Razzia deutscher Rechtsordnung werden Personen von einer großen Zahl Polizisten kontrolliert. Die Aktion dient in erster Linie der Identitätsfeststellung von Leuten, die sich an Orten aufhalten, an denen gewohnheitsmäßig Straftaten begangen, verabredet werden oder zu erwarten sind. Typischer Fall für eine Razzia: ein bekannter Drogenumschlagplatz. Sie gehört also eher in den Bereich »Aufrechterhaltung der Sicherheit und Ordnung« oder »Gefahrenabwehr«. Folglich finden sich die entsprechenden Regelungen auch nicht im Strafprozessrecht, sondern in den Landespolizeigesetzen.

Polizei, Staatsanwaltschaft und Gerichte verwenden für Durchsuchungsmaßnahmen in Strafverfahren also nie den Begriff Razzia. Die geschockte Nachbarin eines Mordopfers im Krimi, eine aufgeregte Stammtischrunde in der Dorfkneipe oder forsche Journalisten dagegen schon.

> Steinberger ist ein Kotzbrocken. Einer von denen, die den ermittelnden Beamten gegenüber grinsend demonstrieren, dass man ihm nichts nachweisen kann.
>
> »Wir brauchen einen Durchsuchungsbefehl für sein Jagdhaus«, stellt Teubner fest. »Kann uns den nicht Kriminaldirektor Pommer ausstellen?«
>
> »So ein Unsinn!«, knurrt Kommissar Holbein. »Was lernt ihr eigentlich heutzutage auf der Polizeischule?«

In der Tat, wie Teubner sich das vorstellt, klappt es nicht. Polizisten, auch leitende Kriminaldirektoren, erteilen in Deutschland keine Durchsuchungsbefehle. Sie beantragen ihn nicht einmal. Zumal es Durchsuchungsbefehle auch gar nicht gibt.

In Realität regt KHK Holbein bei der zuständigen Staatsanwältin an, dass sie einen Durchsuchungsbeschluss beantragt. Bei einer Mordermittlung wäre sie ohnehin so auf dem Laufenden, dass sie von alleine darauf kommt: »Wenn wir einen Durchsuchungsbeschluss brauchen, beantrage ich den natürlich. Was denken Sie?«, fasst sie nach der Fallbesprechung HKH Holbein gegenüber zusammen.

Zuständig für den Erlass des Beschlusses ist in Deutschland dann grundsätzlich wieder eine Richterin.

Ermittlungen in Strafverfahren haben ihre Rechtsgrundlage im Strafprozessrecht. Zu den Maßnahmen, die ein Richter anordnen kann, gehört die Durchsuchung. Die gesetzlichen Regelungen stehen in der Strafprozessordnung ab dem § 102. Typischer Fall für eine Durchsuchung: die Wohnung des Tatverdächtigen nach einem Mordfall.

Während die richterliche Anordnung der Untersuchungshaft Haftbefehl heißt, ist die zutreffende Bezeichnung für die Durchsuchungsanordnung eigentlich Durchsuchungsbeschluss. Insider sagen nicht Durchsuchungsbefehl. Aber sogar der Bundesgerichtshof hat in den vergangenen Jahren zweimal in Urteilen auch das eigentlich unkorrekte Wort Durchsuchungsbefehl verwendet (BGH vom 27.5.2003, 4 StR 142/03 und vom 5.8.2003, StB 7/03).

Durchsuchungen sind zulässig, um Beweismittel zu finden oder einen Täter zu ergreifen, und zwar nicht nur bei einem Verdächtigen, sondern auch bei anderen. Allerdings darf nur in ganz besonderen Ausnahmefällen zur Nachtzeit, also zwischen 21 Uhr und 4 Uhr (im juristischen Sommer, April bis September) oder zwischen 21 und 6 Uhr (im juristischen Winter,

Oktober bis März) durchsucht werden. Die seltsame Nachtregelung findet sich in § 104 der Strafprozessordnung.

Wird eine Wohnung durchsucht, hat der Bewohner ein Recht darauf, bei der Durchsuchung anwesend zu sein. Das gilt auch bei der Durchsuchung seiner Sachen. Ist er nicht vor Ort, müssen die Polizistinnen, wenn möglich, seinen Vertreter oder einen erwachsenen Angehörigen, Mitbewohner oder Nachbarn hinzuziehen. Findet die Polizei dann Beweismittel und nimmt sie mit, bekommt der Betroffene eine Quittung, das sogenannte Beweismittelverzeichnis.

Dem Bundesverfassungsgericht wird allerdings viel zu oft durchsucht. In den vergangenen Jahren hat es wiederholt auf das Grundrecht der Unverletzlichkeit der Wohnung hingewiesen. Im Grundsatz heißt das: erst alle Möglichkeiten der Ermittlung ausschöpfen, dann durchsuchen.

Geheimnisträger

> Gerade mal sechs Stunden sind seit dem Tod von Dieter Fuchs, dem Vorstandsvorsitzenden eines der größten deutschen Konzerne, vergangen, fünfeinhalb Stunden, seit Fanny Fuchs den Rettungsdienst gerufen, fünf Stunden, seit der Notarzt Tod durch Ersticken festgestellt, und viereinviertel Stunden, seit die Kripo die Ermittlungen übernommen hat. Es geht um Millionen. Gleich drei der Zeugen sprechen von Erben, die in letzter Zeit Druck gemacht haben sollen. Fanny erzählt, ihr Mann habe vor einer Woche sein Testament beim Notar Dr. Sigmar Röntsch, geändert.
>
> »Also sollte man wissen, was da drinsteht«, bemerkt Kommissar Holbein.
>
> Nur dass Notar Siggi Röntsch das anders sieht. »Ich darf Ihnen das Testament erst geben, wenn der Eröffnungstermin vorüber ist«, erklärt er.
>
> Kommissar Holbein hat damit gerechnet und legt dem Notar die Kopie eines richterlichen Durchsuchungs- und Beschlagnahmebeschlusses vor. Nun sagt Röntsch nichts mehr.

Kurze rechtliche Begründung: Der Notar, Röntsch, ist im Verhältnis zum unbekannten Täter Dritter im Sinne des Gesetzes, und es liegen mit der Aussage der Witwe Tatsachen vor, aus denen zu schließen ist, dass sich die gesuchte Spur oder Sache, hier das Testament, in den zu durchsuchenden Räumen, der Notarkanzlei, befindet. Die Straftat ist von erheblicher Bedeutung und die Maßnahme nicht unverhältnismäßig. Die Anordnung der Durchsuchung ist also nach der Strafprozessordnung zulässig.

Durchsuchungen von Büros der Berufsgeheimnisträger sind aber nur in besonderen Ausnahmefällen erlaubt und unterliegen einer ganzen Reihe von Beschränkungen im Hinblick auf Unterlagen, die das Vertrauensverhältnis zwischen dem Mandanten und dem Notar, der Rechtsanwältin, Ärztin und so weiter betreffen. Sie fallen unter das gesetzliche Beschlagnahmeverbot. Polizei und Staatsanwalt dürfen sie nicht mitnehmen und nicht verwerten. Alle anderen Beweismittel aber schon. Und ein Testament betrifft eben nicht das Beratungsverhältnis, sondern gibt den letzten Willen des Erblassers wieder und kann daher sichergestellt werden.

Um beim Betreten der Kanzleiräume im Recht zu sein, ist es üblich, dass der Staatsanwalt neben dem Beschlagnahme- auch einen richterlichen Durchsuchungsbeschluss beantragt. Bei Berufsgeheimnisträgern findet sich im Beschluss aber üblicherweise eine sogenannte Abwendungsbefugnisklausel. Sie besagt sinngemäß, dass der Betroffene die Durchsuchung abwenden kann, wenn er die gesuchten Unterlagen von sich aus herausgibt. Weil ein Rechtsanwalt oder Notar üblicherweise genauso wenig wie alle anderen Menschen ein Interesse daran hat, dass die Polizei seine Räume durchsucht, macht er normalerweise von der Abwendungsbefugnis Gebrauch. Er gibt also die gesuchten Unterlagen, hier das Testament, ohne Aufhebens heraus. Andernfalls wird durchsucht.

Besteht gegen einen Berufsgeheimnisträger der Verdacht, an Straftaten beteiligt zu sein, ist sie oder er also Beschuldigter, besteht übrigens kein Beschlagnahmeverbot. Die Räume eines Rechtsanwaltes, der in Verdacht steht, für einen Mandanten Geld aus Rauschgifthandel gewaschen zu haben, können also durchsucht werden. Immer unter der Voraussetzung, dass ein richterlicher Durchsuchungsbeschluss vorliegt.

Der Durchsuchungszeuge

Eine Person, die im Krimi nie vorkommt, ist der Durchsuchungszeuge. Ohne den geht es aber nicht.

> § 105 Strafprozessordnung:
> (2) Wenn eine Durchsuchung [...] ohne Beisein des Richters oder des Staatsanwalts stattfindet, so sind, wenn möglich, ein Gemeindebeamter oder zwei Mitglieder der Gemeinde, in deren Bezirk die Durchsuchung erfolgt, zuzuziehen.

Die Zeugen sollen als neutrale Personen den Verlauf der Durchsuchung beobachten und gegebenenfalls später dem zuständigen Gericht darüber erzählen können. Ansonsten sind Durchsuchungszeugen bei Strafandrohung verpflichtet, über alles, was sie bei der Durchsuchung gesehen und gehört haben, absolutes Stillschweigen zu wahren. Nur wenn vonseiten der Justiz bereits eine zur Neutralität verpflichtete Person wie Staatsanwältin oder Richterin teilnimmt, muss kein Durchsuchungszeuge dabei sein.

In der Praxis braucht man eine Aussage der Durchsuchungszeugen eigentlich nur, wenn sich Wohnungsinhaber über Schäden beschweren, die die Polizei angerichtet hat, also wenn es um die Frage geht, ob an der ägyptischen Büste der rechte Arm schon gefehlt hat, als Tante Hede sie eingeschmuggelt hat, oder ob der Gipsarm bei der Durchsuchung des Kommodeninhaltes durch die Polizei auf der Strecke geblieben ist.

Da die meisten Durchsuchungen ohne Staatsanwaltschaft ablaufen, herrscht im deutschen Strafverfolgungsalltag ein ständiger Bedarf an Durchsuchungszeugen. Weil die Verpflichtung von zwei Bürgern aus der Gemeinde, die das Gesetz alternativ vorsieht, unüblich ist, lastet die Durchsuchungszeugenlast auf den festangestellten Gemeindebeamtinnen und -beamten. Für die Gemeinde kann es durchaus zu einem finanziellen Problem werden, wenn regelmäßig Mitarbeiterinnen zu Durchsuchungen abgezogen werden. Es soll inzwischen Stadtverwaltungen geben, die ernsthaft über die Einstellung hauptberuflicher Durchsuchungszeugen nachdenken.

Für Krimiautorinnen bleibt festzuhalten, dass an Durchsuchungen eben nicht nur Betroffene und Polizisten, sondern auch Zeugen, meist Bediens-tete der Gemeinde, teilnehmen.

Gefahr im Verzug

Durchsuchungen dürfen also nur von einem Richter angeordnet werden. In den Gesetzen findet sich bei vielen solcher Regelungen unter Richtervorbehalt aber der Zusatz, dass die Maßnahmen zwar grundsätzlich durch den Richter, bei »Gefahr im Verzug« allerdings auch durch die Staatsanwaltschaft und ihre Ermittlungspersonen (Polizei) angeordnet werden dürfen.

Mit Gefahr im Verzug sind aber seltene Ausnahmefälle gemeint. Also beispielsweise wenn eine Polizistin vor einem Haus steht und beobachtet, wie der Rauschgiftdealer Päckchen für Päckchen Kokain in den Ofen steckt, um Beweise zu vernichten. Dann kann sie die Durchsuchung anordnen, also das Haus stürmen lassen. Sonst nicht.

§ 105 Strafprozessordnung:

(1) Durchsuchungen dürfen nur durch den Richter, bei Gefahr im Verzug auch durch die Staatsanwaltschaft und ihre Ermittlungspersonen (§ 152 des Gerichtsverfassungsgesetzes) angeordnet werden.

Werden Durchsuchungen ohne die notwendige richterliche Anordnung vorgenommen, dürfen die gefundenen Beweismittel im Verfahren nicht verwendet werden, auch wenn sie die Schuld des Beschuldigten eindeutig beweisen.

KOK Teubner ist sich sicher: Das Jagdmesser muss im Jagdhaus von Steinberger liegen. Das ganze Tamtam mit Staatsanwaltschaft und richterlichem Beschluss dauert ihm zu lange, und Kommissar Holbein ist sicher ein verdienter Kollege, aber er ist Teubner zu lahm, zu ängstlich. Schließlich geht es hier um Mord! Da muss man auch mal ein Risiko eingehen. Teubner wird sich das Beweisstück jetzt holen. Womöglich ist noch menschliches Blut dran. Er fährt zum Haus des Tatverdächtigen. Den Schlüsseldienst zum Öffnen der Tür spart er sich auch. Er drückt das Toilettenfenster ein und klettert ins Haus. Das Messer zum Aufbrechen und Auswaiden von Wild liegt in der Tischschublade. Der Polizist atmet tief durch. Ab damit in die KTU, Fall gelöst! So geht das, Kollege Holbein! So macht man das!

Wenn KOK Teubner den Täter hätte schützen wollen, wäre das ein kluges Unternehmen gewesen, das zwar ihn die Karriere kostet, aber dem Verdächtigen einen Freispruch beschert. Das Messer als Mordwaffe würde wegen der rechtswidrigen Durchsuchung ohne richterlichen Beschluss im gesamten Verfahren so behandelt werden müssen, als hätte man es nie gefunden. Ein klassischer Fall des Verwertungsverbots. Im Krimi wirken Polizisten, die auch bei elementaren Regeln des Rechts schon mal fünfe gerade sein lassen, sicher ganz erfrischend, in Realität aber sind sie strohdumm.

> Ein bisschen klüger möchte KOK Teubner nun doch sein. Damit es nicht wie Einbruch aussieht, nimmt er Kollegin Schneider mit. Dann müssen sie nicht übers Klofenster rein, sondern treten offen, wie es sich für die Staatsmacht gehört, an die Tür des Jagdhauses. Schneider greift sich in die Lederjacke und zieht ein langes dünnes Instrument heraus, steckt es ins Schloss, stochert ein bisschen herum, und schon geht die Tür auf.

Heute sagt man Pick-Set dazu. Es dient dem zerstörungsfreien Öffnen von Schlössern. Ein Türschloss gehört zu den Dingen des Alltags, bei denen wir meist nicht die leiseste Ahnung haben, wie sie funktionieren. Grundsätzlich besteht ein Schloss aus einem Gehäuse und dem drehbaren Kern, in den man den Schlüssel steckt. Im Kern befinden sich Stifte, die im Gehäuse auf Federn sitzen. Sie sind an bestimmten, bei jedem Schloss anderen Stellen geteilt. Ein Schlüssel drückt die Stifte des Kerns immer so weit runter, dass die Nut zu den Stiftfortsätzen im Gehäuse genau mit der Nut zwischen Gehäuse und drehbarem Kern zusammenfällt. Dann lässt sich der Schlüssel drehen und dreht dabei auch den Kern, der die Falle bewegt oder den Riegel. Allen, die es wirklich begreifen wollen, empfehle ich die Internetrecherche. Man braucht Bilder dazu.[25]

Der Umgang mit Pick-Werkzeugen wird bei den »Sportsfreunden der Sperrtechnik« (SSDeV) geübt und in Wettkämpfen ausgetragen. Dabei geht es darum, Schlösser zu öffnen, nicht Wohnungen. Pick-Sets oder Lockpicking-Werkzeug kann man beim Verein und übers Internet kaufen. Der Besitz ist nicht verboten, nur der Einsatz zum Öffnen fremder Wohnungen.

Wer einmal ein Übungsschloss in der Hand hatte und versucht hat, es aufzukriegen, weiß, wie viel Übung Schlosspicker haben. Ungeübte brauchen zum Schlossöffnen Stunden, wenn nicht Tage. Geübte schaffen es in wenigen Sekunden. Teubners Kollegin Schneider muss regelmäßig geübt haben, um das Schloss in akzeptabler Zeit aufzukriegen. Sie kniet vermutlich mindestens eine Viertelstunde an der Tür und stochert schwitzend herum.

So wie wir es üblicherweise in Fernsehkrimis sehen, geht es jedenfalls nicht, weder so schnell, noch mit nur einem Instrument, dem Haken (Hook). Wenn Sylvia zwei häkelnadeldünne Instrumente zieht, sollte eines unbedingt ein Spanner sein. Den hängt man auf charakteristische Weise ins Schloss ein, um Druck auf den Kern auszuüben, der sich genau dann dreht, wenn man im Schloss alle Sperrstifte in die richtige Position gesetzt hat, wie das bei den Lockpickern heißt. Hat der Hausbesitzer abgeschlossen, muss man zweimal picken, einmal, um den Riegel aufzudrehen, dann, um die Falle zurückzuziehen.

Das Ganze lässt sich mit einiger Übung auch mit einem sogenannten Schlagschlüssel machen, der auf den ersten Blick aussieht wie ein echter Schlüssel, aber besonders gefeilt ist, oder mit einer sogenannten Sperrpistole. Das funktioniert im Prinzip so, dass eine stabile Nadel oder eben der Schlagschlüssel gleichzeitig alle Kernstifte schlägt. Die geben die Kraft des Schlags an die Gehäusestifte weiter (Impulssatz), die es nach unten haut. Zwischen Kern- und Gehäusestiften entsteht dann für den Bruchteil einer Sekunde ein größerer Spalt. Wenn man den Moment trifft, kann man jetzt den Kern im Gehäuse drehen. Elektrisch geht es leichter. Ein E-Pick erzeugt Vibrationen, also schnelle Schläge auf die Kernstifte. Das gibt dem Öffner mehr Gelegenheiten, den richtigen Moment zum Drehen zu finden.

Aber kein Polizist im Dienst benutzt irgendetwas dieser Art. Zum Öffnen von Rechts wegen holt die Polizei den Schlüsseldienst. Und der pickt meistens nicht, obgleich er könnte, sondern bohrt ins Schloss, genau da, wo man den Schlüssel reinsteckt. Das Schloss ist dann hinüber. Sollten keine uniformierten Beamten dabei sein, empfiehlt es sich für die übrigen Hausbewohner, mal schnell die 110 zu wählen und nachzufragen. Der Schlüsseldienst setzt anschließend ein neues Schloss ein, und die Polizei nimmt die Schlüssel mit und verwahrt sie für den Besitzer.

Mit ein oder zwei Schüssen aus der Dienstwaffe bekommt Kommissar Teubner übrigens das Schloss auch nicht auf. Das gilt auch für Hängeschlösser. Die kriegen nur Dellen. Und es gibt gefährliche Querschläger.

Der Schlosskern gibt jedenfalls nicht nach und dreht sich auch nicht, wenn man Blei in ihn pumpt. Auch wenn die Kugel die Falle trifft, rührt sich erst einmal gar nichts. Ein Brecheisen wäre hier die erfolgversprechendere Methode. Oder auch eine Plastikkarte – manchmal klappt es sogar mit einer Scheckkarte, aber besser sind flexiblere Plastikstreifen –, um bei nicht abgeschlossener Tür die Falle zurückzudrücken. Aber auch da sind kleine Tricks dabei, die man kennen muss, wenn es schnell gehen soll.

Siegel und Siegelbruch

> Das Ermittlerteam betritt die Wohnung des Ermordeten. Es bietet sich ein Bild der Verwüstung. »Da hat jemand was gesucht«, stellt das Team fest. Da sich ein anstrengender Tag dem Ende zuneigt, versiegeln sie die Wohnung, um morgen die Tatortgruppe vorbeizuschicken.

Noch in der Nacht wird das Siegel erbrochen und die Wohnung erneut durchsucht. Diesmal von der verheirateten Geliebten von Hans-Jürgen Holler auf der Suche nach verfänglichen Briefen. Die von einem aufmerksamen Nachbarn alarmierten Ermittler finden die Freundin in der Wohnung vor.

Wie lange muss die Freundin für den Siegelbruch ins Gefängnis? Vermutlich gar nicht.

§ 136 StGB:

(1) Wer eine Sache, die gepfändet oder sonst dienstlich in Beschlag genommen ist, zerstört, beschädigt, unbrauchbar macht oder in anderer Weise ganz oder zum Teil der Verstrickung entzieht, wird mit Freiheitsstrafe bis zu einem Jahr oder mit Geldstrafe bestraft.

(2) Ebenso wird bestraft, wer ein dienstliches Siegel beschädigt, ablöst oder unkenntlich macht, das angelegt ist, um Sachen in Beschlag zu nehmen, dienstlich zu verschließen oder zu bezeichnen, oder wer den durch ein solches Siegel bewirkten Verschluss ganz oder zum Teil unwirksam macht.

Solange die Ablösung des Siegels keinen weiteren strafrechtlichen Gehalt hat – die Geliebte will ihre Liebesbriefe zurückhaben –, kommt die Täterin wohl mit einer Geldstrafe davon. Die richtet sich unter anderem nach ihrem Verdienst und liegt eher unter 1000 € als darüber. Dagegen kündigte die EU in einem Wirtschaftsverfahren Anfang 2008 einem Energiekonzern für die Ablösung eines Siegels an einem Raum mit Beweismitteln eine Strafe von 38 Millionen Euro an. Es hängt, wie gesagt, davon ab, wie viel man verdient.

Treffen aber Ermittler bei einem Tötungsdelikt auf Räume, in denen möglicherweise Spuren zu finden wären, rufen sie, wenn sie schon selbst nicht durchsuchen können, die Kollegen. Dafür gibt es ja die Mordkommission oder die Soko. Nur in Ausnahmefällen wird auch mal eine Polizistin zur Bewachung vor Ort gelassen und die Durchsuchung verschoben. Es würde nämlich kein Ermittler annehmen, dass ein amtliches Siegel einen Mörder davon abhalten könnte, Spuren zu verwischen.

Der Nahkampf

> Der Typ zieht ein Messer. Jetzt kommt es darauf an!, sagt sich Suse. Der Typ sieht aus, als könne er damit umgehen. Eigentlich hat sie keine Chance. Ein Tritt in die Eier? Da würde sie in die Reichweite seines Messers kommen. Außerdem muss man auch die richtige Stelle treffen, genau die Naht unterm Reißverschluss. Und sie müsste dem Kerl wirklich wehtun wollen, zu hundert Prozent entschlossen. Da darf man sich nicht mal vorstellen, dass es dem andern wehtut.
>
> »Pass mit dem Messer auf«, sagt Suse. »Ich kann Mikado!«
>
> Der Typ stutzt.
>
> Suse nutzt die Sekunde, dreht sich um und … rennt weg.

Einen Kampf gewinnt man nur, wenn man ihn unbedingt gewinnen will. Das müssen sich vor allem Frauen klarmachen. Es ist utopisch zu meinen, wir Normalmenschen könnten – auch wenn wir die Grundlagen einer Kampftechnik kennen – dem Angreifer die Finger in die Augen stechen, in die Eier kicken oder unsere Stirn auf seine Nase hauen. So was machen nur sehr erfahrene und ihres Sieges sichere Türsteher oder Halbwelthelden. Wir nicht! Und wenn solche Gestalten ein Messer zücken, dann sind sie schneller, als wir gucken können.

Nichts ist so gefährlich wie ein Messer. Mit einer Handfeuerwaffe kann man immer nur in eine einzige Richtung verletzen oder töten, immer nur in Richtung der Mündung. Ein Messer dagegen hat eine Spitze und mindestens eine scharfe Schneide und kann in jede Richtung gezogen werden. Nur sehr gut trainierte Kampfsportler haben überhaupt eine Chance, einen Angriff mit dem Messer abzuwehren, und wahrscheinlich werden sie sich Schnittverletzungen dabei zuziehen. Für alle anderen gilt: Flucht oder Deeskalationstechniken (Reden, Verblüffen) oder – für die Polizei – Schusswaffe ziehen!

Gewaltbereite Menschen haben uns gegenüber den Vorteil, dass sie entschlossen sind, uns wehzutun, und dass sie wissen, wie sich ein Faustschlag oder der Zusammenprall zweier Körper anfühlt. Wer das nie erlebt hat, ist nach der ersten Ohrfeige paralysiert. Gewalt wirkt vor allem deshalb, weil sie sofort klarmacht, wer dominiert. Es hängt von der Persönlichkeit des Opfers ab, ob es sich dann unterwirft oder – vielleicht nach einer Erholungsphase – wehrt. Dann wäre es allerdings gut, man wüsste, wie man sich wirkungsvoll wehrt.

Wenn Polizeireporterin Suse eine Kampftechnik trainiert, dann hat sie in einer echten Kampfsituation noch mindestens ein weiteres Problem: Kann sie ihre Techniken unter Stress auch anwenden? Übung ist eine Voraussetzung dafür. Die Techniken müssen im Reflex verankert sein, ohne Nachdenken kommen. Die zweite Voraussetzung ist Unerschrockenheit, Entschlossenheit und keinerlei Mitgefühl mit dem Gegner. Das fällt vor allem Frauen schwer. Es kommt immer wieder vor, dass ein Schwarzgurt im Karate im entscheidenden Moment keinen einzigen Schlag setzen kann und Opfer eines Angriffs wird. Die Lähmung im entscheidenden Moment ist typisch für alle Kampfsportarten, bei denen man dem Gegner schwere Verletzungen zufügt, wenn man sie wirklich einsetzt. Im Karate übt man zudem die Kicks und Schläge, indem man sie nur andeutet. Die Faust stoppt, bevor sie den Kehlkopf des Gegners zerschlägt. Unter Stress (im Kampf unter feindseligen Bedingungen) macht man immer nur das, was man geübt hat. Und niemals hat man geübt, einem Gegner den Kehlkopf zu zerschlagen. Das Gleiche gilt für alle anderen Budo-Techniken (Budo = japanische Kriegstechnik), bei denen man dem Gegner beispielsweise Sehnen zerschlägt.

Polizeireporterin Suse Marquardt hat zwar den schwarzen Gürtel im Judo, hat aber immer gehofft, dass sie nie beweisen muss, ob sie es auch unter Stress im Straßenkampf kann. Sie hofft, dass ihr Selbstbewusstsein reicht, um Angreifer abzuschrecken. Ihre Haltung ist eine andere, seit sie regelmäßig Judo trainiert. Sie wirkt nie ängstlich.

Aber dann geschieht es doch. Sie hat ihn nicht kommen gehört, sie fühlt sich von hinten gepackt, spürt seinen Atem am Ohr, ein Messer an ihrem Hals. Der Junge fordert Geld. Suses Judoreflexe lassen sie, bevor sie nachdenkt, mit einem Schulterwurf reagieren (Seoi-nage).

Der Kerl landet vor ihr auf dem Boden und bricht sich hörbar den Arm. Suse erschrickt! Statt wegzurennen, ist sie sogar versucht, sich sorgend über ihn zu beugen.

Karate oder Judo?

Wenn ein Karateka gegen einen Judoka antritt, gewinnt der Judoka in dem Moment, wo er den Karatekämpfer zu packen kriegt und wirft. Ein Karateka hat nicht gelernt zu fallen. Ein Judoka hat dagegen gelernt, einen Schlag oder Kick abzufangen und die Energie, die darin steckt, in eine Wurftechnik umzusetzen.

Ein Judoka kann auch dann noch kämpfen und gewinnen, wenn der

Gegner ihn von hinten umfasst hält, wenn er selbst zu Boden gegangen ist und der Gegner auf ihm sitzt oder wenn er im Stehen oder Liegen gewürgt wird. Und er muss nicht fürchten, den anderen ernsthaft zu verletzen, denn all seine Techniken zielen nur darauf ab, den Gegner abzuwehren oder zu Boden zu bringen und dort zu fixieren. Ein Karatekämpfer dagegen braucht Platz, und zwar immer so viel, dass er zum Gegner mindestens eine Arm- oder Beinlänge Abstand hat. Wenn er im Fahrstuhl gewürgt wird, ist er aufgeschmissen. Schon ein durchschnittliches Wohnzimmer ist zu klein für Sprünge.

Karate ist eine Distanz-Kampfsportart für Menschen, die den Zusammenprall der Körper, den direkten Kontakt und den Clinch nicht mögen. Sie haben dann aber auch keine Techniken für den Clinch oder die Unterlage am Boden zur Verfügung. Judo ist dagegen die Kampfsportart auch für all jene mit einer Schrecksekunde. Denn im Judo gibt es den Bodenkampf, den man auch dann noch gewinnen kann, wenn man bei einem Überraschungsangriff von hinten aus dem Gebüsch zu Boden gerissen wurde. Allerdings wird es eine 45-Kilo-Frau gegen einen 90-Kilo-Mann schwer haben. Chancenlos ist sie jedoch nicht.

Kampftechniken der Polizei

Die Polizei hat sich in den sechziger Jahren vom Deutschen DAN-Kollegium (DDK) eine Kampfkunst entwickeln lassen, die das Nützliche aus Judo, Karate, Jiu-Jitsu und Aikido beinhaltet. Beim Judo und Jiu-Jitsu interessierten Falltechniken, Würfe und Bodentechniken, aus dem Aikido stammt die Abwehr mit Wurf- und Hebeltechniken (Kampftechnik der US-Polizei) und Karate stellt ein paar harte Schläge und Tritte zur Verfügung. Heute läuft die Kampftechnik der Polizei unter dem Begriff Ju Jutsu, was »Die sanfte Kunst« heißt. Diese für andere Techniken ziemlich offene Kampftechnik ist normalerweise Bestandteil der Polizeiausbildung.

Wichtig sind übrigens nicht so sehr die Techniken zur Abwehr eines Angriffs (es sei denn, die Polizistin fühlt sich damit einfach sicherer im Dschungelkampf mit Hooligans) als vielmehr solche, mit denen gewaltbereite Rowdys kontrolliert und gesichert werden können. Wie stoppe ich beispielsweise einen flüchtenden Täter und fixiere ihn? Keine ehrliche japanische Kampftechnik enthält Angriffe von hinten. Vielleicht brauchen wir so was aber doch mal in unserem Krimi, deshalb sei es hier beschrieben:

> KHKin Sylvia Schneider packt den Flüchtenden von hinten mit der rechten Hand am rechten Unterarm, hakt gleichzeitig ihren rechten Fuß unter seinen linken Fuß und stößt ihn nach außen. Während er nach vorne knallt, dreht sie ihm den rechten Arm auf den Rücken. Wenn er Pech hat, bricht sie ihm dabei das Ellbogengelenk. Auf jeden Fall aber sagt er, wenn er auf der Schnauze liegt, keinen Mucks mehr, und Schneider hat noch die linke Hand frei, um per Funk Hilfe zu rufen.

Wir haben auch schon im Fernsehen gesehen, wie die Polizei einen Delinquenten sichert: »Umdrehen und Hände an die Wand, Beine breit!« Dann wird die Kleidung nach Waffen abgetastet, schließlich werden die Hände auf dem Rücken geschlossen. Dabei verfährt die Polizei nach einem trainierten Modus, der darauf abzielt, den Rowdy immer unter Kontrolle zu haben, auch wenn er sich plötzlich umdreht. Der Beamte stellt beispielsweise seinen rechten Fuß an die Innenseite des linken Fußes des vor ihm Stehenden und fasst dessen linke Hand. Wenn der Verdächtige sich wehrt oder entkommen will, zieht der Beamte ihm mit seinem rechten Fuß den linken Fuß weg. Den Körper tastet er mit immer nur einer Hand nach Waffen ab.

Ansonsten will die Polizei immer die Hände des polizeilichen Gegenübers sehen. Sie fordert deshalb Männer, die nach Waffengebrauch aussehen, auf: »Hände aus den Taschen!« Oder: »Hände zeigen.« Und zwar nicht Fäuste, sondern geöffnete Hände. Denn in der Faust kann sich immer noch eine Stichwaffe befinden, deren Klinge zwischen den Fingern hervorkommt.

Straßenkampf

Wenn Polizeireporterin Suse ihre Kampftechniken anwendet und ein Gegner wird ernsthaft verletzt oder knallt so unglücklich hin, dass er stirbt, dann wird sie sich dafür übrigens vor Gericht verantworten müssen, vor allem wenn der Staatsanwältin bekannt ist, dass sie einen Kampfsport betreibt. Kampfsportlehrer verlieren unweigerlich ihre Lizenz, wenn sie auf der Straße irgendeinen Kneipenstreit oder Diskokonflikt mit Karate oder Judo austragen. Das ist nämlich so, als wären sie bewaffnet. Auf öffentlicher Straße (außerhalb eines befriedeten Bereichs) darf kein Mensch Schusswaffen, Messer, Schlagringe, nicht einmal Gaspistolen benutzen oder einsetzen, es sei denn, sein Leben ist unmittelbar bedroht, also in absoluter und für jeden nachvollziehbarer Notwehr. Das gilt auch für Karate, Jiu-Jitsu oder Judo.

Die Geisel

> Der Geiselnehmer hat von hinten den Arm um die Passantin gelegt und hält ihr mit der anderen Hand eine Pistole gegen den Kopf. Die Frau ist starr vor Schreck. Sie schaut in die Mündungen von zwei Polizeipistolen! Die beiden Schutzpolizisten stehen vor ihr und ihrem Geiselnehmer und trauen sich nicht zu schießen.

Wenn die Passantin Judo kann, hat sie durchaus Möglichkeiten, sich zu befreien. Sie müsste mit beiden Händen nach hinten an die Schulter des Geiselnehmers langen, die Finger in den Ärmel seines Arms krallen, mit dem er sie hält, selbst etwas in die Hocke gehen und ihn über die Schulter nach vorne ziehen. Er würde dann vor ihr auf den Boden knallen und dürfte für ein paar Sekunden völlig die Orientierung verlieren. Es ist eher unwahrscheinlich, dass er dabei noch zum Schuss kommt, und wenn, dann schießt er nicht gezielt. Allerdings hat die Geisel nur diesen einen Versuch.

Übrigens helfen gegen Klammergriffe von hinten auch die Tricks, die wir aus der Kindheit kennen: gegen das Schienbein des Geiselnehmers kicken, ihm auf die Zehen treten, sich rückwärts gegen ihn lehnen und ihm dabei den Fuß weghakeln. Dann fallen zwar beide rückwärts, aber der Geiselnehmer liegt unten und die Kollegen mit den Waffen im Anschlag können eingreifen.

Ich möchte niemandem empfehlen, in Wirklichkeit irgendwelche Kampftechniken anzuwenden, solange die geringste Chance besteht, dass sich die lebensbedrohliche Lage anders löst. Und in Wirklichkeit ist eine Polizistin vermutlich genauso geschockt, wenn sie sich in der Gewalt eines Geiselnehmers befindet und mit einer Waffe bedroht wird, wie eine Bürgerin. Aber im Krimi mit seinem Aktionspotenzial wirkt die Wehrlosigkeit der Geisel manchmal arg unglaubwürdig, vor allem, wenn es sich um eine Polizistin handelt. Und der Täter ist sich der Gewalt, die er auf sein Opfer ausübt, allzu sicher, obgleich er eigentlich eine ganze Menge Angriffsflächen bietet.

Der Tonfa

Die Polizei verwendet außerdem bei Großereignissen zunehmend eine Waffe, die aus der asiatischen Kampfkunst stammt: den Tonfa, auch EMS (Einsatzmehrzweckstock) genannt. Bei der Militärpolizei heißt er RMS (Rettungsmehrzweckstock). Es handelt sich um einen Schlagstock mit im unteren Drittel quer abstehendem Haltegriff. Man kann ihn so benutzen, dass man das kurze Ende des Stocks gegen den Unterarm legt (so ist der gegen Schläge geschützt), mit der Hand den Griff umfasst und das längere Ende für Hiebe oder Stiche verwendet. Er ist aber auch als Hebel nützlich, wenn es darum geht, eine verklemmte Autotür aufzustemmen.

Heimliche Überwachung

Bis vor wenigen Jahrzehnten war die Telefonüberwachung bei der Kriminalitätsbekämpfung ein besonders griffiges Mittel, Tätern auf die Spur zu kommen oder auf deren Spur zu bleiben. Allerdings war und ist die Vertraulichkeit des gesprochenen Wortes schon immer ein wichtiges Grundrecht aller Bürger, und der Gesetzgeber tut sich zu Recht nicht leicht damit, es außer Kraft zu setzen.

Auf der politischen Ebene der Strafverfolgung stehen sich die Forderungen nach mehr Überwachungsmöglichkeit und der Grundrechtsschutz gegenüber. Vor allem unter dem Stichwort Terrorismusbekämpfung wurden die Gesetze zur Anordnung einer Telefonüberwachung in kurzer Zeit immer wieder geändert. (§ 100a der Strafprozessordnung, in dem die Maßnahmen grundsätzlich geregelt sind, wurde in sechs Jahren allein zehnmal geändert, nämlich am 30.6.2002, 11.10.2002, 1.4.2003, 1.1.2005, 19.2.2005, 1.11.2005, 30.11.2007, 1.1.2008, 19.3.2008 und 5.11.2008.) Dabei hetzt die Anpassung von Überwachungsmöglichkeiten der Entwicklung von Kommunikationsmedien hinterher. Wollte man bis Anfang der neunziger Jahre an seine Mittäter Nachrichten weitergeben, konnte man das entweder im persönlichen Gespräch, per staatlicher Post oder von einem durch die amtliche Bundespost fest installierten Telefonapparat aus tun. Für OK-Ermittler geradezu paradiesische Zustände. Heutzutage kann sich dagegen der Täter eine ganze Reihe von Postanbietern aussuchen, er kann im Minutenrhythmus neue E-Mail-Adressen einrichten und weltweit nutzen, zahlreiche Telefonanbieter für das Festnetz beauftragen, eines seiner zehn oder zwanzig Handys nutzen oder auf das seiner Freundin, das von deren Bekannten oder auf sonst irgendeines zurückgreifen. Andererseits eröffnet die Möglichkeit der Handy-Ortung auch ganz neue Ermittlungsansätze bei der Telefonüberwachung.

Polizistinnen und Juristinnen sprechen übrigens untereinander nicht von Telefonüberwachung, sondern wegen des Gesetzeswortlautes von TKÜ-Maßnahmen. Das ist die Abkürzung für Telekommunikations-Überwachung. Letztlich, so kann man vermuten, bringt heutzutage die persönliche Nähe der Ermittlerin zum Täter vielleicht mehr Erfolge als das Abhören von Telefonaten (➶ Verdeckte Ermittler). Mit richterlichem Beschluss ist auch das Abfangen von E-Mails erlaubt.

Ausspähen von Terrorzellen

Interessant wird es, wenn Ermittler oder Geheimdienste Terroranschläge verhindern können, weil sie rechtzeitig merken, wo sogenannte Terrorzellen sitzen. Das geht mit starken Rechnern und mithilfe der Graphentheorie, einem Teilgebiet der Mathematik, und mithilfe von Netzwerktheorien.

Ein Graph ist eine Menge von Punkten, die eventuell mit Linien verbunden sind. Das sieht aus wie ein Netz. Die Punkte sind Personen; die Linien zeigen, dass sie miteinander in Kontakt sind. Dabei gibt es starke und schwache Kontakte. Und es gibt Punkte, die viele Linien zu anderen haben, und andere, die nur eine Verbindung besitzen und sonst isoliert sind. Es ist davon auszugehen, dass Nachrichtendienste der USA (NSA) bereits solche Verfahren besitzen und verwenden. Aber das ist alles äußerst geheim.[26]

Das Prinzip hingegen ist ganz einfach: Wir haben drei Freundinnen, die täglich mehrmals miteinander telefonieren. Die eine hat einen Geliebten, mit dem sie ständig SMS austauscht. Eine andere hat einen Arbeitskollegen, der sie ständig anruft. Zeichnet man das auf, hat man drei Punkte, die untereinander mit dicken Linien verbunden sind – die drei Freundinnen. Von Freundin A geht eine starke Verbindung zum vierten Punkt – dem Geliebten – und von einem fünften Punkt geht eine mittelstarke Linie zu Freundin B – das ist der lästige Arbeitskollege, der sich in Freundin B verliebt hat. Der versucht nun über einen Freund C ein Treffen mit der angebeteten B zu arrangieren. Von ihm zu einem sechsten Punkt, dem Freund C, entwickelt sich eine deutliche Beziehung. Und wenn der Freund C dann bei der Arbeitskollegin B anruft, haben wir eine zarte Linie von ihm zu ihr. Bei jedem Punkt, also jeder Person, kann man, indem man sich nur die Häufigkeit von Telefongesprächen anguckt, eine Reihe weiterer Verbindungen entdecken, starke und schwache, und hat bald ein kompliziertes soziales Netz von engen und lockeren Kontakten.

Solche Daten über Personen und ihre Kontakte zu anderen stecken beispielsweise in den immensen Datenbanken von Telefongesellschaften oder von eBay. In einem solchen Graphen, also einem Netz, sieht man, wo sich Cliquen gebildet haben und welches die Verbindungsglieder zwischen solchen Cliquen sein könnten. Eine Terroristenzelle oder jede andere konspirative Gruppe würde man in einem großen Netzt starker und schwacher Kontakte an einem speziellen Muster erkennen: Es sind die Knotenpunkte, die viel miteinander telefonieren, dem Rest der Welt aber fast gar nichts mitzuteilen haben. Alarm muss also ein Subgraph auslösen, der ziemlich isoliert von seiner Umgebung ist. Dazu hat man noch keine einzige Person belauschen oder deren E-Mail-Korrespondenz lesen müssen.

Und rein mathematisch könnte auch ein Firmenchef herausfinden, welcher seiner Mitarbeiter ständig Interna an die Presse gibt. Er muss zum einen alle Personen auflisten, die Kenntnis der Informationen haben, zum anderen alle Journalisten, die darüber berichtet haben. Und nun muss er schauen, wo es Verbindungen zwischen beiden Knotensätzen gibt, direkte oder indirekte. Das kann er herausfinden, wenn er Zugang zu Telefonverbindungsdaten und E-Mail-Protokollen hat, beispielsweise über eine eigene Abteilung in seiner Firma. Dafür die Verbindungsdaten der Telefongesellschaften zu nutzen ist illegal.

Allerdings wäre es möglich. Seit 2007 sind die Telefongesellschaften auch in Deutschland verpflichtet, alle Daten von Telefongesprächen in Fest- und Mobilnetzen und von Internetverbindungen ein halbes Jahr lang zu speichern (Richtlinie 2006/24/EG). Die sogenannte Vorratsdatenspeicherung ist eine Vorstufe zur Telefonüberwachung. Sie ermöglicht die Analyse persönlicher sozialer Netzwerke. Genutzt und übermittelt werden dürfen auf Vorrat gespeicherte Verbindungsdaten allerdings vorerst nur zur Verfolgung von Straftaten oder zur Abwehr von erheblichen Gefahren für die öffentliche Sicherheit, also bei konkretem Verdacht. Abgesehen davon, dass die Verfassungsschutzbehörden und der Bundesnachrichtendienst damit auch noch so allerlei anstellen dürfen.

Ausspionieren von Personen

Wenn es um Überwachung, Observation und Ortung geht, brauchen wir Krimischreiberinnen die Realität nicht zu kennen und unserer Phantasie auch gar keine Grenzen zu setzen. Technisch dürfte noch mehr möglich sein, als wir uns vorstellen können. In der *Stuttgarter Zeitung* schildert Jörg Heuer, wie er einen Geheimdienstagenten eingeladen und beauftragt hat, ihn auszuspionieren, während er auf Dienstreise ist.[27]

Nachschlüssel

Der Spion bricht zunächst mit Pick-Werkzeug in den Spind in der Umkleide des Schwimmbads und fertigt eine Kopie vom Zimmerschlüssel an. Dazu benutzt er das Schlüsselkopiersystem Quick-Key (300€) mit einer schnell härtenden Silikonmasse. Der Abdruck wird mit einer Eisenlegierung ausgegossen, für die er einen Minibunsenbrenner (ein Teelicht tut's auch) verwendet. Damit kommt er ins Hotelzimmer.

Wanzen

Dort legt er Wanzen aus. Das sind die uns sattsam bekannten kleinen Dinger, mit denen man alles abhören kann. Um eine Audiowanze auch ins Auto zu kriegen, ohne dass der Alarm heult, steckt er einen dünnen Spreizkeil aus Plastik oben in die Tür. Mit einem aufblasbaren Luftkissen biegt er die Autotür so weit auf, dass er die Wanze mit einer Spezialzange aus der Medizintechnik ins Wageninnere fallen lassen kann. Am Auto bringt er außerdem einen Mini-GPS-Sender an, klein wie ein Feuerzeug. An seinem Computer kann er jetzt verfolgen, wo das Auto ist (die Batterie hält zwei Tage).

Handyspion

Im Hotelzimmer fotografiert er Seiten aus dem Adressbuch des Journalisten. Er hat es auf Namen von Kollegen oder Freunden abgesehen. Im Namen eines Freundes schickt er eine SMS auf das Handy des Journalisten, an der ein Trojaner hängt. Die Spionagesoftware (z. B. Flexy Spy, gibt es für 150 € im Netz) manipuliert das Handy so, dass es bei jedem Anruf eine Konferenzschaltung zum Handy des Spions aufbaut. So kann er alles mithören und jede SMS lesen.

Computerspion

Zugriff auf den Klappcomputer verschafft er sich, als er ihn im Stand-by-Modus im Hotelzimmer findet. Er installiert ein Spionageprogramm, das es ihm erlaubt, alle E-Mails zu lesen, zu verfolgen, welche Seiten der Journalist im Internet anschaut, und Passwörter und Kontostand mitzulesen.

Anders scheint man derzeit (Stand 2009) die Kontrolle über einen Computer noch nicht übernehmen zu können, zumindest wenn er von Virenschutzprogrammen und Passwörtern geschützt wird. In der Regel muss die Polizei in die Wohnung einbrechen und die Software händisch auf dem Rechner installieren. Dann aber kann sie solche installieren (Keylogger), die alle Tastaturbefehle aufzeichnen, eben auch die Passwörter, und in kurzen Abständen Bildschirminhalte festhalten. Das nennt sich Online-Überwachung. Eine Online-Durchsuchung zielt dagegen auf bereits vorhandene Speicherinhalte.

Verdeckte Ermittler

Ein weiteres beunruhigendes Element in der Reihe der Maßnahmen, welche unsere Privatsphäre verletzen und unsere Grundfreiheiten beschränken, ist das, was bei unbescholtenen Bürgern Bespitzelung heißt, bei der Verbrechensbekämpfung aber zuweilen notwendig ist. Das Strafprozessrecht erlaubt generell den Einsatz von Verdeckten Ermittlern, unter anderem bei Verbrechen (➶ Verbrechen oder Vergehen), Bandendelikten und im Rauschgiftbereich.

> § 110a Strafprozessordnung:
> »Verdeckte Ermittler sind Beamte des Polizeidienstes, die unter einer ihnen verliehenen, auf Dauer angelegten, veränderten Identität (Legende) ermitteln. Sie dürfen unter der Legende am Rechtsverkehr teilnehmen. Soweit es für den Aufbau oder die Aufrechterhaltung der Legende unerlässlich ist, dürfen entsprechende Urkunden hergestellt, verändert und gebraucht werden.«

Was sich aus dem Gesetz nicht herauslesen lässt, ist die Gefahr, in die sich der VE begibt, und die psychischen Probleme, die daraus entstehen, einerseits als Täter zu denken und andererseits Recht und Gesetz nicht aus dem Hinterkopf zu verlieren. Und das unter Umständen miese Gefühl, Menschen zu verraten und in die Pfanne zu hauen. VE sind für die Kriminalitätsbekämpfung vielfach unerlässlich. Ein Traumjob aber sieht für die meisten Polizisten anders aus.

Pannen können auch hier passieren. Es kommt allerdings nicht vor, dass die zufällig auf dem Spielplatz spielende Tochter die Tarnung eines verdeckten Ermittlers auffliegen lässt, der gerade mit einem Waffenhändler im Straßencafé den nächsten Deal bespricht (*Tatort, Tödliche Tarnung*, SWR, 1.3.2009). Verdeckte Ermittler werden nicht an dem Ort eingesetzt, wo sie zu Hause sind, und falls ein VE verheiratet sein sollte und ein Kind hat, würde ihn auch seine Legende als verheiratet mit Kind ausweisen.

noeB

Vom VE unterscheidet sich der noeB. Der »nicht offen ermittelnde Beamte« (gesprochen: Nöb) ist ein Polizist, der kurzzeitig Erkenntnisse sammelt, ohne sich bei seiner dienstlichen Tätigkeit als Polizist zu erkennen zu geben. noeB haben keine Legende und sind üblicherweise auch nicht speziell ausgebildet.

In einer Spelunke sollen angeblich minderjährige Mädchen zur Prostitution angeboten werden. Der Schutzpolizist Axel Goller bekommt den Auftrag, ohne Uniform in das Etablissement zu gehen. Er setzt sich dort an einen Tisch und beobachtet das Geschehen um sich herum. »Letztlich«, berichtet er später, »sieht es so aus, als ob die Vorwürfe stimmen könnten.«

Es ist das letzte Stück im Puzzle der Sache Dieter Fuchs. Bei der Staatsanwaltschaft wird auch unter Bezug auf die Feststellungen des Axel Goller die Beantragung richterlicher Durchsuchungsbeschlüsse angeregt.

Goller war bei der Beobachtung als Polizist unterwegs, er hat sich aber nicht zu erkennen gegeben und war daher ein »nicht offen ermittelnder Beamter«.

V-Person

Kommen Hinweise aus der Szene, also von Personen, die keine Polizeibeamte sind, aber eine Nähe zu potenziellen Tätern haben, unterscheidet man zwischen Zeugen, Informanten und V-Personen.

Wer einfach etwas mitzuteilen hat, ist in einem Strafverfahren Zeuge. Sein Motiv spielt dabei keine Rolle. Der bei einem Streit zusammengeschlagene Mittäter kann dabei ebenso bei der Polizei auftauchen wie die betrogene Gefährtin des Rauschgifthändlers. Dagegen ist ein Informant eine Person, die im Einzelfall bereit ist, gegen Zusicherung der Vertraulichkeit Informationen an die Strafverfolgungsbehörde zu geben.

V-Person wiederum ist »eine Person, die, ohne einer Strafverfolgungsbehörde anzugehören, bereit ist, diese bei der Aufklärung von Straftaten auf längere Zeit vertraulich zu unterstützen, und deren Identität grundsätzlich geheim gehalten wird«, so die gemeinsamen Richtlinien der Justizminister und der Innenminister der Länder über die Inanspruchnahme von Informanten und den Einsatz von Vertrauenspersonen (V-Personen) und Verdeckten Ermittlern im Rahmen der Strafverfolgung.

Die Staatsanwältin entscheidet, ob dem Informanten oder der V-Person Vertraulichkeit zugesichert wird. Zulässig ist die Zusage üblicherweise nur im Bereich der Schwerkriminalität, der organisierten Kriminalität, des illegalen Betäubungsmittel- und Waffenhandels, der Falschgeldkriminalität und der Staatsschutzdelikte. Minderjährige dürfen nicht als V-Personen eingesetzt werden.

Im Sprachgebrauch der Ermittler wird übrigens nicht ganz konsequent entweder von V-Leuten gesprochen oder aber die Abkürzung VP (Vertrauens-Personen) verwendet.

Zielfahnder

Sie kommen erst zum Einsatz, wenn die Krimi-Handlung meist schon zu Ende ist: nämlich wenn der Täter bekannt ist, festgenommen werden soll und nicht zu finden ist. Das kann ein Gefängnisausbrecher sein, genauso wie ein Schwerverbrecher oder Millionenbetrüger, der sich ins Ausland abgesetzt hat. Gerade die Erfolge in der internationalen Zielfahndung haben die Arbeit der spezialisierten Polizistinnen und Polizisten bekannt gemacht (Jürgen Schneider, Baubetrüger, USA 1995; Thomas Drach, Reemtsma-Entführer, Argentinien 1998; Manfred Küppers, Geldtransport-Räuber, Brasilien 2000; Jürgen Harksen, Hochstapler, Südafrika 2002).

Vor dem Zugriff haben Zielfahndungsbeamte aufwändige Recherchearbeit zu leisten. Das soziale Umfeld des Flüchtigen wird genauso unter die Lupe genommen wie dessen persönliche Vorlieben für Autos, Urlaubsorte und so weiter. Bei internationalen Fahndungen arbeiten die Ermittler eng mit den BKA-Verbindungsbeamten zusammen, die in den meisten Ländern der Erde tätig sind.

Topsecret

Ein bisschen knausrig sind wir hier mit der Schilderung, wie das wirklich geht mit den verdeckten Ermittlern, der Telefonüberwachung, der Handyortung und so weiter. Die Grenze zum Dienstgeheimnis ist da schnell überschritten, und es muss auch nicht jeder ganz genau wissen, was die Ermittlungsbehörden können. Deshalb sagen wir beispielsweise auch nichts darüber, welche Taktiken die Spezialeinheiten anwenden, die mit Geiselnehmern verhandeln. So, wie es im Krimi meist gezeigt wird, geht es nicht. Verhandlungen mit Geiselnehmern laufen grundsätzlich formalistischer und unpersönlicher ab und werden von Spezialisten, nicht vom Soko-Leiter oder der ermittelnden Kommissarin gemacht, schon gar nicht, wenn das eigene Kind, die Frau oder der Freund zu den Geiseln gehören.

Das war’s

»Danke, Frau Marquardt«, sagt Fanny Fuchs und hebt das Sektglas. »Ich weiß nicht, wo ich jetzt wäre, wenn Sie mir nicht geholfen hätten!«

Polizeireporterin Suse winkt ab. »Ich habe eigentlich nur die Leichen gefunden. Es war ja völlig klar, dass Sie diesen Hans-Jürgen nicht umbringen, weil er sie angeblich erpresst, wenn Sie Dieter gar nicht getötet haben. Das ergibt ja keinen Sinn. Und warum hätten Sie Ihre Freundin Pauline mit dem Messer aufschlitzen sollen? Und Rentner Müller hätten Sie nie und nimmer mit bloßen Händen erwürgen können! So wie Sie aussehen, passt zu Ihnen eher ein feiner hinterhältiger Giftmord.« Suse hebt ihr Glas.

Fanny lacht unbehaglich. »Ich habe mir tatsächlich jahrelang ausgemalt, wie ich meinen Mann ins Jenseits befördere. Einmal hätte es fast geklappt, als die Bronzestatue aus dem Regal auf seinen Kopf fiel. Und als er sich mit Hans-Jürgen geprügelt hat und ich mit dem Messer auf ihn eingestochen habe, war es auch ziemlich knapp. Aber der Dieter, der hatte irgendwie sieben Leben.« Sie lacht. »Und dann kommt ein Strichjunge und zieht ihm beim Sex eine Tüte übern Kopf. So simpel. Und wie banal, wie erbärmlich! Ich wäre im Leben nicht darauf gekommen, dass Dieter solche Neigungen hat. Und diese Geschichte mit dem Menschenhandel – ukrainische Nutten – und der Geldwäsche und all das … Wie tief muss einer sinken! Ich habe meinen eigenen Mann überhaupt nicht gekannt.« Fanny Fuchs schüttelt den Kopf. »Und diesen Steinberger fand ich eigentlich auch immer ganz sympathisch. Dass der der Kopf von allem war, dass er vier Menschen auf dem Gewissen hat, oder fünf … Wie viele sind es denn jetzt eigentlich?«

»Sechs«, antwortet Suse, »Dr. Herbert Klein, den Leiter der Beschaffung, den hat er mit seinem Kaschmirschal am Schreibtisch erdrosselt, dann den Investmentvertreter Harry Brenner, weil er zu viel über Steinbergers und Kleins Geschäfte wusste und trotz seines Freispruchs wegen Betrugs entlassen wurde und nicht mehr schweigen wollte, dessen Frau, weil sie zufällig im Haus war, dann der betrogene Rentner Müller, der Brenner regelrecht verfolgt hat und deshalb Augenzeuge der Taten wurde, dann Ihren kurzzeitigen Geliebten Hans-Jürgen Holler, weil er über Ihre Freundin Pauline, die mit Klein ein Verhältnis gehabt hat, in Besitz von belastenden Informationen gekommen war, mit denen er meinte Steinberger erpressen zu können. Konsequenterweise musste Steinberger dann auch Pauline töten. Und ich glaube, dass er letztlich auch am Tod

Ihrer Nachbarin Brigitte nicht ganz unschuldig ist. Sie hat sich zwar selbst aus Liebeskummer vom Dach gestürzt. Aber wahrscheinlich hat Steinberger ihrem französischen Geliebten Jean Millet klargemacht, dass es besser ist, wenn er sofort in Frankreich untertaucht. Und Millet hat das auch so gesehen. Allerdings hatte er da der Staatsanwaltschaft bei der Zwangsvorführung bereits erzählt, dass Dieter Fuchs gelegentlich Besuch von Nutten und Strichjungen hatte. So ist die Polizei auf den Stricher Tommy gekommen, der dann, nachdem man ihn in Berlin verhaftet und nach Stuttgart verschubt hatte, Polizei und Staatsanwaltschaft allerlei Informationen über die illegalen Geschäfte der Herren Steinberger, Klein, Glaubner und Dr. Kreigeli erzählen konnte.«

»Und beinahe«, sagt Fanny leise, »hätte dieser Kommissar Holbein all die Morde mir angehängt!«

»Na ja«, winkt Suse ab, »beweisen hätte er es Ihnen schon auch müssen, nicht?«

Wir sind am Ende. Womöglich haben Sie noch einige Fragen, die Ihnen gekommen sind, nachdem wir so viele aufgeworfen und zu beantworten versucht haben. Die meisten Fragen können Sie sicherlich selbst mithilfe von Internet und neugierigen Interviews mit Ärztinnen, Polizisten oder Staatsanwältinnen klären. Wir wollten hier ja keiner Krimiautorin die Recherche abnehmen oder Fälle vorgeben. Wir wollten nur die Fragen stellen, die sich uns normalerweise nicht stellen, weil die Wahrheit des Fiktiven so mächtig geworden ist, dass wir meinen, wir wüssten eigentlich, wie das mit den Leichen und den Ermittlungen geht.

Keineswegs fordern wir, dass Autorinnen sich nun stets von der Wahrscheinlichkeit des Realistischen gängeln lassen und jegliche Fantastik im menschlichen Verhalten aus unseren Krimis verbannt sein muss. Wir denken nur: Die dichterische Freiheit endet dort, wo der Rechtsstaat beginnt, vor allem dann, wenn wir über Unrecht schreiben. Und es gehört eben zu den Grundsätzen, dass kein Mensch von der Polizei befragt wird, ohne zu ahnen, ob er nun verdächtig ist oder Zeuge, und dass kein Staatsanwalt Haftbefehle ausstellt, sondern Zwangsmaßnahmen immer vom Richter angeordnet werden. Alles andere – die Giftkunde, die 12 Schritte der Ermittlung, die Leichenöffnung, die Fallanalyse oder die Rolle der Staatsanwaltschaft – sind Zutaten. Wir dachten, sie könnten Hinweise geben, wenn es darum geht, raffinierte neue Kriminalfälle zu konstruieren, welche die Leserinnen und Zuschauerinnen in ihren Bann schlagen.

Verwendet und zum Weiterlesen

1 Elisabeth Trube-Becker: *Frauen als Mörder*, Goldmann, München 1974

2 Ian Brown: »A theoretical model of the behavioural addiction – applied to offending«, in: J. E. Hodge, M. McMurran, & C. R. Hollin (Hg.): *Addicted to Crime?* Wiley & Sons, West-Sussex 1997, S. 13–65

3 Stephan Harbort: »Die [morbide] Vorstellungs- und Erlebniswelt sadistischer Serienmörder«, veröffentlicht in: F. Robertz/A. Thomas (Hg.): *Serienmord. Kriminologische und kulturwissenschaftliche Skizzierungen eines ungeheuerlichen Phänomens,* Belleville, München 2004, S. 62–84 (online verfügbar, 2009)

4 »Es gibt perfekte Mordmethoden«, Interview mit Michael Tsokos von Sabine Deckwerth und Abini Zöllner, *Kölner Stadtanzeiger*, 7.6.2009

5 Siehe auch: Hannes Heine, Sandra Dassler, Adelheid Müller-Lissner: »Die Unbekannte von der Charité«, *Potsdamer Neueste Nachrichten*, 8.6.2009 (online 2009, http://www.pnn.de/dritte-seite/183314/)

6 Siehe auch: *Der Sturz – Rechtsmedizinische Aspekte. Morphologie, Forensische Begutachtung, Fallbeispiele.* Festschrift für Volkmar Schneider, Berliner Wissenschafts-Verlag, Berlin 2005

7 Erika Eikermann: Die (heilkundige) Frau als Giftmischerin – eine pharmaziehistorische Betrachtung aus forensisch-toxikologischer Sicht, Bonn 2004

8 Steven Patterson, University of Minnesota, Minneapolis, et al.: *Journal of Medicinal Chemistry*, Bd. 50, S. 6462 (online verfügbar, 2009, wissenschaft.de)

9 Z. B. Ingo Wirth, Hansjürg Strauch: *Rechtsmedizin. Grundwissen für die Ermittlungspraxis*, Kriminalistik-Verlag/Verlagsgruppe Hüthig Jehle Rehm, Heidelberg 2000, oder Michael Tsokos: *Dem Tod auf der Spur. Zwölf spektakuläre Fälle aus der Rechtsmedizin*, Ullstein, Berlin 2009

10 Burkhard Madea, Reinhard Dettmeyer: *Basiswissen Rechtsmedizin*, Springer Medizin Verlag, Heidelberg 2007

11 Ebenda

12 Michael Tsokos: *Dem Tod auf der Spur*, Ullstein, Berlin 2009

13 Bernd Herrmann, Klaus-Steffen Saternus: *Biologische Spurenkunde. Bd. 1: Kriminalbiologie*, Springer-Verlag, Berlin Heidelberg 2007

14 Brian Innes: *Gerichtsmedizin und Kriminaltechnik. Mit Hightech auf Verbrecherjagd – Stumme Zeugen entlarven den Täter*, Neuer Kaiser Verlag, Klagenfurt 2009

15 Jens Vick, Harald Dern: *Wie kann ich Profiler werden?*, BKA 2005, (online verfügbar, 2009)

16 Jens Hoffmann, Cornelia Musolff: *Fallanalyse und Täterprofil*, BKA – Forschungsreihe Bd. 52, Wiesbaden 2000 (online verfügbar, 2009)

17 Vergleiche auch: Sten Cudrig: *Zur Generierung von Täterprofilen*, Hauptseminararbeit, Broschüre, Grin Verlag 2008

18 Siehe auch: Alexandra Thomas: *Der Täter als Erzähler. Serienmord als semiotisches Konstrukt,* Reihe Hamburger Studien zu Kriminologie und Kriminalpolitik, Bd. 28, Lit-Verlag, Münster u. a. 2003. Die Autorin geht von der These aus, dass ein Serienkiller eine Geschichte erzählt, nicht mit Worten, sondern mit Gewalttaten. Sie nennt das Taterzählung.

19 Stephan Harbort: »Kriminologie des Serienmörders. Teil 1: Forschungsergebnis einer empirischen Analyse serieller Tötungsdelikte in der Bundesrepublik Deutschland«, veröffentlicht in: *Kriminalistik* 1999, 642ff (online verfügbar, 2009)

20 Siehe auch: *Serienmörder* in Wikipedia (online, 2009) mit viel weiterführender Literatur

21 Harald Dern, Roland Frönd, Ursula Straub, Jens Vick & Rainer Witt: *Geografisches Verhalten fremder Täter bei sexuellen Gewaltdelikten. Ein Projekt zur Optimierung der Einschätzung des geografischen Tatverhaltens im Rahmen der Erstellung eines Täterprofils bei operativen Fallanalysen*, BKA, Wiesbaden 2004 (online verfügbar, 2009)

22 Stephan Harbort, wie Anm. 3

23 Hannelore Cyrus (Hg.): *Bremer Frauen von A bis Z*, Verlag in der Sonnenstraße, Bremen 1991, S. 448–452

24 Karl-Heinz Beine: *Sehen – Hören – Schweigen*, Lambertus-Verlag, Freiburg 1998

25 http://www.lockpicking.org/SSDeV/start.php (online verfügbar, 2009)

26 Brian Hayes: »Terroristensuche in Telefonnetzen«, in: *Spektrum der Wissenschaft*, Februar 2007

27 Jörg Heuer: »Die schnelle Nummer eines Spions«, *Stuttgarter Zeitung*, 7.2.2009

Christine Lehmann

»Es sind nicht nur die Figuren, die Lehmanns Krimis haushoch aus den Niederungen der deutschen Kriminalliteratur hervorstehen lassen. Wunderbar geformte Bilder aus der Wirklichkeit, literarischer Realismus verdichtet in wenigen Worten: witzige und kunstvolle Krimis mit Klassikerqualitäten.« *krimiblog.de*

»Man kann sich diesen Sound nicht antrainieren. Bei Lehmann beruht er auf Menschenkenntnis, Lebenserfahrung, Selbstironie und Belesenheit.« *Perlentaucher*

Vergeltung am Degerloch

Nerz 1 · Ariadne 1165

Junge Frau erschlägt jungen Mann auf Stuttgarts nächtlichen Straßen. Beziehungskrach? Missverständnis? Oder steckt mehr dahinter? Erster Auftritt der Journalistin Lisa Nerz, großspurig, narbengesichtig und sexuell hemmungslos.

Gaisburger Schlachthof

Nerz 2 · Ariadne 1167

Lisa Nerz ermittelt im Fitnessstudio und stößt auf durchtrainierte Kriminelle, mysteriöse Drogen, einen geheimnisvollen Staatsanwalt, Leichen und Wirtschaftsbetrug.

Pferdekuss

Nerz 3 · Ariadne 1171

Eine Zucht Vollblut-Araber ist ein Vermögen wert – aber wer hat dafür getötet? Lisa Nerz, die Witwe des einstigen Thronfolgers, kennt die zerstrittene Familie, in der einige Leute das stärkste Motiv der Kriminalgeschichte haben: Gier …

Harte Schule

Nerz 4 · Ariadne 1157

Lisa Nerz recherchiert zum Tod eines Lehrers. Prompt pfeift ihr Chef sie zurück. Doch so leicht lässt Nerz sich nicht ausbremsen. Sie befragt Schüler, eckt im Lehrerkollegium an und schnüffelt trotzdem weiter …

Höhlenangst

Nerz 5 · Ariadne 1161

Die Höhlen der Schwäbischen Alb können Lisa Nerz nicht schrecken – nicht, wenn Gerüchte von Mord und Korruption umgehen. Sie nimmt waghalsige Klettertouren auf sich und entreißt dem unterirdischen Labyrinth die Wahrheit.

Allmachtsdackel

Nerz 6 · Ariadne 1169

»Ganz stark! Ein Kommentar zur globalen Situation, situiert im Schwabenland. Lehmann kann das, souverän und überzeugend.« Thomas Wörtche, *kaliber38*

»Lehmanns Schwaben-Western. Do legscht di nieder!« T. Gohlis, *arte/Krimiwelt*

Christine Lehmann

»Einsam, aufsässig und notorisch respektlos – ein klarer Fall von *hard-boiled woman*. Lehmann erzählt sarkastisch, unsentimental und dennoch einfühlsam.« *Konkret*

»Christine Lehmann schreibt mit Herz und, eine Rarität im D-Krimi, (Wort-)Witz.« Tobias Gohlis, *Die Zeit*

Nachtkrater

Nerz 7 · Ariadne 1173

Zwischen Mord und Mondstaub: Wo Menschen sind, gibt es Spekulantentum, Hass, Eifersucht, Gewalt ... Ein furioser, realistischer Mondkrimi!

»Am Ende haben wir uns derart gut amüsiert, dass wir ein schweres Problem aus den Augen verloren haben: Gibt es überhaupt eine Forschungsstation auf dem Mond?« *DeutschlandRadio Kultur*

Mit Teufelsg'walt

Nerz 8 · Ariadne 1179

Stress mit dem Jugendamt: Lisa entdeckt blinde Flecken im Sorgerecht. Kinder verschwinden, eine Richterin stirbt ...

Malefizkrott

Nerz 9 · Ariadne 1185

Rasant: Lisa Nerz mischt den deutschen Literaturbetrieb auf!

»Wenn ein Axolotl auf eine Malefizkröte trifft: eine scharf beobachtete Literaturbetriebssatire mitsamt Kriminalfall.« *Frankfurter Rundschau*

Totensteige

Nerz 10 · Ariadne 1189

Ein ermordeter Parapsychologe, eine ungreifbare Verschwörung: Es spukt!

»Was Christine Lehmann hier zelebriert, ist wahre Fabulierkunst. Hier paaren sich Wissen, Fantasie und Inspiration mit Humor und Sprachgewalt. Mit *Totensteige* hat Christine Lehmann sich und ihrer Heldin ein Denkmal gesetzt.« *Krimi-Couch*

Allesfresser

Nerz 11 · Ariadne 1211

Was essen wir? Ist Fleischkonsum Mord? Lisa Nerz forscht und kostet vor.

»Die Streitlust drückt sich in der Dynamik, Frechheit, Wendigkeit ihrer Sprache bestens aus.« *Stuttgarter Zeitung*

Die zweite Welt

Nerz 12 · Ariadne Krimi 1237

Bombendrohung am Frauentag: Lehmann spitzt Normalität zu, bis die Unvernunft zutage tritt.

Beihilfe zum literarischen Mord

»Der Leitfaden für angehende Krimiautorinnen: *Das Wort zum Mord* geht beim Lesen runter wie Butter. Am Ende ist ein guter Krimi wie ein guter Eintopf – was ihn eigentlich so lecker macht, lässt sich nicht mehr genau herausschmecken.« *Cosmopolitan*

Anja Kemmerzell/Else Laudan (Hg.)

Das Wort zum Mord – Wie schreibe ich einen Krimi?

Ariadne [Leit]Faden · ISBN 978-3-88619-717-0

Das Wort zum Mord – Wie schreibe ich einen Krimi? liefert griffiges Handwerkszeug zum Nachvollziehen und Selberschreiben. Whodunnit, Thriller, Krimisatire: Welche Formen gibt es? Wo finden sich passende Themen und Milieus? Wann funktioniert ein Plot? Wie erzeugt man Spannung, legt falsche Fährten, führt Figuren ein? Worauf kommt es an bei Wortwahl, Tempo, Dialogen? Und wenn alles fertig ist – was passiert mit dem Manuskript? Versierte Autorinnen und Expertinnen geben literarische und sachliche Ratschläge, enthüllen ihre persönlichen Tricks und zeigen verbreitete Fehler, nützliche Regeln und praktische Übungen.

Ein kurzweiliges Lese- und Arbeitsbuch für AutorInnen in spe, für Genrefachleute und für alle leidenschaftlichen Krimifans.